大展好書　好書大展
品嘗好書　冠群可期

武術特輯
114

蔣玉堃
楊式太極拳述真
（下卷）

蔣玉堃　著

大展出版社有限公司

蔣玉堃先生拳照

年輕時的蔣玉堃先生

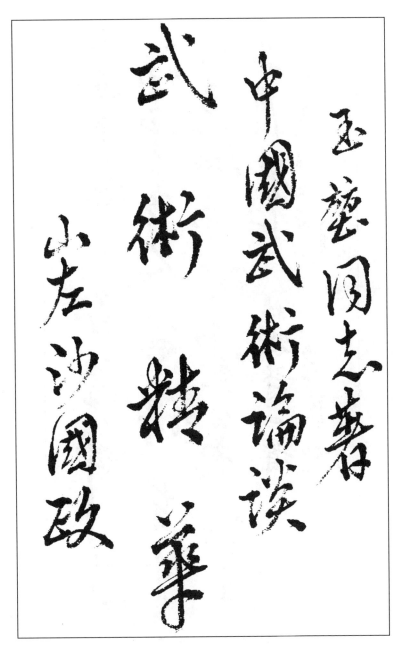

著名武術家沙國政先生的題詞

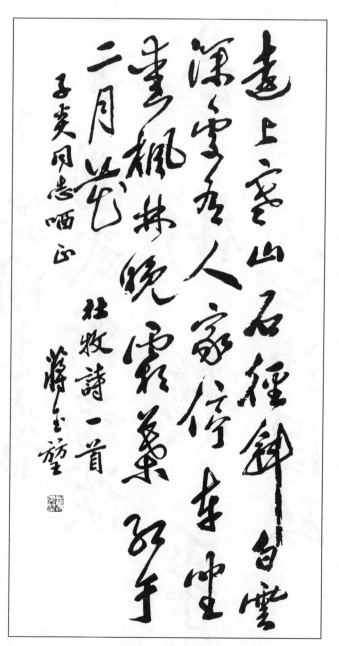

遠上寒山石徑斜 白雲
深處有人家 停車坐
愛楓林晚 霜葉
二月花

杜牧詩一首

蔣玉�竺

癸亥同志哂正

蔣玉�竺先生的親筆手書

蔣玉堃在北京故宮簡子河邊
教授太極拳

蔣玉堃在杭州「柳浪聞鶯」處教拳

蔣玉堃在南京教授太極拳

蔣玉堃在雲南教授太極劍

1962 年，蔣玉堃在北京市武術觀摩比賽中獲長拳一等獎

蔣玉堃（左二）與全國舉重協會會長曾維琪（右一）合影

1979 年，鄭州市武協頒發給蔣玉堃積極推廣太極拳活動的獎狀

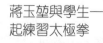

蔣玉堃與學生一起練習太極拳

集武術內外家
拳法之大成

中國武術論談
玉龍風子著

何福生

著名武術家何福生先生的題詞

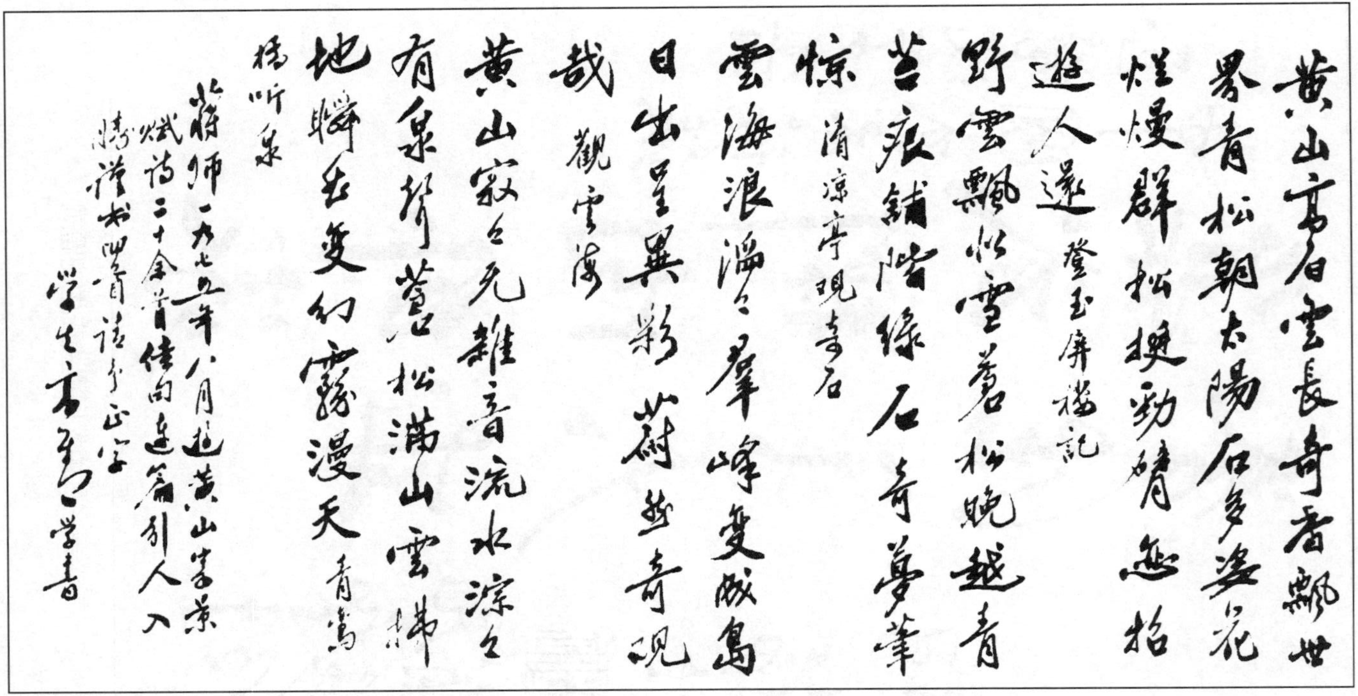

給蔣玉堃老師留念

武术前驅蔣玉堃，拳劍刀术俱通精。

楊武架勢行君玄，奔波傳教の游闖。

古稀思鄉歸杭城，猶君磋铁吸人心。

湖畔冒汗傳帮業，千絲萬縷懷師情。

學生呈前聲贈于杭州

一九八三年盲音

浙江學生給蔣老師的敬書

目　錄

上　卷

德藝雙馨，文武兼備的武術名家——蔣玉堃　周荔裳

蔣玉堃楊式太極拳述真（下卷）

播中。蔣玉堃一生投入到武術的研究、弘揚及傳

播中。蔣玉堃一生投入到武術的研究、弘揚及傳

播中。

蔣玉堃一生投入到武術的研究、弘揚及傳

蔣玉堃一生投入到武術的研究、弘揚及傳播中。

播中。蔣玉堃一生投入到武術的研究、弘揚及傳

第五章
楊式太極劍

第一節　楊式太極劍概言

　　本章專論太極劍每招每式的技術體系，係為愛好太極拳的同好們進一步學習太極劍和研究太極劍而著，以求在普及的基礎上達到提升。

　　本章對太極劍各式動作的闡述，儘量做到通俗易懂，保留精華，切合實際，深入淺出。每一個式子的後面，進行詳細的解說，以資共同提升。

　　關於太極劍的運動量，筆者經由幾十年的教學，上千人次的實踐，大多數人練完 54 個式子，一般在 10 分鐘上下，這樣不但保證了一定的運動量，而且能細緻地表現出太極劍所要求的柔和與勻靜相結合的特點，又不致疏漏各式動作的細節。

　　太極劍式子的結構，綜合了歷史上各種優秀套路的長處，手法、勁法完備，動作流暢，姿勢造型優美，有極大的健身和研究價值，歷來為廣大人民所喜愛。另外，這套五十四式太極劍，是按照楊澄甫老師 1930—1933 年在滬、杭教學期間所傳授的套路（見中華書局出版陳微明著《太極劍》一書及大東書局出版楊澄甫著《太極拳》一書例

言）。其中幾個式子前人定名似乎有些誇張。這次編寫時，經過審慎考慮，予以改易，給予新的名稱。

第二節　太極劍的基本知識

一、劍的知識

劍是我國古代兵器，古時用來自衛，現在主要用以鍛鍊身體。

練習的鋼劍和木竹劍的一般常識，分述於後。

（一）劍的部位

據《考工記》記載，劍有兩刃，劍身當中起脊，自脊至刃稱「鍔」，又稱「臘刃」（即接壞處）。劍身以下與柄分隔者稱「首」，功能護手，所以又稱「護手」。首有兩耳，首下執握之處稱「莖」，莖端施環稱「鐔」，鐔中有一空，稱「劍眼」，吹之有聲，見下圖。

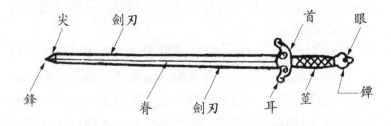

穗頭（見圖）又稱「挽手」，由劍環演變而來，騎馬用，以防失手。用絲麻編織成挽手，在一定距離可以投擲

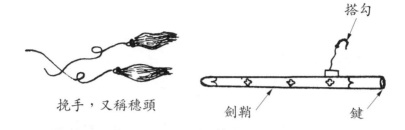

挽手，又稱穗頭　　　　劍鞘　　　　　　　鍵

擊刺，仍能夠收回手中。太極劍是步劍之法，穗頭是為了增加美感，對技擊沒有什麼作用，反而容易纏住自己的手腕，有礙發揮真實的技術作用。

（二）劍的尺寸、重量、韌性和配件

劍的規格原無一定，以攜帶方便、舞動輕靈為宜。根據個人體格不同，和女式劍、兒童劍，規格不一，如果僅作為鍛鍊強身可以自由選擇，但如作為擊劍比賽的用劍，則有嚴格標準。

佩劍：

全長不超過 105 公分，重量不超過 500 克，韌性彎曲度不超過 4 公分，護手盤不超過 15 公分，劍身長 88 公分，劍把 17 公分，劍尖最多為 3 公釐，劍身厚度 1.2 公釐。

花劍：

最長 110 公分，重量小於 500 克，劍身長 90 公分，韌性度應在 5.5～9.5 公分之間，劍把 20 公分，護手盤直徑為 12 公分。

重劍：

劍的全長，劍身和劍把同花劍一樣，重 770 克，自然彎曲度不超過 1 公分，韌性度為 4.5～7 公分。

測量劍身韌性度的方法：

1. 在離劍尖 70 公分處固定劍身；
2. 在離劍尖 3 公分處掛一個 200 克的砝碼；
3. 測量出掛砝碼和不掛砝碼的位置距離。見下圖。

中國劍：劍全長，劍身長度，韌性度，護手寬度，劍把長度的規格基本上與佩劍、花劍和重劍相同，只是護手有區別（見下圖）。護手式樣，我國傳統流傳有兩種：

一是劍耳與劍鋒同一方向，成「Ｙ」字形，能起到夾住來械的擒拿作用；二是劍耳與劍鐔同一方向成「個」字形，能起到滑脫來械作用。盤形護手在我國只用在刀上，而劍護手都是棱形的。

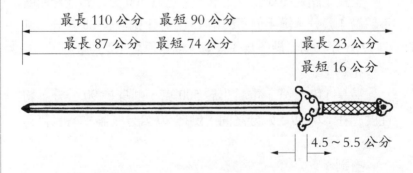

初練太極劍，不像太極拳那樣容易掌握法則，因手中多了一把劍。劍要練得像拳一樣輕鬆，除熟練外，必須具

有稱手的劍。無論選用鋼劍或竹木劍，都不在於裝飾上的漂亮，唯要求規格上的正確，使用才能得心應手。劍的規格已如上圖。劍把的斷面必須是橢圓形的，劍把圓周不超過一握，渾圓或平扁形都不合實用。

另外全部重心必須在護手前 13～15 公分處，才不至於頭重或飄輕。重量為 500～700 克，太輕則不得力，太重則笨拙。太極劍護手是採用 Y 形的。鑒定鋼劍的品質良差，以指彈之，清響有餘音是上器，聲音嘶啞的是下器。此外，劍身要筆挺如矢，不宜用生鐵淋口和開刃的劍。

二、六種持劍法

發劍用什麼勁，應當握什麼類型的劍把，叫做持劍法，劍把種類大致分為六種，見圖。

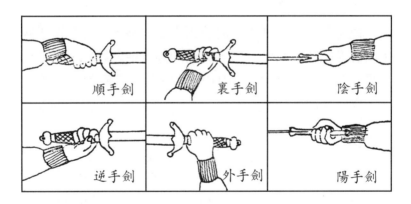

| 順手劍 | 裹手劍 | 陰手劍 |
| 逆手劍 | 外手劍 | 陽手劍 |

1. 陽手劍

手心向天，手背向地，或手心角度大部分朝天者。

2. 陰手劍

手心向地，手背向天，或手背大部分朝天者。

3. **順手劍**

凡手心向左，拇指向天，小指朝地，或手心大部分向左者。

4. **逆手劍**

凡手心向右，小指朝天，拇指朝地，或手心部分向右者。

5. **裏手劍**

凡手心向自己，手背朝外，拳骨朝天，或拳骨朝地。

6. **外手劍**

凡手背朝自己，手心朝外，拳骨朝天者。

三、劍圈的順逆與形狀

（一）劍圈的順逆

挽花的順轉或逆轉，必須預先搞清楚，才可解決學劍上的許多困難。順時針方向轉動的劍尖稱順轉，反之則稱逆轉。以後在動作說明中僅冠以平面、立體或斜坡等字樣，以資識別。見下圖。

平面形　　　　立體形　　　　斜坡形

（二）劍圈的大小

動詞稱為「挽花」，名詞稱為「劍圈」。劍圈是上下

兩式的銜接動作，包含在全套動作的每一個式子當中，除去開始兩個式子和收勢兩個式子不講用法之外，其餘各式都是有用的攻擊手法，在不同的角度和不同的勁勢之下，使出形狀不同的劍圈。

腕：以手腕為軸心，向進取的目標挽出的劍圈約臉盆大小。例如左展翅的抖腕一擊。

肘：以肘為軸心，挽出劍圈約有桌面大小。例如海底撈月的下擊。

肩：以肩為軸心，行使劍圈約有橋洞大小。例如順水推舟的反刺。

腰：以腰加步法抖擻出的劍圈，那就更大了。如車輪劍的劈。

劍圈的大小，挽出的勁力全靠腰的轉動加強發勁，如左右邊攔擋、左右龍行勢、左右獅子搖頭、左右跨攔、左右落花掃、左右迎風撣塵，全賴腰隨劍轉，劍隨身行，始能得力，如果身腰不轉，劍就輕飄無力了。

（三）劍圈的形狀

劍圈的一環套一環，像紅綢舞一樣交織在一起，是豐富多彩的。劍圈的形狀，好比瓷器的外形，弧線繁多，美不勝收。雖然劍圈形狀繁多，基本上可歸納為平圓形、立體形、斜坡形三種。

現將全套54式，按劍圈，以劍尖走向為準、包括起勢和收勢雙手的手向，現分類列表如下：

劍圈名稱	劍尖走向
平圓形劍圈	10.黃蜂入洞，15.左右龍行勢；20.風擺荷葉；21.左右獅子搖頭；24.勒馬回頭；46.白虎攪尾；52.順風掃葉
立體形劍圈	3.金雞獨立；4.燕子抄水；6、12.提劍上提；7.燕子入巢；8.靈貓捕鼠；9.鳳凰點頭；14.等魚勢；16、35.懷中抱月；17.宿鳥投林；19.出水劍；23.野馬跳澗；25.指南針
立體圈形劍圈	27.順水推舟；28.流星趕月；29.奔馬飛瀑；31.左右車輪；32.燕子銜泥；36.探海針；37.犀牛望月；38、42.射雁勢；39.探爪勢；48.魚跳龍門；49.烏龍絞柱；50.指路劍；51.朝天一炷
斜坡形劍圈（側面形）	5.左右邊攔掃；11.右展翅；13.左展翅；18.烏龍擺尾；22、47.虎抱頭；26.左右迎風揮塵；30.挑簾勢；33.大鵬展翅；34.海底撈月；40.雙展翅；41.左右跨攔；43.白猿獻果；44.左右落花掃；45.穿梭劍
平圈 立圈	2.三環套月第二環；53.拱手劍 1.太極起式；2.三環套月第一、二環；54.抱劍歸原

　　為了出劍得力，上下式要氣勢連貫，常在每式起劍時，用腕一抖，借此連串成勢。例如左展翅的反把一擊、烏龍擺尾的下格護膝、風擺荷葉的轉身帶、白虎攪尾的繞腕、迎風揮塵的起手帶、奔馬飛瀑的下勢、挑簾勢的上提、海底撈月的下擊、落花的下帶、穿梭劍的挽袖南刺，個個都是為上下兩式氣勢貫串，這樣就形成了大圈套小

套、複雜變化的形狀。練劍如何做到氣勢連貫、沉著有力，可以多觀摩書寫大草字。

原來古代草書的形成和書法的蒼勁有力是受到舞劍的啟發而成的，現在也可反過來以資借鑒。

四、太極劍的十三種勁法

太極拳有掤、挒、擠、按、採、捯、肘、靠、左顧、右盼、前進、後退、中定十三種勁法。太極劍則有抽、帶、提、格、擊、刺、點、崩、攪、壓、劈、截、洗十三種勁勢。十三種勁勢是練習太極劍的基礎，是一組細目完善的技擊手法，具體到哪個式子該用哪種勁，今按套路順序注明於下。

序號	式子名稱	勁　　勢	簡稱
1.	太極起勢	沉肩、垂肘、尾閭收、含胸、拔背、頂頭懸	
2.	三環套月	輕舒雙臂，搶步當先	
3.	金雞獨立（大魁星）	由下而上洗	洗
4.	燕子抄水	由下而上截。含有洗意削腕	洗
5.	左右邊攔掃	左抽右帶，含洗意劈面	斜擊
6.	提劍上勢（小魁星）	由下提上向右擊，順敵械上擊手指	橫擊
7.	燕子入巢	轉身雙手平刺胸	平刺
8.	靈貓捕鼠	一壓、二崩、三單手平刺胸	平刺

序號	式子名稱	勁　　　勢	簡稱
9.	風凰點頭（蜻蜓點水）	向上崩敵腕	上擊
10.	黃蜂入洞	先橫擊，後雙手平刺胸	擊刺
11.	右展翅	由下向上斜擊頭	斜擊
12.	提劍上勢	同6	橫擊
13.	左展翅	由上往下斜擊脛	斜擊
14.	等魚勢（太公釣魚）	先洗後反手點腕	下擊
15.	龍行勢（撥草尋蛇）	左抽右帶含洗意劈胸	平擊
16.	懷中抱月	上先截後攬向下擊敵脛	下擊
17.	宿鳥投林	先壓後上刺眼	上刺
18.	烏龍擺尾	上截下格	上下格
19.	出水劍（青龍出水）	先洗後上刺眼	上刺
20.	風擺荷葉	先攬後右帶	平擊
21.	左右獅子搖頭	後退式的左抽右帶含有洗意	平擊
22.	虎抱頭	上洗擊頭（即雲頂擊）	上擊
23.	野馬跳澗	一壓、二崩、三雙手平刺	平刺
24.	勒馬回頭	回頭平擊敵手	平擊
25.	指南針	同上式，擊手不中，併步刺胸	平刺
26.	左右迎風撣塵	左右上截有洗意，得隙而擊敵頭	上下格
27.	順水推舟	下洗格開來械，反手刺頸	反手刺

序號	式子名稱	勁　　勢	簡稱
28.	流星趕月	回頭劈	下擊
29.	奔馬飛瀑(天馬行空)	縱步下點	下擊
30.	挑簾勢	下格上提含洗意，與6同義	橫擊
31.	左右車輪	下洗向前劈頂	下擊
32.	燕子銜泥	縱步下點	下擊
33.	大鵬展翅	由左下向上斜擊	斜擊
34.	海底撈月	先洗後下擊敵脛	下擊
35.	懷中抱月	同16	下擊
36.	探海針（哪吒探海）	先壓後下刺敵腹	下擊
37.	犀牛望月	由下向上洗	洗
38.	射雁勢	移步換形之法	
39.	探爪勢（青龍探爪）	由上往下刺	下刺
40.	雙展翅	由下向後上斜刺	斜刺
41.	左右跨攔	跨攔躲過敵械 大步上前抽帶含攬意	平擊
42.	射雁勢	同38	
43.	白猿獻果	上刺	上刺
44.	左右落花掃（落花待掃）	退步向下抽帶含洗意，待機而反擊	下擊
45.	穿梭劍（玉女穿梭）	先洗後雙手平刺	平刺
46.	白虎攬尾	先平擊後攬敵械	格
47.	虎抱頭	同22	上擊

體系。本章專論太極劍每招每式的技術

序號	式子名稱	勁　　勢	簡稱
48.	鯉魚跳龍門	一壓、二攬、三前刺	格刺
49.	烏龍絞柱	左右洗	洗
50.	指路劍（仙人指路）	上步立劍刺	立刺
51.	朝天一炷	洗	洗
52.	順風掃葉（風掃梅花）	圓轉橫擊	橫擊
53.	拱手劍（手捧牙笏）	舞劍已罷	
54.	背劍歸原	收勢還原	

這十三種勁法，逐字分解於下。

抽：像車把式用鞭手抽牲口那樣，無論擊向左右上下，臂形是屈握而抽出帶回的，勁勢在劍身，發擊出去的臂形必須伸直，使勁到達劍尖，隨即屈握。看來此勁可併入擊字範疇內。

帶：與抽同義，是武術專用詞。向左稱抽，向右稱帶。

提：將劍把向上拎起，垂劍尖向左或向右攻擊敵手腕為提，順勢前伸胳膊也可變為前刺。提的勁運到劍尖上發出。也可併入擊字。

格：格是阻擋的動作。即捍而格之，使敵械不能傷我的意思。用格無論上下左右，必須用劍身近護手處，方能有勁，臂形彎曲。不能使用劍尖處或伸直胳膊。因劍的前半段是柔軟的，假使對方當頭劈下，我用拙力上格，勢必傷著腦袋。同時，使用格法必須以劍脊阻擋之，不能用刃

口。一則會使刃口碰傷，二則刃口接觸面積小，不得力。如果敵械係木製，則可以兼削帶擊，使用劍刃。

擊：其勁達到劍尖，無論上下左右打擊對方，擊法全在手腕的轉動敏捷。擊法可以取敵，也可以擊去敵械。如「勒馬回頭」的反擊，敵從後來，我意在敵之手臂，也能擊去敵械從而前刺。「大鵬展翅」之斜向上擊，敵械從右側來，我意在擊敵之上部，如擊不到亦可擊去其械。故一法有兩種用處。

刺：刺之得勁在於屈肘捧劍，然後伸臂前刺，有屈極而伸之勢。例如「鯉魚跳龍門」，劍必由敵械之下轉環而繞上以壓之，縱身追刺，敵必步法錯亂，必為我劍刺中。出劍先得勁又在先挽花，如「出水劍」的順挽立花，「順水推舟」的逆挽立花，「黃蜂入洞」的挽平花，「穿梭劍」、「白猿獻果」的挽側花等，然後以花的末勢刺出。

點：用劍尖由上而下像簷前滴水般下刺。此大都配合上步縱身，趁居高臨下的沖擊勢。例如「奔馬飛瀑」「燕子銜泥」兩式。反手用點必先閃躲，格住來械環繞而上，用劍圈末勢點擊對方，如「等魚勢」。

崩：以突然的手腕發勁向下一沉，緊接用劍尖向上挑擊對方。這是傳統擊劍上的術語，垂鋒下擊稱為點，挑鋒上擊稱為崩。

攪：搭住來械用劍身扭絞，以劍圈的末勢滑刺或壓刺對方。如「鯉魚跳龍門」一式。

壓：以突然的發力向下打擊來械，從而進取。

劈：用整個劍刃自上而下猛砍對方。

截：以劍身阻擋對方進攻。傳統擊劍上的術語，用劍

身向上架、向下攔稱「截」，用劍身向左擋、向右撥稱「格」。

洗：洗的意思是巧撥輕取，包括撩撥、滑刺，是含有假動作的防禦進攻。是劍術上的獨特手法。俗語說這個人很「洗練精幹」，比喻乾淨俐落精於處事，「洗練」兩字，是從劍術手法上而來。

十三勢可以概括為四個字。

筆者在總結太極劍資料的學習過程中，想到繼承傳統東西，必須去粗取精，古為今用，意識到以上十三字作為專業者參考研究尚還可以，如當做教學材料，要說明技擊內容，則不如用四個字來得清楚，又可縮短教學時間，學者容易接受，有利於推廣普及。今將我研究的微薄貢獻寫在下面。

1. 劈

交鋒時用整個劍刃劈打對方，橫劈、直劈、斜劈、上劈、下劈。因此抽、帶、提、擊、點、崩六個字可以合成一法，六個字同是直接進攻，其手法都是橫擊，可以稱為「簡單進攻法」。

2. 刺

交鋒時用劍尖直戳對方，上刺、下刺、前刺、後刺、左刺、右刺，都是刺，是直接進攻的手法，是直刺對方，可以稱為「簡單進攻法」。

3. 格

交鋒時用劍身或劍脊攔開、撥開對方來械。方法是先打對方來械從而進攻，是防禦性進攻的先導動作。因此攬、壓、截三字可合成一法，三個字是間接進攻，其手法

都是打擊來械，可以稱為「打擊進攻法」。

4.洗

交鋒時用整個劍刃和劍脊輕輕擦過來械從而進取，或聲東擊西地畫圈，用假動作來攻擊對方，可稱為「畫圓進攻法」。

說明：簡單進攻法不用任何先導手法，見空便刺（劈），另有「複雜進攻法」，用一連串的手法，如打擊、畫圓等攻擊對方。

五、太極劍的十種樁型

練太極劍比練太極拳進了一步，因為手裏多一把劍，這把劍還要舞出許多的名堂，而且單腿的獨立動作很多，所以還要求有步法上的基本功，手法上的力量才能夠做得充分，姿勢也才顯得優美。

「高樓大廈從地起」。練習太極劍必須掌握十種不同的樁型。才不至於因腿力不足而出現搖晃亂舞、生澀遲鈍、斷續停頓等弊病。

樁型的鍛鍊通稱「站樁」。應當每天站練，按圖所示，輪流掉換。練習時間根據個人體質可以逐漸增加，開始每個樁型站兩分鐘即已不錯，五分鐘即達到要求。

（一）騎馬勢

亦稱乘騎勢或馬勢。

太極劍中有八字馬和四平馬兩種。八字馬勢兩腳掌外撇成八字形，如「燕子銜泥」接「大鵬展翅」的過渡樁型。四平馬勢兩腳掌向前，如「左展翅」接「等魚勢」。

圖 5-2-1　　　　　　　　圖 5-2-2

馬勢要求兩腳開立，兩腳內側距離為本人腳掌長的 3 倍，屈膝 45°至蹲平。要求軀幹正直，四平八穩，兩腿曲線對稱，左右腳各支重 50%，身體重心落於兩腿之間。（圖 5-2-1）

馬勢經常出現的毛病是臀部凸出，兩腿曲線不對稱。

(二)弓　勢

亦稱弓箭勢或長三勢。

弓勢分為兩種：疊襠弓勢和鬆襠弓勢。疊襠弓勢上體轉正，疊住襠（即大腿與小腹下部相折疊）。鬆襠弓勢上體斜向，襠要鬆開。弓勢均要求「前腿弓、後腿繃」（後腿成箭形繃直），前腿膝部向前，不得超過腳尖，兩腳掌呈斜向平行，猶如平行四邊形的兩個斜邊，腳跟和腳掌外側均不得離地。體重前腿支撐 70%，後腿支撐 30%。弓勢正確的姿勢，身軀略向前探，前腿落在川字頭，後腿落在川字尾上。中間留有空檔。（圖 5-2-2、圖 5-2-3）

圖 5-2-3　　　　　　　　圖 5-2-4

弓勢的常見病是：前俯後仰；後腳尖未扣上，仍向外撇；胯部外突；中間無空檔，站在一條直線上。以上諸病都是失去重心的表現。

（三）虛　勢

圖 5-2-5

虛勢分高架與低架兩種。高架虛勢大腿與地面成 25°角，低架虛勢大腿與地面成 45°角。兩腿虛實要求清楚。前腿支撐全身重量 5%，後腿支撐全身重量 95%，後腿膝蓋與腳趾必須成垂直線。前腿腳趾點地。兩膝蓋距離至少一虎口。襠要圓，身軀要端正。（圖 5-2-4、圖 5-2-5）

虛勢的常見病是：躬腰聳肩，虛實不清，兩膝蓋靠得太攏，後腿的膝與腳掌交錯不成垂直線。

體系。本章專論太極劍每招每式的技術

圖 5-2-6

圖 5-2-7

（四）獨立勢

亦稱金雞獨立勢或懸腳勢。

獨立勢分高架與低架、疊襠與鬆襠四種。高架要求支撐腿伸直，低架支撐腿彎曲，與地面成 45°角；疊襠大腿內側與小腹部要緊貼，鬆襠大腿內側與小腹相離開。要求平衡穩定，兩肩鬆沉，神情安舒。（圖 5-2-6、圖 5-2-7）

獨立勢的常見病是：周身緊張，站立不穩。

（五）撲虎勢

亦稱仆步、撲腿式或鋪地錦。

要求身軀正直，全蹲腿的臀部與腳跟距離一拳到一拳半。蹲腿的腳跟不得離地，膝與腳尖必須成垂直線，不得交錯。平鋪腳腳掌邊緣不得離地，腳尖裏扣必須橫平，前腿支重 20%強，後腿支重 80%弱。（圖 5-2-8）

撲虎勢的常見病是：身體前撲，不能沉襠，前腿不著

圖 5-2-8

圖 5-2-9

力，抬不起頭部。

（六）坐盤勢

亦稱磨盤勢、絞花步或歇步。

坐盤勢亦分高架與低架兩種。高架坐盤兩膝不靠近疊攏，都用於過渡，例如「三環套月」「右展翅」等；低架坐盤要後膝疊前膝，後腿的臀部與腳跟距離兩拳，做到旋轉有力，起落便捷。前腿支重 20% 強，後腿支重 80% 弱。（圖 5-2-9）

坐盤勢的常見病是：重心不穩，線條不明，臀部坐在腳跟上，這些都是失卻彈力不靈便的姿勢。

（七）太極勢

亦稱螳螂勢，也稱虛勢。

太極勢只有一種，要求與低架虛勢相同，前腿支重 5%，後腿支重 95%。（圖 5-2-10）

圖 5-2-10　　　　　　　　　圖 5-2-11

太極勢的常見病是：前腿挺得太直，腳尖蹺起與地面超過 45°。

（八）打虎勢

亦稱弓馬勢，或半弓半馬勢，或三體勢。

打虎勢介於弓勢與馬勢之間，故名。所謂三體就是頭、手、腳三位一體（即上下成垂直線），要求前腿支重 30%，後腿支重 70%。（圖 5-2-11）

打虎勢的常見病是：身體正面向前，三位對不成一體，襠不能圓。

（九）麒麟勢

亦稱跪腿式。

麒麟勢分大麒麟勢、小麒麟勢，或稱半麒麟、全麒麟兩種。大麒麟勢要求前小腿與後大腿成垂直線，兩腿距離約兩拳，前大腿與後小腿與地面成 70° 角，前腿支重

圖 5-2-12　　　　　　　　圖 5-2-13

65%，後腿支重 35%。小麒麟勢後腿的膝蓋靠近前腿的小腿（圖 5-2-12、圖 5-2-13）。此種椿型是進退最便捷的。

麒麟勢的常見病是：線條不勻稱。

（十）蹲　勢

有寒雞步和併步。

蹲勢分兩種：一種是一腿在踝骨旁虛懸的，一種是在踝骨旁以前腳掌著地的。虛懸的稱「寒雞步」，前腳掌著地的稱「併步」。要求一腿支重，一腿不支重。支重腿與地面成 45°角至蹲平（圖 5-2-14、圖 5-2-15）。此勢常用來過渡，如「三環套月」的第一環寒雞步、「出水劍」的蓄勢待發。

蹲勢的常見毛病是：身軀不能正直和不自然。

注：左勢右勢的分別，除獨立勢、蹲勢兩勢以支重腳為準，其餘八勢皆是以前腳分左勢右勢。

圖 5-2-14

圖 5-2-15

第三節　太極劍的要領

太極劍套路是大眾熟悉的一種套路，它的架勢結構比較成熟，兼有歷史上許多練劍的論文可資學習。這些論文中有很多要領，是學習太極劍必須遵循的。

這些要領是學習太極劍入門的鑰匙和提高的準則，掌握了它，可收事半功倍的效果。

一、刀走黑，劍走輕

劍有三刃，可隨便使用，不需要換刃，遇隙而進。就是說劍法使招必須巧妙輕捷，乾淨俐落，避免硬磕強架，以技巧而見長，所謂刀走黑、劍走輕，就是這個意思。

二、短見長，不用忙

意思是說如遇長械來襲，我如得法，借勢乘隙而入，或削擦其械，可以使對方的凶鋒撩撥到我的身後，此後他雙手只握半截木棍，既不能砍又不能戳，只能推抗招架，無所作為。因此用劍之術，要在意定神閑，瞬息之間出其不意而取勝。

三、故示弱、誘進攻

本書的金雞獨立、奔馬飛瀑、左右單展翅、雙展翅、大鵬展翅、射雁勢等七勢，都屬於故意避開架勢，將自己的劍鋒離開對方，讓其來攻，即是改式進攻的戰略。

以上七式有五式都是左戟指指著對方，那是具有一定意義的。它是誘使對方來攻，我可以一探左手，格開其槍桿，隨著右手劍向前擊刺。這是格法中的改式以反攻。

四、粘便取，在一拗

這也是一種決鬥中取勝的方法。即我械一碰著敵械，借搭碰的一瞬間，身、腰與手腕順勢拗轉，一擦而入。這種粘敵便取的要領，全在抖腕的拗勁，不會抖腕的拗勁，就不會有旋轉力，也就沒有彈力，彈不開敵械，當然也得不到劍術的要領。

五、左戟指，催劍力

左戟指的功能在「故示弱，誘進攻」中已有說明。用以格開和抓奪來械之外，它的功能對平衡重心、協調動

體系。本章專論太極劍每招每式的技術

作、催助劍力，有極為重要的作用。例如「懷中抱月」一式，右腳向前提起，左戟指同時向後展開，起著平衡重心的作用。

戟指和握劍手聲息相關，開展斂合，左起右落，像老鷹盤旋一樣，左右翅自然呼應。它對出劍的勁力尤為重要。例如「左右車輪」，掄劍向下劈，左戟指相應向東、向上，加大了劈力；又如「指路劍」向前直刺，左戟指向後伸展抖出了對撐力，即對拉拔長的勁勢。如運劍向前則戟指向後，如運劍向後則戟指向前，這就產生麻花絞勁，無論上下左右皆然，如「烏龍擺尾」就是這樣。

但戟指也有隨右腕而運行的，因為迫近對方，隨時可以用雙手劈劍，例如挑簾勢、奔馬飛瀑、蜻蜓點水三式就是用雙手執把攻擊的。

為了借取雙手的開合，助長出劍有力，所謂「欲開先合」。例如「左展翅下擊」一式，先將左右手和左腳合在一起，然後發出彈簧般的崩勁，沖擊對方，這就是劍術上的「屈握而伸」的方法。

戟指的形狀分兩種：

（一）拇指微扶無名指，曲捲小指稱戟指。如圖 5-3-1，戟指都使用於定式。

圖 5-3-1

圖 5-3-2

（二）隨動作的進行，拇指不時離開無名指稱散戟，如圖 5-3-2。

六、先開展，後緊湊

弧形狀的劍圈是銜接上下兩式的過程動作，各種形狀的劍圈包含在全套路的過程中。行使劍圈的大或小，應該發勁或是含蓄，在鍛鍊中可以自由掌握。

但需明白，小劍圈雖快而力弱，大劍圈雖慢而力強，初學者宜行圈大，等嫻熟之後可漸次縮小，所謂「先求開展，後求緊湊」。

七、聲在東，擊在西

練劍術需掌握聲東擊西之法，即武術上所說的「哄」字。對方受我假動作的一哄，眼神與手法必然有所反應，表現於我預計的方向盡力堵截，則我乘他舊力已盡、新力未生之際，乘機取之，無不使對方受到挫折。

八、劍擊點，面、胸、腕

以劍取敵，劍刺對方的部位，以頭部、胸部和腕部為

主要目標，其次是腹部和腳背部，至於擊中大腿和臀部，如遇強有力的敵手仍能夠繼續對抗。所以，我的劍尖在決鬥中始終針對敵方的面、胸、腕三部。

這樣掌握還有一個意義是嚴密防護自己，逼使對方趨於被動，不能接近攻擊點。這就是所謂針鋒相對、立於主動地位之法。

九、手心空，使劍靈

手握劍全靠五個指頭運行。像執毛筆寫字一樣，不能握得太緊，也不能握得太鬆，太鬆易被擊落，太緊則其弊病在不能活用。

手心空使劍靈活，並非完全鬆弛，而是活把。活把之利在於迅速而靈活。其執法，以拇指及無名指為主，食指與小指專職掌舵。例如「左展翅」一式，食指鬆開，擊出的劍能伸長幾寸，「流星趕月」和「車輪」的下劈，小指的勾力增加了下劈的速度和力量。

握劍的手心可以容物，如同寫字才能寫得龍飛鳳舞。比如「懷中抱月」一式，要舒把回抽，借此增加前刺的助力，如果緊握著把，不但僵硬笨拙，還失卻縮回前伸的沖擊力，力量停滯於手臂，不能貫於劍尖。

十、足心空，捷步行

步法靈活與否，關係擊劍的勝負，步法不能靈活，縱然有巧妙的手法，亦難制勝。

步法的要領，在穩、在速、在輕、在腳掌著地的面積要小，兩腳交替行動時，須用腳掌之外側，例如「三環套

月」，即用腳掌外側邊緣擦地而行，搶步當先。

而在定式時，則全套路定式都是五趾抓地，使腳心懸空，如可容物。例如起勢的「金雞獨立」，即用五趾抓地穩固地亮開架勢，絕不能以平腳掌著地，否則轉動不靈，虛實不清，澀滯而不得要領。

十一、半圈化，半圈擊

劍圈分上半圈與下半圈。上半圈用於洗格來械，下半圈用於刺劈對方。如「龍行勢」的緊逼對方，對方抽劍向我頭上劈來，我向右一閃，向上一格，向後一洗，這是上半圈。上轉不停，由後向左、向前擊刺對方，這是下半圈。

通俗地說，上半圈是招架（巧妙地借勢撥開，而不是強磕硬碰），下半圈是還手，招架時臂形始終是屈握的，攻擊的臂形是暫時伸直的（伸直發勁後隨即又屈握，拳譜云「隨屈隨伸，蓄而後發」）。比如跳遠，欲跳得遠，必須有緩衝的餘地起跑，才能得力。隨屈為了發勁，發勁後隨即屈握，還是為了發勁，這是屈握而伸的用意所在。明白這個道理，其他式子也能夠了然於心了。

十二、劍法妙，練三角

用劍要訣，全在精神準備，「彼微動，我先動，動則變，變則著」。這十二字告訴我們，他一動必然盡力而為，決不能中途改變意向，這就是「彼微動」；我乘其難以剎車之際從旁擊之，無不見效，這就是「我先動」；我的動則改變了原來方向，擊其在一往直前之頃，這就是

「動則變」；他一時轉不過彎來，必然反應不及，我的攻擊無不中的，這就是「變則著」。此即所謂鑰匙投簧之法。

運用時忽前忽後，東西出擊，上下格劍，見招使招，輕捷飄逸，見招還招，劍走如電，身行似龍。

擊劍之取勝，在熟練三角。例如敵刺我腹，我用等魚勢破之是左三角；敵刺我胸，我用邊攔掃的帶破之是右三角；敵擊我下部，我用提劍上勢破之是上三角；敵擊我頭部，我以鳳凰點頭破之是下三角。手法在平時熟練，方法可觸類旁通。

十三、透三關：腰、臂、劍

透三關是說，打通三關，達到劍、身一致。即發劍的時候必須放鬆腰腿，頃刻之間將腰腿的力量透到胳膊，由胳膊、手腕透到劍身，由劍身擊到物體。也就是劍術上所謂「發於脊，透過臂腕，達於劍尖」。簡單地說，即「以腰帶劍」。

透三關有一種輔助的練法。由護手的吞口處到劍尖三寸以下，排下七顆星作為標誌，用兩塊共重 100～150 克的扁形青鉛，夾住從吞口起的第一顆星，直練到運行自如，移到第二顆星，逐漸推進到第七顆星，練到似乎沒有青鉛的累贅，所謂登峰造極。那時的腕力非常強大，一抖擻之間即能將對方的器械撥出離懷，從而取勝，此即所謂七星移勁法。

綜合以上所述，將太極劍的要領概括如下：

逢堅避刃；意定神閑；示弱誘攻；粘械便取；戟指助

蔣玉堃楊式太極拳述真（下卷）

46

體系。本章專論太極劍每招每式的技術

力；先大後小；聲東擊西，打擊要點；手空劍活；足空步捷；屈握而伸；法在三角；勁透三關。

第四節　楊式太極劍的動作圖解

一、楊式太極劍的動作名稱

第 一 式　太極起勢
第 二 式　三環套月
第 三 式　金雞獨立
第 四 式　燕子抄水
　　　　　（大魁星）
第 五 式　左右邊攔掃
第 六 式　提劍上勢
　　　　　（小魁星）
第 七 式　燕子入巢
第 八 式　靈貓捕鼠
第 九 式　鳳凰點頭
　　　　　（蜻蜓點水）
第 十 式　黃蜂入洞
第十一式　右展翅
第十二式　提劍上勢
第十三式　左展翅
第十四式　等魚勢
　　　　　（太公釣魚）

第 十 五 式　左右龍行勢
　　　　　　（撥草尋蛇）
第 十 六 式　懷中抱月
第 十 七 式　宿鳥投林
第 十 八 式　烏龍擺尾
第 十 九 式　出水劍
　　　　　　（青龍出水）
第 二 十 式　風擺荷葉
第二十一式　左右獅子搖頭
第二十二式　虎抱頭
第二十三式　野馬跳澗
第二十四式　勒馬回頭
第二十五式　指南針
第二十六式　迎風撣塵
第二十七式　順水推舟
第二十八式　流星趕月
第二十九式　奔馬飛瀑
　　　　　　（天馬行空）

體系。　本章專論太極劍每招每式的技術

二、楊式太極劍的動作圖解

第一式　太極起勢

　　兩腳併齊，面南而立；右手五指朝地，左手執握護手，食指舒貼劍把，使不搖晃，劍鋒朝上，劍脊平貼背後。

　　自然站立的姿勢，要求做到：神情安適，專注一方，心平氣順，周身放鬆。做好內功拳、劍特定的六個法則，

圖 5-4-1　　　　　　　　　圖 5-4-2

即頂頭懸、尾閭收（胯根鬆開，勁向前合）、沉肩、垂肘、微含胸、輕拔背（撐開擴背肌，使背部皮膚有繃緊感覺，即拔背）。

1. 神情閒逸到專注一方之後，執劍手和右掌漸漸向前略為提起，刻一逆行立圈，仍回於大腿兩側；同時左腳向左橫跨，與肩同寬；左劍鐔向地，右手五指朝南，掌根微著力下沉；目視正前方。（圖 5-4-1）

【要點】「立圈」見上文「順逆轉先弄清」。

2. 接上動。雙臂徐徐向南平起，引之與肩平齊時，緩緩屈膝下沉，大腿斜成 45°，雙臂隨腿部下降到胸腹之間，與雙腳齊寬，身體正直，兩肩頭下沉略為相對，下頷微收；目視正南。（圖 5-4-2）

3. 接上動。向左轉腰，左臂平掤含胸，右手環抱成立圈；腰再向右轉，右腳實，以左腳掌為軸，左腳跟轉向東北後坐實，右腳尖朝西南成右太極勢椿型；雙臂環抱胸前，右臂在外，左臂在內，執劍左手徐徐下沉到右腿外側

圖 5-4-3

圖 5-4-4

（劍鐔向地）之際，同時右手隨腰右轉勢上掤（掤即臂形彎曲八面撐開，猶如千朵棚菊絢麗多姿，花團錦簇）至與眉平齊，右手手心向裏，五指朝南；身向西偏南，目光透過食指遠視西南角。（圖 5-4-3）

【要點】太極劍同太極拳都是同樣起勢。

【說明】

① 右手劍、右手、右腳之動作線是實線，左手劍、左手、左腳動作線用虛線表示。

② 動作線之起點可能是劍尖、手或腳，則表示此動作線是劍尖、手或腳的動作線，以動作線之起點區分。

③ 要注意腳可能動腳尖或腳後跟，也區分於動作線的起點。

第二式　三環套月

1. 接上式。隨腰左轉勢，右掌坐腕向南，扣右腳坐實，提起左腳跟成左虛勢時，右掌垂腕自鼻梁降到胸部

圖 5-4-5　　　　　　　　圖 5-4-6

下，五指朝東，手心向下；在動右掌同時，執劍手循東南角順行畫圓而上，經由鼻梁變陰手劍到達胸前，劍尖朝東，此時左上右下形環抱；目視正南。（圖 5-4-4）

【要點】撇和扣：以腳跟為軸，腳尖向外轉稱「撇」腳尖向裏轉稱「扣」。

2. 接上動。鬆舒右掌逆行立圈，經右胯旁向西南角畫圓而上，停於右耳角上方；將提起的左腳懸垂，腳尖置於右腳踝骨之前成寒雞步型；執劍手沉於胸前，作蓄勢待發之勢；目視東南角。（圖 5-4-5）

【要點】蓄勢待發：好比舉重，雙手握住槓鈴，必須沉肩含胸，放鬆全身肌筋，才能夠迸發出「暴發力」。

3. 接上動。邁出左步向東，先以腳跟落地；執劍手隨之下摟，用劍把從左腿內側繞過膝前到大腿外側，劍鐔朝地；同時，右掌從右耳邊向東推，邊推邊捏戟指，坐腕，戟手朝東，與眉齊高；左腳掌漸漸踏實成左弓勢樁型，三尖對正；目光經食指延伸及遠。（圖 5-4-6）

圖 5-4-7

體系。本章專論太極劍每招每式的技術

【要點】

① 此動似太極拳之摟膝拗步。

②「三尖對正」即食指尖對鼻尖，鼻尖又對正大腳趾尖。

③ 這是三環套月的第一環。

④「同時」「與此同時」字意，在動作的敘述先後上，盡可能先動先說，但是練劍強調手、眼、身、法、步、劍六項同時協同一致，動作起來不分什麼先後，這種分解說法，是為便於看清動作的來路去向。其缺點是，在動作之間彼此聯繫上，總不如實演來得銜接系統。因此，學者應把每個式子的全部解說看清楚、搞明白後再去演練，達到一氣呵成。

4. 接上動。左轉腰，屈右膝分擔體重，身向東北，撇左腳尖向東北方；屈左肘，提劍把到左脇前；同時右肘微屈，戟指掌心朝北，高與左肩齊平；目視前方。（圖 5-4-7）

5. 接上動。緊接前弓，左腳漸漸落實，向東提右腳，

圖 5-4-8

圖 5-4-9

在左腳前以腳尖點地成低架右虛勢樁型，同時右轉腰；提把穿過右腕上方，劍鐔指向東南，與右戟指交叉成十字形，胸與兩臂掤開成圓形；身朝正東，兩膝之間留一虎口以上的距離，左膝與右腳尖幾成垂直，以示四方平穩；沉肩，目視東方。（圖 5-4-8）

【要點】此動類同太極拳的上步七星勢。

6. 接上動。用右腳掌外側擦地滑步前進 20～28 公分，腳尖朝東南落實，就地抬左腳跟屈右膝成右高架坐盤勢樁型，身向下沉，重心移到襠部，軀幹正直；抽回右戟指駐右胯邊，戟指掌心朝天；劍仍貼左臂下而向東橫伸，劍鐔仍向東南，臂呈弧形；沉肩含胸，目視正東。此是第二環。（圖 5-4-9）

【要點】

①「擦地滑步」見太極劍要領「足心空、捷步行」。這是過渡式子。

②「戟指與散戟」見「左戟指，催劍力」。

圖 5-4-10

圖 5-4-11

7. 接上動。重心漸漸前移，右腿承擔體重，提左腿經右踝骨前向東，以邁步似貓行之勢輕輕落地踏實；劍把在左膝前掠過，向東北角上方順行而上；右戟指鬆腕，由下向南逆行而上，乘左轉向東之勢雙手會合額前，趁左腳踏實成左弓勢樁型之際，雙手會合胸前，右手抓住劍把；頂頭懸，含胸，目視對方。（圖 5-4-10）

【要點】

①「邁步似貓行」見十三勢行功心解，主要是說落步交換體重的層次要先後分明。

②這是三環套月的第三環。三環套月線路如下：

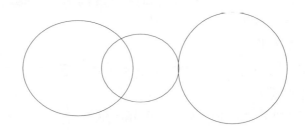

圖 5-4-12　　　　　　圖 5-4-13

第三式　金雞獨立（原名大魁星）

1. 接上勢。身向後坐；換右手執劍，立劍使劍尖向上朝東，左掌按在右腕上。（圖 5-4-11）

注：這是不停的過渡式。

2. 接上動。右轉腰，立劍順流而下，經小腿前向西翻腕使拇指朝上，手心向南，仍為立劍，劍尖與右臂成斜坡直線，左戟隨右臂內側貼於右臂的中部，戟指朝天，戟掌朝西；同時縮回並提左腳駐於右踝骨內側前，腳尖下垂，右腿屈蹲，襠須圓撐；回頭觀劍。（圖 5-4-12）

3. 接上動。提左腳，漸漸站起右腳，成右獨立勢椿型；同時，劍尖由西順勢而上，劍把停在右額角上方，屈肘，劍尖指向東方；戟指沿著肩經鎖骨前指向東方，左肘距離左膝 10～14 公分；圓襠獨立，左腳尖自然下垂；目視對方。不要眼皮下掛，要以精神懾服對方。（圖 5-4-13）

【要點】

① 圓襠和沉襠、平襠大致相同，大腿根向外撇稱圓襠，向裏合稱疊襠。

② 劍尖行圈必須在一條線上，例如本式劍尖的走向，要自東向下、往西、向上，再歸到東面，這個立體圓形像畫月亮一樣，不能畫得彎彎曲曲。這步功夫在腰身和手腕上要靈活轉折。

③ 「精神懾服」就是精神使對方畏懼折服，如此在擊劍時能先勝一籌。太極拳論說：「觀耄耋能禦眾之形，快何能為。」就是精神懾服對方的意思，它又是鍛鍊目光反應敏銳的關鍵。

④ 以上三個式子分作十三個動作說明，是屬於拉開架式，準備模擬性擊劍的整理動作。往後每一式將給予技擊方面的說明，是為了學習者明瞭一招一式的來龍去脈和劈刺格洗的意義，瞭解簡單進攻、複雜進攻、打擊進攻、防守進攻和畫圓進攻等方法。

第四式　燕子抄水（防守進攻）

1. 接上式。向右看，右腿漸漸下蹲；戟指隨右手腕並行，相距 20 公分，劍由右額前向下、向南，變外把劍為順把立劍，劍鋒朝南，與膝齊高；左腳成踢毽子似的腿形，腳掌置於右膝內側成平圓形；目視劍尖。（圖 5-4-14）

注：立劍即劍刃上下向稱立劍，劍刃左右向稱平劍。

2. 接上動。繼續下蹲右腿，左腳向東北角，以腳掌外側擦地前滑 20～28 公分，成左腿直右腿蹲的左撲虎勢樁型；戟指和持劍手向下刮，戟指順轉到額前，持劍手刮到

圖 5-4-14

圖 5-4-15

前襠前；目視劍身。（圖5-4-15）

【要點】此式是撲低閃躲。

3. 接上動。捲襠下沉，趁向上的彈力，弓左膝，伸直右腳成左弓勢樁型，左轉腰；戟指隨轉勢順行而上，行到左額前；持劍手自下上抄到鎖骨前，劍尖朝東南，高過自己的頭頂，探身橫劍；目視劍尖。（圖5-4-16）

圖 5-4-16

【要點】

① 此式之外形似太極拳的「四隅穿梭」式。

② 對方襲我上部，無論劈或刺，我向左一閃，向下一蹲，對方一時劈（刺）空而失去目標，其在前衝之中一時很難留住。我劍由下而上擊，如撲腿的角度合適，可橫劈

圖5-4-17　　　　　　　　圖5-4-18

其肩、胸。防守進攻的意思是對方先擊，我乘空而入。

第五式　左右邊攔掃（連續打擊進攻）

1. 接上式。左轉腰，疊胯沉襠；用陽手把向左一格，隨即變陰手把，待機而發；跟上右步，暫駐在左踝骨內側，同時下落戟指，扶於右腕內側，必要時可以左手抓拿對方，或雙手持劍。（圖5-4-17）

【要點】

① 這是進行中的過渡動作。

② 此動的持劍像持盾牌一樣，用於近戰，便於左攔右格，便於封閉對方進攻，又便於上步沖擊對方。

2. 接上動。此時對方之劍被我向左一擊，其左翼失去防守。我乘機向東南角上右腳，成右弓勢椿型；用劍身斜劈其頭部，劍把齊胸，劍尖過頭，朝東北；朝指仍助右腕推進，沉肩含胸；目視對方。（圖5-4-18）

【要點】上動是向左一格，本動是上步一擊，稱為打

圖 5-4-19

圖 5-4-20

擊反攻。延續打擊反攻，對方後退時，我仍進攻，稱為連續進攻。

3. 接上動。右轉腰，疊胯沉襠；用陰手向右一格，隨即變陽手把；跟上左腳，暫駐於右踝骨內側。此時對方襲我身上部之械（劍、刀或槍），被我向左一格，其右翼閃空，我乘機向東北插入左腳，成左弓

圖 5-4-21

勢椿型，用陽把以劍身斜劈其頭部，劍尖朝東南成 45°坡形；戟指依然協助右腕發力，身向前探；目視對方。此式含閃躲還擊之勢。（圖 5-4-19）

4. 接上動。動作同本式 1 動。（圖 5-4-20）

5. 接上動。動作同本式 2 動。（圖 5-4-21）

圖 5-4-22　　　　　　　　圖 5-4-23

6. 接上動。動作同本式 3 動。（圖 5-4-22）

第六式　提劍上勢（畫圓進攻 原名小魁星）

1. 接上式。以劍身的前三分之一處搭住來械的裏面（對方的左面），與來械構成交叉形狀，變裏手劍，戟指在內，雙手交叉，如同大架子太極拳的十字手；坐實左腿，承擔體重，提右腿經左踝骨內側暫駐；劍尖朝東南上角成斜坡形；目注來械。（圖 5-4-23）

【要點】搭住來械，這個動作不是打擊來械，而是兩械的交叉。

2. 接上動。以劍身纏繞來械，提劍把向上，使劍尖翻過來械的外邊，劍尖由上向後變逆把使劍尖向下，以肘為軸挽一逆行劍圈，撥開來械；戟指隨右腕助力，兩腋扇起；同時，上右腳向東南角，先以腳跟著地，落地後向右轉腰，再撇右腳尖向南踏實；同時左腳跟在原地提起，腳掌仍舊著地，成右高架坐盤樁型；沉肩含胸，目視對方，

| 圖 5-4-24 | 圖 5-4-25 |

作蓄勢待發之勢。（圖5-4-24）

3. 接上動。不管對方如何轉移反應，左腳向東南角再進一步，腳尖點地成左虛勢樁型；用逆把以劍尖向上挑擊對方的握械手，如果出步的角度合適可以擊到對方的腹部。為了出劍不致失誤，上擊的面積挑得大些，劍把一直提到右額角上方為止，成外手劍把；同時戟指由右臂內到肩下，隨挑勢向前以立戟切出，與胸齊高；側身向南，目視對方。劍尖、戟指之臂、左前腳三者成一直線，這是完成畫圓進攻動作之後的防禦架式。（圖5-4-25）

【要點】

① 切出：戟指朝上、以小指方向的掌根側面推出，稱切出。

② 挽花的圓圈用時宜小宜快，練時宜大宜慢。例如本動的逆挽立花就是這樣，其道理見「先開展，後緊湊」。

③ 此動要求劍、戟指、轉腰、上步、眼神和手的腕勁及挑擊同時進行。

圖 5-4-26　　　　　　　　　圖 5-4-27

④畫圓進攻必須轉移步法閃躲來械，利於上步衝刺，例如本動就前進兩步。

第七式　燕子入巢（180°轉身接攻）

1. 接上式。右腿仍彎曲，提起左腳，腳掌靠近右膝內側，成右獨立勢樁型；右手把仍在額前，輕舒把使劍鋒下垂成直線，劍身對正鼻梁；變戟指，手心朝上，向裏環繞，置於腹前；目視東南角，作轉身的準備。（圖 5-4-26）

【要點】此動在雙方互相衝刺劈擊的時候，超越對方的身後，迅速用劍遮掩，轉身接攻。例如式中劍身垂直覆蔽頭、胸、腹三要害進行防禦。

2. 接上動。左腳向西北角後退一步，先以前腳掌落步，腳跟虛懸像弓步型；劍尖指向西北下方，劍把與額齊高；同時戟指內轉，由左腰邊向後穿向西北，戟掌與肘尖朝天，戟指與劍身成一條斜坡線，與地面成 45°角；眼神預備回視西北。（圖 5-4-27）

圖 5-4-28

圖 5-4-29

【要點】此動姿勢活像燕子側翅低飛，戟指像絞剪燕尾，一扭，不用移動即可轉身。

3. 接上動。向左轉腿，沉襠，略提右腳跟，以雙腳掌為軸，乘左轉身之勢，雙腳跟同時轉動朝南踏實，成打虎勢椿型（即弓馬勢）；同時反戟指變掌，掌心朝天，虎口向前（前臂尺骨與橈骨並行朝天）；劍把向裏裏到右腰邊變陽把劍，劍鋒針對西北；眼神注視對方。（圖5-4-28）

【要點】向裏裏：由陰把劍向腋下順轉到腰部，以助擊刺的力量。後面有幾個式子也是這樣的動作，如白猿獻果。

4. 接上動。前弓左腿，後撐右腳，身前探 25°，後腦勺與右腳跟成斜坡直線，成左弓勢椿型；同時用陽劍把，左掌托住右手手背，捧劍向西北平刺。目視對方。（圖5-4-29）

【要點】身前探 25°是身軀中正的正確姿勢（重心穩固的姿勢，沒有前俯後仰、左傾右斜的弊病），給人以錯覺，像是前傾了，實際不是。

因為左弓勢樁型右半面的臀部高，左半面的臀部低，若強挺直腰脊，看來身軀是正直了，但是腰部僵硬，除非後腿再彎曲一些，但又不合太極拳論所說「屈中求直」「力發足跟」的要求。後腿彎曲，右手就伸不遠，而且勁也發不出來，這就不能剛柔相濟了。還有，後腿彎曲後，身軀不是中正而是後仰，太極拳的身軀中正是以健康人自然站立為標準的，所謂立身需中正安舒。以後圖解中的弓勢樁型，都是這個標準，不再贅述。

第八式　靈貓捕鼠（連續進攻）

1. 接上式。身略微後坐，撇左腳尖向西，再前弓踏實；雙手按劍把下沉到襠前，劍前蹺起，與胸齊高；提起右腳到左腿前成左獨立勢樁型；劍把循弧形線向裏拉回到胸前，劍成水平，尖對西北，向前一刺；同時向西北彈出右腳，腳尖繃平，成一字水平，以引出向前縱跳的力量；目視對方眼睛。（圖 5-4-30）

圖 5-4-30

圖 5-4-31

附圖 5-4-31

2. 接上動。右腳隨即向前落地，成右弓勢樁型；捧劍向下壓住對方器械（刀、劍、槍），劍尖向下離地 30～35公分，與臂成 45°斜坡形；眼看對方動向。（圖 5-4-31、圖 5-4-31 附圖）

【要點】彈出：僅以足膝為軸，向上、向前踢。此動下壓來械雙臂要「直中求曲」方有敏銳的感覺力。

圖 5-4-32

3. 接上動。因我的壓擊，對方閃躲，我前提左腳到右膝下（提腳的動作像踢毽子），右腿屈膝屹立成半獨立勢；目視對方。（圖 5-4-32）

注：此動左腳前引右腳，是起跳的過渡動作。

4. 接上動。一縱起身，左腳落在右腳之前，在左腳尚

圖 5-4-33

圖 5-4-34

未落地之前，懸空提起右腳，駐於左膝下；同時，捧劍的手腕突然向下一沉，使劍尖驟然向上一抖動，翹起與頭齊高，抖時發出錚錚的劍聲，挑擊對方胸部。（圖5-4-33）

【要點】此動要求在向前竄跳時，落步必須穩健。

5. 接上動。無論對方怎樣閃、避、躲、退，緊接挑擊之後，側身（朝南）單手立刺；右腳向前邁一大步，成右弓勢椿型；劍身直向對方胸部（西北角方）刺去；戟指由下向南順轉到左額上方成半月形，以催助劍力。（圖5-4-34）

【要點】

①側身單手立刺：使劍尖遠伸能夠刺著對方。「側身」是受對方還擊的最小面積。

②本式一壓（下壓）二崩（挑擊）三側身刺，這是由幾個不同打擊法組成的進攻動作，術語稱為連續進攻。

③靈貓捕鼠要求步法輕靈，一縱身逼使對方無路可遁。

圖 5-4-35　　　　　　　　圖 5-4-36

第九式　鳳凰點頭

（簡單還擊　原名蜻蜓點水）

接上式。原地不動，沉肩、含胸、向後坐成太極勢；乘勢手腕一坐，劍把向下到右膝前，劍尖向上，與頭齊高（劍脊朝自己），挑擊對方手腕；目視劍尖。（圖 5-4-35）

【要點】對方刺我頭部，我用下三角上崩，見「劍法妙，練三角」。

第十式　黃蜂入洞（360°轉身刺）

1. 接上式。鬆腕放平劍身，與右肩齊高；扣右腳尖朝西南角，再撇左腳尖朝東南角成左弓勢樁型；劍向右橫掃到西南；戟指自轉到左額前方；身向南；目視西南遠處。（圖 5-4-36）

【要點】實際的擊劍比賽允許轉身，所以是常用的方

圖 5-4-37　　　　　　　　圖 5-4-38

法。在激烈的襲擊中，有時向左面方向用力過猛，或劍被
對方擊向左方，以致不能強制向右阻擊時，應順勢向左轉
身，挪位還擊。此種轉身如掌握得法，可以充分發揮技擊
作用，雖然這種轉身不是沒有缺點的。

　　2. 接上動。劍上轉不停，連右腳到東南角，落於左腳
前面成右太極椿型；同時變陰把劍，手腕向裏一抖，藏劍
於左脅下面，劍把與胸齊高；戟指仍在左額上方；眼神環
視，預備轉身。（圖 5-4-37）

　　注：此動仍是分解的過渡動作。

　　3. 接上動。扣右腳尖朝北，尾閭內收，轉臀部向右，
坐實右腿，提左腳起立成右獨立勢；由陰把向裏裹，變為
陽把，轉到右腰邊待發；戟指逆轉，落左膝前方變仰掌，
虎口朝西北角；沉肩垂肘，目視對方。（圖 5-4-38）

　　【要點】沉肩垂肘尾閭收是動作的準則，不致出現右
肩高左肩低的弊病和破壞了軀幹平衡，又是使下體穩固的
方法。沉肩能夠使肺葉舒展下降，反之，聳肩則肺葉上

提，使氣上浮，氣上浮則下盤
不穩。沉肩又能使神清氣爽。
垂肘的作用是掩護軀幹的軟組
織要害部門。尾閭收的作用是
使軀幹中正，不致前傾以免被
人所乘。

　　4. 接上動。屈右膝，上身
下降，左腳向西北角上一大
步，成左弓勢樁型；劍鋒直向
西北；左掌托著右手背，捧劍
刺出，與胸齊平；含胸，注視西北。（圖5-4-39）

圖 5-4-39

【要點】

　　① 含胸在技擊原意上是身法靈活。因為含胸能使腰椎
骨轉動幅度增大，帶來閃躲避讓的敏捷，有利於持久交
鋒。

　　② 黃蜂入洞的另一種做法是扣右腳尖朝南，提左腳成
半獨立勢，左轉腰以右腳掌為軸，提腳跟單腳共轉360°，
接著左腳向西北角落地前刺。手的動作同說明完全一樣。
因單腳獨立圓轉難度較高，現在這種做法已不多見。

第十一式　右展翅（他擊我也擊）

　　1. 接上式。左掌徐徐上升到左額上方，掌心朝裏；接著
撇右腳尖朝東，右轉腰，回頭看東南角上方，迎接來襲，體
重漸漸移於右腿，提左腳向右腳後偷步，先以前腳掌著地成
高架坐盤勢樁型；仍是陽把劍，劍尖仍朝西北，藏於左脅
下；身向東北角，作蓄勁出擊之勢。（圖5-4-40）

圖 5-4-40　　　　　　圖 5-4-41

【要點】偷步：因地區不同而名稱各異，又稱「側插步」或「倒叉步」或「連枝步」。連枝意思是步法像樹叉般延伸。偷步的意思是外示安逸，不讓對方察覺我移步換形。

2. 接上動。左腳跟緩緩落地承擔體重，右腳提起，經過左脛骨前向東南角邁出一大步成右弓勢樁型；與此同時，左俯掌落到右前臂上成交叉；陽把劍向東南角斜掠而上，劍尖過頭；左掌掌心向下，坐腕而下行到左胯前方，雙臂遙相呼應成大弧形，像雄鷹展翅；含胸，目視劍鋒。（圖 5-4-41）

【要點】

① 他擊我也擊，即彼微動我也動。見「劍法妙，練三角」。

② 此動步子有三種做法，但手法都一樣。第一，扣左腳尖向東，收回右腳經左腳踝骨內側，仍踏出到原地成右弓勢。第二，右腳不動，提左腳靠右腳踝骨內側，承擔體

圖 5-4-42

圖 5-4-43

重，右腳向東南角邁出成右弓勢。第三，本動動作說明。

第十二式　提劍上勢

1. 接上式。左轉腰變裏手劍把，劍身向上轉圈，劍尖向東南，與頭齊高，托住來械；戟指掌心向裏，掤開置於右前臂內成交叉；同時，體重後移，身向東北，右腳漸次變虛，似右打虎樁型；目視劍身。（圖 5-4-42）

注：這個動作名稱叫「上旋風」，意思是畫圓圈的動作像向上刮旋風。

2. 接上動。動作說明同第六式之 2 動。（圖 5-4-43）

3. 接上動。動作說明同第六式之 3 動。（圖 5-4-44）

圖 5-4-44

圖 5-4-45　　　　　　　　　圖 5-4-46

第十三式　左展翅（打擊進攻）

1. 接上式。提起左腳到右膝前面成半獨立勢樁型；變陰手把，向東南角攔截對方從下面來攻的器械；戟指扶於右手腕內側；目視對方。（圖5-4-45）

注：此動作稱為「三合一」，即左腳與雙手同時聚合在一起。

2. 接上動。變陽手劍把一抖，用劍身上半段向右撥開來械，以右腕為軸心，反掌一拗，挽一個逆轉小立花，以陰手把向右斜斬對方小腿部，劍鐔藏於右前臂下；戟指以肩為軸，向下由正北轉到左額上方，臂呈半月形；左腳向西北角落步成半撲虎勢樁型，身朝東；劍與右臂成斜坡直線，劍又與右腿上下平行；含胸，收尾閭，目視劍尖。（圖5-4-46）

注：半撲虎勢又稱「撲步」。全撲虎勢見圖5-4-15。

圖 5-4-47

圖 5-4-48

第十四式　　等魚勢（交叉進攻　太公釣魚）

1. 接上式。前弓右膝成騎馬勢椿型，頂頭懸，身體中正；右臂上提，劍尖下垂，用劍身抄住對方襲我中部的來械；戟指落於左肩前方，呈平圓形；目視來械。（圖5-4-47）

【要點】頂頭懸：低頭則傷氣，翹首則後仰，頂頭不要強項，以免引起脊柱骨轉動不靈，所以頭要「懸」。懸是懸空、懸起的意思，含義是虛靈。《十三勢行功心解》說：「精神能提得起，則無滯重之慮，所謂頂頭懸也。」用白話解釋，頂頭懸能夠使手足輕靈，精神煥發。

2. 接上動。隨即再弓右膝成右弓勢椿型；變裏手劍，劍尖對西北下方；戟指下沉，手心朝裏到右前臂內；目視兩械的交叉點，預備纏絞其械。（圖5-4-48）

注：此動是不停的過渡動作。

3. 接上動。左轉腰，由右腿承擔體重；用劍身上抄其

圖 5-4-49　　　　　　　　圖 5-4-50

械，由拳骨向下的裏手劍變拳骨向上的裏手劍，即搭住對方的劍尖環繞而上，抖腕力下壓其械之剎那，劍尖下點（反腕下擊）對方持械的前手；與此同時，載指以肘為軸，由下經西北上角順左額前而下置於劍鐔之後，仰腕豎指，掌心朝東南；收回右腳，經左腳踝骨內側，以環形（順轉）用腳掌外側邊緣向東南角邁出成右虛勢椿型，劍與胸平，目視劍鋒。（圖 5-4-49）

【要點】此式名下旋風等魚勢。「旋風」用以形容劍由東南向下順轉到西北捲起復向東南。等魚勢形容手法活像甩出漁具，坐岸垂釣。

第十五式　左右龍行勢
（打擊進攻　原名撥草尋蛇）

1. 接上式。漸漸向右轉腰，帶回右腳虛懸於左小腿內側成寒雞步；同時，變陽把劍，以劍身向北橫格來械，劍尖略高，手把與胸齊；目視對方。（圖 5-4-50）

圖 5-4-51

圖 5-4-52

圖 5-4-53

圖 5-4-54

體系。本章專論太極劍每招每式的技術

　　【要點】下接諸動同第五式左右邊攔掃。邊攔掃劍頭是高的，本式的劍頭是平的，但在向左右橫格來械的時候，劍頭也是翹起來的。

　　2. 參照第五式之 2 動。（圖 5-4-51）

　　3. 參照第五式之 3 動。（圖 5-4-52、圖 5-4-53）

　　4. 參照第五式之 4、5 動。（圖 5-4-54）

圖 5-4-55　　　　　　　　　　圖 5-4-56

　　注：龍行勢又稱「撥草尋蛇」。「龍行」形容上步的
彎彎曲曲。撥草尋蛇形容劍尖左右來回撥動。

第十六式　懷中抱月（防守進攻）

　　1. 接上式。對方劈我頭部，我沉襠疊右胯承擔體重，
隨即跟上左腳在右腳後 30 公分處，以前腳掌著地，屈膝如
跪，成半麒麟勢樁型；以外手劍把，用劍身（近護手處）
向上阻截來械，橫劍額前，戟指扶右腕下；目視對方，蓄
勢待發。（圖 5-4-55）

　　【要點】麒麟式和蹲式：① 左腳尖靠在右腳掌內側屈
雙膝者，稱蹲勢；② 左腳尖離右腳跟 30 公分屈雙膝者，
通稱半蹲勢；③ 左腳尖離右腳跟 50 公分屈雙膝者，通稱
麒麟勢。這三種進退靈活的步法，是擊劍技術上常見的。

　　2. 接上動。後退左腳成右弓勢樁型；翻轉右腕，運劍
尖由北經身後逆轉向東下方，向右撥開來械，以陽手把橫
砍對方小腿；同時戟指由下向北順轉到東，掌心朝下，與

圖 5-4-57　　　　　　圖 5-4-58

把會合；目視對方。（圖 5-4-56）

　　注：此動的逆轉斜坡圈，武術上稱為「雲頂」。

　　3. 接上動。身向後坐，提起右腳虛懸於左小腿之前成半獨立勢樁型；鬆把，將劍藏於左脇下，劍尖向東，略為翹起，針對對方；戟指由下經西北角轉到左額前方；目視正東遠處。（圖 5-4-57）

　　【要點】懷中抱月：上下臂拼成圓形的意思。本式洗去來械，還擊一劍，以懷中抱月作為防守，稱「防守進攻」。

第十七式　　宿鳥投林（打擊進攻）

　　1. 接上式。左腳向東邁出，上身下降，漸漸踏實成麒麟勢樁型；戟指下落到右腕的上面，掌心朝下，沉肩含胸，兩腋扇起；以陽手把用劍身壓住對方的來械；目視正東上方。（圖 5-4-58）

　　【要點】

　　① 兩腋扇起，即腋窩撐開，不要兩臂貼著脇部，需留

圖 5-4-59

圖 5-4-60

一拳空隙，全套動作都應當這樣，避免把身體困住。

② 麒麟勢的樁型標準，右小腿與左大腿均成垂直線，左小腿與大腿均成 75°斜坡。

2. 接上動。身略前探，用右腿支撐全身體重，提起左腳，漸漸起立，成右獨立勢樁型，身向東北；仍以陽手把向東上刺，劍尖略高過頭；戟指隨劍上刺，掌心向下置於劍鐔的後面；目視對方。（圖 5-4-59）

【要點】此式是應付對手向我中部刺來，我以劍身下壓（打擊）來械，緊接提後腳探身前刺（打擊進攻）。

第十八式　烏龍擺尾（後閃防禦）

1. 接上式。右腿徐徐彎曲下蹲，右腳落於西北角，先以腳跟著地，腳尖離地不得超過 45°，成左太極勢樁型；戟指隨落置於左膝外側；右臂垂肘，劍持平收回到右額前方，周身掤開，以意判斷右側來攻。（圖 5-4-60）

【要點】太極勢的前腳尖不能蹺得太高，太高勢必膝

圖 5-4-61　　　　　　　圖 5-4-62

蓋挺直，會造成僵硬而後仰，那就不合乎太極拳的準則。

2. 接上動。向左轉腰，藉以增加向右的出擊力，扣左腳尖向東；戟指以肩為軸，由下向西掄轉到左額上方；乘勢先右後左轉臀部，坐實左腿，右腳前掌仍在原地不動，提起腳跟，離地 3～5 公分成高虛勢；同時由裏手把逆轉變為陰手把，斜坡形橫劍於胸前；目視對方，預備阻擊下方來襲。（圖 5-4-61）

【要點】「左轉腰藉以增加向右的出擊力」，即太極拳論所說的「欲左先右，欲右先左」，意思一是增加衝刺力；二是閃過來襲，搶佔有利地位，順勢進攻。

3. 接上動。身體下沉，提右腳，經左腳踝骨內側，再向東轉到東南角，以腳掌的外側邊緣點地，成右虛勢樁型（提腿為避過下襲的來械）；同時，用陰手把向右下格開來械，劍尖斬下與右腳尖齊頭；左臂向外掤開，不要挾臂，戟指轉到左額前保護頭部；目視東南角遠處。（圖 5-4-62）

圖 5-4-63

圖 5-4-64

【要點】

① 劍式取龍鳳字名，龍，比喻身段的宛轉多姿；鳳，比喻動作的美妙多彩。

② 動作要求周身關節須節節同時轉動，才能發揮閃躲、還擊的作用。

第十九式　出水劍（畫圓進攻 原名青龍出水）

1. 接上式。垂右腕變為裏手把，用劍身向東方上空迎接向我頭上劈（刺）來的器械（洗勁）；同時，退右腳向西45～55公分，成左打虎勢椿型；戟指下按到腹前，盯住對方變化。（圖5-4-63）

注：洗勁見太極劍的十三種勁法。

2. 接上動。收回左腳到右腳內側前，以腳掌點地；同時，劍把向南、向自己的右脅裏裏，變為陽手把，置於右腰間；戟指向北環形而上，行到左額角上方；身軀中正，正視對方。（圖5-4-64）

圖 5-4-65

圖 5-4-66

【要點】圖 5-4-63 向上洗，接圖 5-4-64 向裏裹，即順轉立圈的上半個圓，下圖即做下半個圈的前刺出。它的理法見太極劍的要領「半圈化，半圈擊」。

3. 接上動。左前腳掌略負擔體重，扣右腳朝東，左轉腰，邁出左腳向東北角，先以腳跟著地，漸次落實成左疊襠弓勢樁型；用陽手把向東偏北平刺，劍尖略高過自己頭頂，把與胸平；戟指自西轉到左額前方成半月形；身向東北，目視刺去的方向。（圖 5-4-65）

【要點】本動要求在雙腳前後移動時，戟指和劍的挽花須節奏清楚，不要忽快忽慢，要等速地同時圓轉。

第二十式　風擺荷葉（重新進攻）

1. 接上式。身體向後坐，蹺起左腳尖成左太極勢樁型；陽手把持平，劍身與鎖骨齊高；戟指下按到左胯前；目透過劍身遠看東北。（圖 5-4-66）

注：「重新進攻」即在一個進攻行動之後，移步易位，

圖 5-4-67　　　　　　　　　　圖 5-4-68

還原成準備姿勢，再重新進攻。

2. 接上動。向左轉腰，藉以增強向右轉動的打擊力，扣左腳向南；戟指以肘為軸，向北掄轉而上到左額上方；趁勢向左轉臀部，坐實左腿，右腳在原地只抬起腳跟，離地 3～5 公分成高架右虛勢；同時陽手把逆轉一小圓圈變為陰手把，眼看劍尖抖出逆轉小立花，橫劍胸前；戟指翻上，隨右腕內側而行。（圖 5-4-67）

注：這是過渡動作。

3. 接上動。身向下沉，右轉腰，提起右腳向西北角邁出，落步成右弓勢椿型；右手腕往回一帶，又挽一逆轉的小立花，劍身似隨波蕩漾，橫掃到西面，隨身右轉面向正西，預備重新進攻，陰手把與胸齊平，劍鋒朝西南。（圖 5-4-68）

【要點】

① 此動要求做出劍身似隨波蕩漾、如風擺荷葉之勢。

② 此動要做 180°轉身。

圖 5-4-69 　　　　　　　圖 5-4-70

第二十一式　左右獅子搖頭（退守還擊）

1. 接上式。沉襠折疊右胯，後撤左腳3～5公分；同時陰手把翻劍刃變為陽手把的過程中，使劍尖順轉小立花，抽劍斜橫於胸前；身體後坐成右打虎勢椿型；劍尖向西北，與右肩頭齊高，與右手把形成平面右三角；戟指離右腕一拳半相隨而行，胸部與雙臂形成圓形；耳注目視，靜以待變。（圖5-4-69）

【要點】

① 獅子搖頭之名，用以刻畫動作的形態。

② 折疊，太極拳論說：「往返須有折疊。」折疊是穩住重心。

2. 接上動。沉襠折疊左胯，收回右腳，畫圈經左腳內側後撤到東北角，重心後移，踏成左打虎勢椿型。餘皆同本式之動說明，只是本動向右帶，上動是向左抽。抽帶是同一勁法。（圖5-4-70）

3. 接上動。沉襠折疊右胯，收回左腳，畫圈經右腳內側後撤到東南角，重心後移，踏成右打虎勢樁型。餘皆同本式之動說明。（圖5-4-71）

圖 5-4-71

【要點】

① 坐胯抽劍不可聳肩，肩頭不可緊張，兩臂不可挺直，身體不可前俯後仰。

② 技擊用法同第十五式左右龍行勢。龍行勢是抽帶緊逼，獅子搖頭是雖退寓進、遇隙轉攻的手法。

③ 抽帶勁：即橫擊（臂）的柔中有剛的纏絲勁。勁的來源，據太極拳論說：「其根在腳，發於腿，主宰於腰，形於手指。」例如推車上橋的勁，來源於腰，達於兩腳，腳著地後，地給予反作用力，從而達於手，推動車子上橋，就是這個道理。

第二十二　虎抱頭（畫圖反攻）

1. 接上式。沉襠疊住左胯，穩住重心，提右腳向左腳後退半步（東），先以前腳掌著地，成半麒麟勢樁型；雙臂略為分開，由額前（形如虎抱頭）落至胸前，與肩齊寬，執劍手與戟指掌心都向下，劍尖朝西南；目視對方。（圖5-4-72）

【要點】本動是我劍抄在來械的下面，預備撥開對方的器械。

圖 5-4-72

圖 5-4-73

2. 接上動。身向後坐實，成左虛勢樁型；同時劍逆轉（撥開），由上向後、向外、向下變陽手把，向前橫劈對方上部；左掌托住右手背，捧劍在鎖骨的前面；劍鋒與眼神朝著對方（西），使其不得逼近。（圖 5-4-73）

【要點】

① 此式用斜坡形劍圈（即雲頂）的來勢還擊，結合上式獅子搖頭節節後退及本式畫圓反攻，是一組防禦反攻的手法。

② 畫圓都含有「洗」意，即一擦而入，不是硬磕強架。

第二十三式　野馬跳澗（連續進攻）

1. 接上式。左腳向前邁 5～8 公分，腳尖朝西南，前弓踏實，提起右腳，成左獨立勢樁型，其餘同第八式「靈貓捕鼠」。請參閱。（圖 5-4-74—圖 5-4-79）

【要點】本式動作方向是正西，要比第八式遠跳 10～

圖 5-4-74

圖 5-4-75

圖 5-4-76

圖 5-4-77

15 公分，兩膝蓋提高到小腹或胸前再落地。

第二十四式　勒馬回頭（防禦進攻180°轉身）

1. 接上式。身右坐，屈左膝，沉襠，扣右腳尖朝東南，左轉腰，坐實右腿，成高架左虛勢；雙手捧劍，由西平掠到南；身向南，眼隨劍行。（圖 5-4-80）

圖 5-4-78

圖 5-4-79

圖 5-4-80

圖 5-4-81

　　注：此式為迎擊對方來襲我中部的過渡動作。

　　2. 接上動。繼續左轉腰，身向正東，左腳向北橫移 5～10 公分，成左虛勢樁型；同時，雙手捧劍，由南平掠到東，接住對方來械，劍把與胸齊高，劍尖與喉齊高；眼觀對方。（圖 5-4-81）

　　注：此式是連接下式進攻的。

圖 5-4-82

圖 5-4-83

第二十五式　指南針（別劍進攻）

1. 接上式。雙劍交叉，待對方下劈，我含胸，雙手略向左一扭腕，用護手的左劍耳將來劍別住，劍下沉，頂頭懸；上左腳5～8公分，成左弓勢樁型；劍與眼神對準對方上部。（圖5-4-82）

【要點】本動利用護手別住來劍的剎那間，對方勢必反應回抽。

2. 接上動。掌握含胸拔背頂頭懸，沉肩垂肘尾閭收。跟上右腳，靠近左腳，起身站立；同時捧劍，順著對方的劍身，滑刺對方的上半身，劍持平，與胸齊高；目視對方。（圖5-4-83）

【要點】乘對方回抽，其向上，我則就勢上托而刺；其向下，我則下壓而刺；其向左，我則左撥而刺；其徑直回抽，我則就勢前滑而刺。要領在打擊（別開）對方的劍鋒偏離中心，反之，我的劍鋒不離對方的中心。

圖 5-4-84

圖 5-4-85

第二十六式　迎風撣塵（絞別進攻）

1. 接上式。屈雙膝，身下沉。撇右腳尖朝東南角，在原地抬起左腳跟，成左蹲勢椿型；以右腕為軸，在胸前逆轉劍把，捯到右脅外側，劍尖同時也逆挽一立花；左掌變為戟指，扶於右腕內側；劍身中段不轉，用以搭住（緩衝）對方攻擊的來械，劍尖朝上，與頭齊高，變為陰手把；目視來械。（圖 5-4-84）

注：這是不停的過渡動作。

2. 接上動。乘勢右轉腰，身向南，向東北角邁出左腳一大步，變為左鬆襠弓勢；同時變裏手把，用劍耳別住對方的來械，兩腋扇起，接著腰向左轉，雙臂下沉，以劍身壓住對方的械器，變左弓勢，眼觀對方。（圖 5-4-85、圖 5-4-86）

3. 接上動。變陽手把別住來械；同時跟上右腳到左腳內側，腳掌點地成右蹲勢椿型；順著對方的械器，斜擊對

圖 5-4-86

圖 5-4-87

圖 5-4-88

圖 5-4-89

方的頭胸；戟指仍扶於右腕旁；目視對方。（圖 5-4-87）

　　4. 接上動。邁右腳向東南角；將對方的劍（刀）捌到北面，變陰手把別住來械；弓右膝，靠上左腳成右蹲勢樁型；用劍身斜擊對方頭胸。（圖 5-4-88—圖 5-4-91）

　　5. 接上動。這是重式，與本式之 2、3 動相同，請參照。（圖 5-4-92—圖 5-4-94）

圖 5-4-90

圖 5-4-91

圖 5-4-92

圖 5-4-93

【要點】

①邁步成太極勢椿型的時候，前腳尖離地最高不要超過 45。角，超過了謂之「亮底」，違反了太極拳（劍）的基本原則。因為亮底之後，膝蓋必然挺直，逐使大小腿的肌肉和腰脊肌肉緊張，達不到「剛柔相濟」和圓弧運動的標準。

圖5-4-94　　　　　　　　　　圖5-4-95

②本式要領在轉腰旋背，轉腕旋膀，轉踝旋胯，各關節同時轉動，才能得心應手。

第二十七式　順水推舟（畫圓進攻）

1.接上式。退右腳一步向西南角，隨即撤回左腳到右腳內側暫駐，成左蹲勢樁型，同時變裏手把，向下畫弧到雙膝前，戟指追隨右腕到右肘內側；掌心向下掤開；身向東南，目視對方。（圖5-4-95）

【要點】此式在兩械交叉時，對方衝刺（劈），我以護手托住來械，配以側身退步，順勢用劍耳跨過來械，搶到對方右側。

2.接上動。劍由脛骨前掄到西南角；日視來械。（圖5-4-96）

【要點】此動我用左手一把抓住對方持劍手，向後、向下一挫，對方凶鋒已超越我的身後，借一挫之力，插到對方的身後。

圖 5-4-96　　　　　　圖 5-4-97

3. 接上動。屈右膝下沉，右臀部碰到右腳跟，左腳用腳跟向東北角鑱去，腳尖豎起成 90°角，小腿肚全部著地，成左雀地龍勢；同時，由順手把向上變外手把，掄轉到額前，劍尖朝東北立劍反刺；左手一鬆，循鎖骨前向東北捏戟側掌切出；左腿前弓，右腿撐直漸成左弓勢樁型，身向前探；劍鋒略垂，執劍手成半月形置於右額上方；眼觀對方。（圖 5-4-97）

【要點】

① 因我一把抓住下採，對方必然後退或移位閃避，而因我的一鬆手，對方必然後挫，趁此一挫，順勢反刺。

② 本式原來是雀地龍的動作，需要韌帶柔軟和腿部的力量，後來一般練習覺得身體前俯不易端正，所以改成弓勢了。

第二十八式　流星趕月（簡單進攻）

1. 接上式。身後坐，體重移到右腳，扣左腳尖向南；

圖 5-4-98

圖 5-4-99

翻戟指按下到左胯前成弓形，提右腳成左半獨立勢；立劍橫於額前，劍尖朝東；目視東南角。（圖5-4-98）

注：本動是過渡動作。

2. 接上動。向右轉腰，落右腳向西偏北，成右弓勢樁型；順手把向西偏北劈下，劍尖與右肩齊平；同時，戟指向東順轉而上，置於右額上方；身向西北平視。（圖5-4-99）

注：此動又是區別於其他的轉身方法。

第二十九式　奔馬飛瀑

（閃避進攻　原名天馬行空）

1. 接上式。戟指由額前漸漸落下，向止南切出，高於鎖骨，指著對方；接著，屈左膝，沉襠，扣右腳尖向西南角落實，左轉腰，提左腳置於右膝內側，腿形像踢毽子一般，成右半獨立勢樁型；戟指按下到左膝前方；同時頂頭懸、含胸、沉肩、逆轉右腕，使劍尖垂鋒向北，掌心朝

圖 5-4-100

圖 5-4-101

天，舉劍把於肩上方，比頭略
高，目視對方。（圖 5-4-
100、圖 5-4-101）

　　注：此動是不停的過渡動
作。

　　2. 接上動。右腳在原地起
跳，左腳向南縱上 35～45 公
分，趁左腳尚在空中時，右腳
隨之縱到左腳前，左腳先落
地，右腳也隨之落地，落地發

圖 5-4-102

音如馬蹄落地之「叭嗒」聲，成右虛勢樁型；同時，戟指
畫弧變掌到頭頂，乘勢持劍向南下劈，戟指與右腕在額前
會合，扶於右腕上，劍尖下劈到右腳前，劍尖和右臂成直
線，與地面成 45°角；目視正南。（圖 5-4-102）

　　【要點】

　　① 雙腳騰起是閃避下方來擊，俯衝向前是居高臨下，

所以稱閃避進攻。

②此式要領，在右腳起跳時，先抬起腳跟，以前腳掌向地一撐。

③此式動作如奔馬，又如飛瀑四濺，故名。

第三十式　挑簾勢（畫圓進攻）

1. 接上式。含胸，拔背，尾閭收住，提回右腳，經左腳內側向正西邁一步成右太極勢椿型；同時，變陽手把向東逆抖一劍花，使劍尖向下畫圓，變裏手把，拉回左胯前，劍尖向下方；左腋扇開，左掌仍扶右腕上；目視東方。（圖5-4-103）

【要點】此式畫圓，用來阻截和緩衝從下方的來械，要使來械如擊到海綿上一般，而不是硬磕。右腳畫圓有兩種意義，一是閃避下擊，二是搶佔有利地位，使對方感到困惑，在其手忙腳亂之際，果斷還擊。

2. 接上動。撤右腳尖向西北角踏實，承擔體重，側身右閃，提起左腳到右腳前，成右獨立椿型；於提腿之同時，雙手提劍，由東下向西上提擊，變外手把置於右耳前，垂鋒向下成45°角，身向西北，左肘與右膝距離一拳到一拳半；目光透過劍身遠望。（圖5-4-104）

【要點】此動的技擊方法，如果是短兵器的劍、刀

圖5-4-103

圖 5-4-104 　　　　　　圖 5-4-105

第
五
章

楊
式
太
極
劍

97

體
系
。
本
章
專
論
太
極
劍
每
招
每
式
的
技
術

之類，則順著對方來械的內側向上挑擊，提腳向前是為了閃避，又助長出劍的力量；如果是長兵器的槍，棍之類（長兵器一般都是左手在前的），則順著對方的外側向上挑擊。

第三十一式　左右車輪

1. **左車輪**：接上式。屈右膝下蹲，漸漸落左腳向西，腳尖朝南，成高架左坐盤勢，劍由上直流而下，經過左下側，劍尖朝東下，成裏手把；左掌仍扶右腕；身向正南，眼神向南一瞬。（圖 5-4-105）

【要點】本動立劍直流而下，即用前半個立圈攔開來械。

2. **右車輪**：接上動。劍尖向東上轉不停；環行向西，同時上右腳一大步，成右弓勢椿型；以立劍直劈到西，右臂與劍成水平；戟指後撐向東，掌心朝南，以助發劍的力量；身向南偏西，目視劍尖。（圖 5-4-106）

【要點】這是用後半立圓攻擊對方，定式的形狀像一

圖 5-4-106　　　　　　　圖 5-4-107

個「大」字，要求掄圓，像車輪滾動。

第三十二式　　燕子銜泥（連續反擊）

1. 接上動。隨即右轉腰，沉襠收臂，撇右腳尖朝北，成高架右坐盤勢；同時，劍尖下轉到東下方，變為順手把立劍，劍身與右臂成直線，與地面成45°角；戟指由後向上，經左耳上方向西切出，臂形略彎，戟指對正鼻子；頂頭懸，眼神透過戟指視及遠處。（圖5-4-107）

【要點】本動作為燕子銜泥的一啄即起，也可作為右車輪的下劈。這是兩個式子組成的連貫動作，所以稱「連續反攻」。

2. 接上動。前弓右膝，探身，起跳，提左腳向右腳前，在沒有落地之前，將跳的右腳沖到左腳前，左右腳先後落地向西成右虛勢樁型；與此同時，劍由後翻上向下劈到右腳前，與地面成45°角；戟指以肘為軸，經頭部與執劍手會合，在胸前順轉一個立圈（這個圈是撥開或抓住來械之用

圖 5-4-108

圖 5-4-109

的），變掌扶於右腕上；目視劍尖。（圖 5-4-108）

　　【要點】本動左右轉腰幅度要大，因為含有左閃右避的勁勢。戟指前伸是抓奪槍桿，或用作掩護進攻。但必須說明，這是為了確切地把太極劍的動作要素講清楚而寫的，如果在擊劍壇上的規則中，只能一隻手持劍，左手接觸地面的閃躲是允許的，但不允許用左手抓奪攔撥和作為掩護，不允許用左臂夾住來劍，也不允許用拋擲的方法進行比賽。

　　3. 接上動。當劍尖至離地 5 公分時，雙手捧劍提起置於胸前，劍成水平；樁型不變；目視正西遠處。（圖 5-4-109）

第三十三式　大鵬展翅（移步換形）

　　1. 接上式。撤右腳向後（東），右轉腰，轉身向北；雙手捧劍向北平掠，高與胸平；尾閭收，沉襠，成八字形騎馬勢樁型，沉肩含胸看劍尖。（圖 5-4-110、圖 5-4-111）

圖 5-4-110　　　　　　　　圖 5-4-111

注：這是過渡動作，意作大鵬欲飛之勢。

2. 接上動。再右轉腰，身向東北；右手持劍，以陽手把向上斜掠到正東上方，比頭略高；同時，撇右腳尖向東北，成右弓勢樁型；眼隨劍尖到東上方；左戟指順右臂內側到右肩前，沉肩垂肘，立戟指向正北切出，指尖與鼻尖對正；乘勢沉襠下氣，奮發精神，觀及遠處。（圖 5-4-112）

【要點】本式是移步換形之法。例如對方竄到右側，我以劍尖針對，而不失自身掩護，戟指前指又是掩護要害之法。

第三十四式　海底撈月

1. 接上式。屈左膝，沉襠，承擔體重，成低架右太極勢樁型；變陰手把翻劍尖向北，雙臂拱成圓形與耳根齊高，形如老虎撲食，身向東北，架住來械；目視對方。因來械迫近眉睫，預備側身雲頂進攻。（圖 5-4-113）

注：這是與對方來械交叉的過渡動作。

圖 5-4-112

附圖 5-4-112

圖 5-4-113

圖 5-4-114

2. 接上動。扣右腳尖向北，右腿彎曲支住全身；右腕順轉變陽手把，向後、向右、向北探身平劍下擊；戟指在右前臂內側隨行；同時提起左腳，以胯骨為軸順轉平圈，駐於右膝後；目視劍尖。（圖 5-4-114）

【要點】探身能增長伸手出擊的長度。本式要求手腳協調，動作一致，並且要站得穩。

圖5-4-115　　　　　　圖5-4-116

3. 接上動。左腳向後（東）退一步坐實，成面向西南的右太極勢樁型，同時左轉腰；劍尖撈向正西下方，戟指隨行；目視對方。（圖5-4-115）

【要點】此動原有兩種做法，一種是上述，一種是左腳向前（西）上步。上述動作做來比較順勢，也比較容易返回到起勢的地方。

第三十五式　懷中抱月

接上式。向後坐身，提起右腳，腳尖自然下垂駐於左膝前，成左半獨立勢樁型；同時舒把拉回，劍鋒略翹，劍把置於腹部的下方；戟指向下，由東南角順轉到左額上方，雙臂上下都成弧形；目視正面。（圖5-4-116）

注：本式動作與第十六式動作3相同。

【要點】以上兩式交織在一起，構成畫圓進攻，如果畫分界限，兩式中只有一次向下平擊，因此是不可分開的。

圖 5-4-117

圖 5-4-118

第三十六式　探海針

（打擊進攻　原名哪吒探海）

1. 接上式。右腳向西落步，漸漸踏實成麒麟勢樁型，戟指下落到右腕的後面，掌心朝下，沉肩含胸，兩腋扇開，劍尖略翹，以劍身壓擊對方的來械，目視正面。（圖5-4-117）

【要點】目視正面，要求不要看地面，看地面會出現低頭彎腰或垂簾閉目的現象，這是一種常見的毛病，舞劍應當是精神充沛、氣宇軒昂的。

2. 接上動。身略前探，由右腿支撐全身體重，提起左腳漸漸站起，成右獨立勢樁型，身向西南；以陽手把向西下刺，劍尖離地面 20～25 公分，右臂與劍成直線，與地面成 45°角；戟指隨劍前刺置於劍鐔的後面，掌心朝下；目視劍尖。（圖5-4-118）

【要點】此式是重複式子。上式宿鳥投林，壓擊來械

圖 5-4-119

圖 5-4-120

體系。本章專論太極劍每招每式的技術

後緊接著上刺，而本式壓擊來械後緊接是下刺，只是變化不同。

第三十七式　犀牛望月（閃避還擊）

接上式。屈膝徐徐下蹲，落左腳向東南角，以貓行步漸漸變成左弓勢樁型；同時，雙臂左右分開，向上畫圓到頭頂前雙手會合，復往下沉，到胸前交叉成太極拳十字手模樣，兩掌心向裏（左裏右外），鬆把立劍橫於胸前，劍尖與戟指都指向西北角；右轉腰身向西南，回頭觀望西北上方。（圖 5-4-119、圖 5-4-120）

【要點】

①回頭觀望的神態，酷肖犀牛的脖子，是漸漸的扭轉的，所以要頂頭懸，不要斜著眼看，要直視。雙臂要掤開，不要夾住胸部，以免自困。

②如對方從上來攻，無論其刺、劈，我移步向左一閃，以立劍向上斜洗對方伸來的前臂，成左三角形，對方

的來械已被我閃到身後，這就叫閃避還擊，也就是逢堅避刃、閃身巧取之法，這全在意定神閑，熟練三角。

第三十八式　射雁勢

接上式。沉襠，疊住左胯，移右腳向左腳後 15～20 公分，提左腳跟離地 3～5 公分，身向東南成左虛勢樁型；在移步的同

圖 5-4-121

時，劍從右肩上翻過，立劍向東南畫圓，向下、向後拉，右臂後撐，將劍藏於右膝旁；戟指從右肩前向東南立戟切出，沉肩垂肘，臂成弧形，三尖相照；眼神透過戟指看對方的反應。（圖 5-4-121）

【要點】此動是移步換形再次發動進攻的準備動作，就是所謂改式以反攻，乘機取敵。

第三十九式　探爪勢
（換形進攻 原名青龍探爪）

接上動。左腳向東南角上 10～15 公分，以打虎勢過渡到左弓勢；用陽手把，劍尖經由鼻前，雙手捧劍畫弧下刺；同時上右腳與左腳靠攏（兩腳併站的距離為 5～8 公分），含胸拔背；劍鋒下刺到襠前，劍把與口齊高；眼神穿過劍把下，看對方應變。（圖 5-4-122）

【要點】本式技擊方法是，在交鋒抗衡時順著來械下壓滑刺。無論來械是長兵或是短器，如果在來械的外側，

圖 5-4-122

圖 5-4-123

手法是下壓滑刺；如果在來械的內側，手法是撥刺，即撥開後直刺，雙手持劍是為了增強壓撥的力量。

第四十式　雙展翅（移步還擊）

接上式。屈雙膝下蹲（以閃過對方來攻我上部），扣左腳尖向南；翻左掌到右腕上，右轉腰回頭右看；提右腳插向西北角，成鬆襠右弓勢樁型，左腳尖以腳跟為軸補扣向西；雙臂同時向左右分開，如雄鷹展翅，載指向西，掌心朝外；以陽手把由下而上斜擊到西北上方，劍尖比頭略高，雙臂拱成一張弓形；眼看正西對方。（圖5-4-123）

【要點】

①如對方來攻我上部，我先蹲身一躲，閃身插步，到對方的左側，用劍鑽入其臂下，向上斜擊其胸、頭各部。

②以腳跟為軸補扣腳尖向前，是將形成弓勢前的正常動作，絕不能以腳掌為軸，在形成弓勢之前或之後轉動腳跟向後，會形成樁型的軟弱無力，造成身體起伏動作，沒

圖 5-4-124

圖 5-4-125

有節奏，武術上稱為「零碎動」或「拔跟」。太極拳（劍）的動作要求應當是「一動無有不動，一靜無有不靜」。

第四十一式　左右跨欄（畫圓進攻）

1. 左跨欄：接上式。右轉腰，疊住右胯，身向西北，移上左步（在右腳後）20～25公分，承擔體重，成右太極勢樁型；翻劍尖，向西變陰手把，戟指到右腕內側隨行；劍尖順轉向北與右耳齊高，變陽手把，與胸齊高；同時，跨右腳到左膝前，成左半獨立勢；此時劍在右側，目視劍身。（圖5-4-124）

【要點】這個過渡動作的技擊手法是，我劍向來械下，利用護手叉住，纏繞到右側，提右腳是預備搶入。

2. 接上動。右腳向西南角落步20～25公分，提左腳經過右膝後再向南偏西邁上一大步，成左弓勢樁型；同時，以陽手把橫拉到胸前，劍尖朝北，劍鐔向南，成一字橫畫；目視對方。（圖5-4-125）

圖 5-4-126　　　　　　　　圖 5-4-127

【要點】此動以劍身壓住來械，用縱跳步伐向對方右側連進兩步，衝刺橫劈。

3.**右跨欄：**接上動。左轉腰，疊住左胯，身向西南，移上右腳（在左腳後）20～25公分，身向後坐，承擔體重，成左太極勢樁型；舉劍平起，與口齊高；戟指隨之，仍在右腕內側；劍尖逆轉向南，與左耳齊高，變陰手把，與胸齊高；同時跨左腳到右膝前，成右半獨立勢；此時劍在左側，目視劍身。（圖 5-4-126）

4.接上動。左腳向西北角落步 20～25 公分，提起右腳經過左膝彎後，再向北偏西邁上一大步，成右弓勢樁型；同時，以陰手把橫劍胸前，劍尖朝南劍鐔向北，劍隨右腳上步，為一字橫畫；左戟指隨左腳橫跨和右腳上步，由鬆而緊，畫一順行立圈後，仍扶右腕，目視對方。（圖 5-4-127）

【要點】此式原來是躥跳進攻的，現改為平靜安穩地動作，對健康更有益處，但是，原來的動作方法仍然依稀可見。

第四十二式　射雁勢

接上式。略屈左膝，右腳尖撇向正北，沉襠疊住右胯，提左腳經過右腳踝骨向西北角點地，成左虛勢椿型；同時，變立劍，右轉腰，劍從左肩上方前翻，向西北畫弧，順流向下拉回，收劍藏於右腰旁，右臂後撐；戟指從

圖 5-4-128

右肩前向西北立指切出，沉肩垂肘，臂成弧形，三尖相照；眼神透過戟指看對方的反應。（圖 5-4-128）

注：此式是移步換形，再次準備發動進攻的動作。

第四十三式　白猿獻果（換形進攻）

接上式。左腳橫跨到正面，成左打虎勢椿型；以裏手把垂腕提到右肩前，含胸拔背，戟指隨之移到正西，右轉腰，回視劍把，向右膝裏裏到右腰旁，變陽手把，經由胸前變手捧劍，向西直沖而上；右腳隨之向左腳靠近（兩腳平行距離 5～8 公分），雙膝似直非直，似彎非彎，頂頭懸，尾閭收；劍尖與頭頂齊高，劍把與胸際齊平；眼看對方。（圖 5-4-129、圖 5-4-130）

【要點】本兩式的技擊含義，同前第三十八、三十九式，所不同的一是下刺，一是上刺。

圖 5-4-129　　　　　　　圖 5-4-130

圖 5-4-131　　　　　　　圖 5-4-132

第四十四式　左右落花掃

（退避還擊 原名落花待掃）

　　接上式。本式的 4 動，它的手、眼、身、法、步和第二十一式「左右獅子搖頭」相同，請參照。只是本式劍尖向下，畫圓時離地 20～25 公分。（圖 5-4-131—圖 5-4-134）

圖 5-4-133

圖 5-4-134

第四十五式　穿梭劍

（閃避還擊 原名玉女穿梭）

1. 接上式。當第二次退到左面時，撇右腳向後（東）半步，屈膝後坐，含胸沉肩；左戟指插在右前臂下，成十字交叉。（圖5-4-135）

【要點】本動的撇右腳是閃躲，雙手交叉是保護要害。

2. 接上動。提起左腳，成右獨立樁型；變裏手把向懷內逆轉，右臂向右（北）、向後拉，立劍橫於右腰旁，右臂成弧形；同時，戟指由下向東南順轉而上置於左額上方；目視正西遠處。（圖5-4-136）

【要點】本動要有鶴立雞

圖 5-4-135

圖 5-4-136

圖 5-4-137

群的氣概。

3. 接上動。右腿漸漸彎曲下蹲，腰向左轉，落左腳向南邁出一大步，成左疊襠弓勢；戟指逆轉經左腰向前，雙手捧劍以陽手把向正南平刺，與胸齊高；目視正南遠處。（圖 5-4-137）

【要點】本式是向南直接進攻。

第四十六式　白虎攪尾（直接進攻）

1. 接上式。略屈右膝，扣左腳尖向西；雙手捧劍向西平掠，重心移到左腳，鬆把使劍尖向後（東）下垂；同時提起右腳，成左半獨立勢；戟指順右臂內到右肩前，劍尖豎立朝天，臂與肩平；身向西，目視劍尖。（圖 5-4-138、圖 5-4-139）

【要點】此動技擊用法：在敵我兩劍向前斜下交叉情況下，我劍搭於來械外側，由下向後攪，鑽入劍內側，再順勢向上兜起，挑擊對方胸、頭部。

圖 5-4-138

圖 5-4-139

2. 接上動。左腿漸漸下蹲，落右腳向北，成右弓勢椿型；立戟指向正西切出，沉襠下氣；右臂仍平伸；目光透過戟指觀及遠處。（圖 5-4-140）

【要點】這個姿勢，就是上文所謂的「故示弱，誘進攻」。請參閱。

圖 5-4-140

第四十七式　虎抱頭（畫圓反攻）

接上式。先屈左膝、扣右腳尖向西北，復沉襠疊住右胯，穩定全身，提左腳經右腳內側向前（西），右腳尖點地，成左虛勢椿型；同時，變陰手把，使劍尖朝西南；戟指以肘為軸，由胸前向上、向東逆轉；劍尖向上、向後順轉（即擋開來械）一個斜坡形圓，雙手在頸前複合，右手

圖 5-4-141　　　　　　　圖 5-4-142

持劍橫劈，劍持平，與鎖骨齊高；劍尖與眼神對準對方，使其不易近攻。（圖 5-4-141）

【要點】此式名「雲頂」，即上半個圓是架開來械，下半個圓是抹對方的脖子。

第四十八式　鯉魚跳龍門（連續進攻）

1. 接上式。左腳向前 10～15 公分，腳尖撇向西南前弓踏實；雙手按劍把下沉到襠前，劍尖翹起，與胸齊高；提右腳到左腿前，成左獨立勢椿型；劍把向下循弧形線向裏拉回到胸前，劍成水平，隨即向西刺出；同時向西踢出右腳，腳尖繃平，與劍平行，以引出前跳的力量；目視對方。（圖 5-4-142、圖 5-4-143）

2. 接上動。右腳隨即向前（西）落地，成右疊襠弓勢椿型；捧劍向下壓仰對方來械（刀、劍、槍），劍把置於右膝內側，劍成水平；眼觀對方動向。（圖 5-4-144）

【要點】此動下壓時，要求雙臂不要伸得太直。

圖 5-4-143　　　　　　　　　圖 5-4-144

3. 接上動。因我壓住對方來械，彼必閃躲回抽，我前提左腳到右膝下（提腳動作像踢毽子的腿形），右腳起跳，趁左腳未落地之前，右腳跳到左膝前，屈左膝成左半獨立勢椿型；同時，捧劍把在胸前抖一逆圈，劍中心不動，劍尖自然亦隨之抖一逆圈，如面盆大小，與頭齊高，劍把置於小腹前；眼視對方。（圖 5-4-145）

【要點】

① 此動要求劍把與劍尖同時轉圈，劍身當中不轉，像鯉魚打挺（即魚躍的形狀一樣）。

② 此動是用劍身向右環繞，纏到來械的上面再下壓。

4. 接上動。乘再下壓勢，落右腳向前（西）成右弓勢椿型；雙手持劍衝刺對方要害，劍高與胸口齊平；目視對方。（圖 5-

圖 5-4-145

圖 5-4-146　　　　　　　　圖 5-4-147

4-146）

【要點】

① 本式是一壓二纏三前刺，由幾個不同的打擊法組成的連攻動作，術語稱為連續進攻。

② 此動做來周身須輕靈、自然。

第四十九式　烏龍絞柱（畫圓進攻）

接上式。疊右胯，後撤左腳 5 公分，使腳尖朝東南，同時左轉腰，右腳尖朝東南，成左弓勢樁型；戟指向下經左胯前順轉向東、向上落到胸前偏左，掌心向裏，持劍由西向上逆轉到左腰前，變裏手把，與左前臂交叉，雙臂拱成斜坡圓形，身向東南角；目視劍身。（圖 5-4-147、圖 5-4-148）

【要點】本式劍的走向以圍繞庭柱為中心（庭柱指練劍者本人），不要偏離。分左絞柱與右絞柱，此為左絞柱的上半圈。

圖 5-4-148　　　　　　　　圖 5-4-149

2. 接上動。略屈右膝，扣左腳尖向西南角，趁右轉腰勢提起右腳，旋踝轉腿擺腳尖向西北；變外手把由下向西上提擊；戟指隨右腕內側而行；目視劍身。（圖5-4-149）

【要點】上動為左絞柱上半圈是沿著來械洗（退化）；本動是下半圈順著來械上滑提擊。抬腿是為了延伸及遠。

3. 接上動。右腳向前落步，成右高架坐盤勢，同時翻腰向後（東）；劍由腦後而下，劍與臂成直線，與地面成 45° 斜坡，劍尖離地 25～30 公分；戟指隨行置於右上臂內側；回視劍尖。（圖5-4-150）

【要點】這是右絞柱的上半圈，是向上擋開來械，即洗。

4. 接上動。向西翻手

圖 5-4-150

圖 5-4-151　　　　　　圖 5-4-152

變裏手把，置劍身於右胯旁；由右腿承擔體重，左轉腰，上左腳到右腳前，成左太極勢樁型；戟指經由襠前直指向西，虎口朝上；注視對方。（圖 5-4-151）

【要點】

①這是一種敵退我進亦步亦趨的方法。在對方抽回器械之同時，我即跟進。

②這是右絞柱的下半圈。

第五十式　指路劍
（直接攻進　原名仙人指路）

接上式。原地撇左腳尖向西南，上右腳到左腳前（西），先以腳跟著地，前弓右膝，後撤左腳 25～30 公分，成右弓勢樁型；同時，劍由右腰間以立劍向前衝刺，臂與劍成水平；戟指由左胯下向東順轉向上，置於左額上方；目視對方。（圖 5-4-152）

【要點】此式持劍手按劍壇比賽規則可以在劍把內自

圖 5-4-153

圖 5-4-154

由移位，乘前刺之際移到劍把末端，出劍可長兩寸，但是不允許脫手投擲。

第五十一式 朝天一炷（閃避還擊）

1. 接上式。屈左膝，扣右腳尖向南，撇左腳尖向東南，左轉身向正南；變裏手把由西上舉到右額旁（立劍），橫劍成一字水準；同時戟指由面前下按到小腹前，雙臂均呈弧形；目視正南。（圖 5-4-153）

注：這個動作是上洗（即撩擊對方的前臂）。

2. 接上動。左膝前弓，撐直右腳成鬆襠左弓勢；戟指由下順轉向東落到胸前右手劍，下落至胸左側豎直，兩前臂相交，兩手手心朝裏，如摟抱大樹模樣，劍尖朝上，好比擎天立柱，劍脊向南；目前視。（圖 5-4-154）

【要點】此式用法與三十七式「犀牛望月」相同，請參照。

圖 5-4-155　　　　　　　圖 5-4-156

第五十二式　風掃梅花（360°轉身易位）

1.接上式。先左轉腰身向東南角；雙臂圓撐變陰手把，使劍尖朝東；略屈右膝，扣左腳尖朝西南角，右轉腰，提右腳收回，經左腳內側復向西提起（提右腳不要高過左膝），沉肩含胸；雙臂掤開，與胸齊高。（圖5-4-155）

注：這是行進中的動作。

2.接上動。隨右轉腰使右腳尖擺向西北角，朝正西前方踏實，身向正西，旋即提左腳經右脛骨前，以右腳掌為軸，向北圓轉橫掃（提左腳高不過膝）；雙臂自轉到西北方向，仍和胸部齊高；目環視一周。（圖5-4-156）

注：這動作仍在圓轉中。

3.接上動。當身體自轉到東南的時候，左腳收回到右腳內側，復向正東用腳掌外側邊緣彈出，雙腳跟同時落地踏實，身向正南，成八字騎馬勢樁型；雙臂張開，與胸齊高，雙臂與胸彎成一張大弓形；矚目前視，意在四周。

圖 5-4-157

圖 5-4-158

（圖 5-4-157）

　　【要點】此式是半掃趟腿（即不蹲下的前掃趟腿），名曰「風掃梅花」，比喻旋轉多姿。太極各藝無論徒手器械，約定俗成，在將要收勢時都有此招。例如大架（楊式）、中架（吳式）的轉身擺蓮，小架（武式）、闊步（孫式）的轉角擺蓮，太極刀的順風掃葉，本劍的風掃梅花，似乎都是脫胎於老架太極拳（陳式）的前掃趟腿。

第五十三式　拱手劍

（收勢之一　原名手捧牙笏）

　　1. 接上式。身向左倚，由左腿承擔體重；雙臂均向腋下腰間裏裏，同時前伸，雙手在胸前合捧劍把；目視正南。（圖 5-4-158）

　　注：這是過渡動作。

　　2. 接上動。提右腳經過左腳內側，向前（南）邁出一步，隨即跟上左腳向右腳靠近併齊；捧劍向南如施禮一

般。（圖5-4-159）

第五十四式　背劍歸原（收勢）

1. 接上式。左掌心朝南，虎口向上，托於右手的小指下，準備背劍收勢。（圖5-4-160）

2. 接上動。右腳向後退一步，成左太極勢樁型；同時鬆把，將劍交給左手，劍身向前（南）自然落下；左手抓住劍莖與護手處，指貼住劍莖，劍脊貼於左臂後，劍鐔朝地，雙臂下掛到左右胯旁；目視正前方。（圖5-4-161）

3. 接上動。收回左腳與右腳平行，兩腳距離與肩同寬；雙臂漸漸向前（南）平舉到胸前，掌心都向下；屈雙膝，與

圖5-4-159

圖5-4-160

圖5-4-161

圖 5-4-162

圖 5-4-163

地面成 45°角，頂頭懸，沉肩，一似正襟後坐，要有精神抖擻氣概；接著雙腿漸漸起立；同時，雙掌下按到兩胯旁，掌心朝地，一似起勢。眼平視。神采奕奕，式式認真，招招純熟，從容不迫的還到原來出勢的地方，以示步法準確、方位端正的功夫。（圖 5-4-162、圖 5-4-163）

第五節　楊式太極劍幫學篇

　　三環月金雞獨立，輕舒把三規六律。
　　燕抄水仆步上截，邊攔掃披荊斬棘。
　　提手上腰掣三尺，燕入巢斂翅歸息。
　　貓捕鼠連蹦帶踢，鳳抬頭望腕抖力。
　　蜂入洞滴溜轉疾，右展翅偷步反激。
　　再提劍左展鞭策，等魚勢藤蘿掛壁。
　　龍行勢抽帶緊逼，懷中抱兩儀太極。
　　鳥投林寒芒沖霄，龍擺尾下格護膝。

出水劍長虹貫日，風擺荷隨勢飄逸。
獅搖頭暫退三舍，虎抱頭雲頂擊的。
馬跳澗跟蹤追跡，勒馬回反戈一擊。
指南針長驅直入，迎風塵轉腰旋脊。
順水舟玉龍戲水，星趕月晃似流矢。
奔馬飛落地一點，挑簾勢垂鋒揭起。
車輪劈燕子銜泥，大鵬飛彈指萬里。
撈月抱驅逐病魔，探海刺百疾伊戚。
犀望月長空滌洗，射雁式轉陣換式。
探爪刺銀河倒瀉，雙展翅回首欲飛。
跨攔劍犀利凜冽，重射雁白猿刺急。
落花掃風捲殘雪，穿梭劍挽袖左襲。
虎攪尾就勢剪直，復抱頭鯉魚戲戟。
龍絞柱光射四野，指路劍朝天一幟。
風掃梅旋轉舞畢，拱後劍禮儀不失。
歸原地神采奕奕，太極劍強身無匹。

【注釋】

1. 輕舒把：指握劍把要輕鬆靈活。

2. 三規六律：三規即勿使有斷續處、勿使有凹凸處、勿使有缺陷處；六律即沉肩、垂肘、尾閭收，含胸、拔背、頂頭懸。

3. 三尺：指寶劍。

4. 偷步：指倒叉步。

5. 兩儀：喻天地之意，引申為陰陽、內外。

6. 長虹貫日：指氣勢磅礴。

7. 伊戚：指憂愁悲哀。百疾伊戚，即百病不能作祟。

附：楊式太極劍步法路線圖

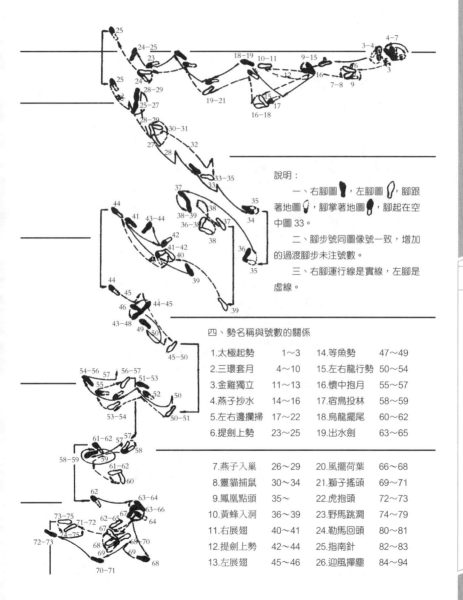

說明：

一、右腳圖🦶，左腳圖🦶，腳跟著地圖🦶，腳掌著地圖🦶，腳起在空中圖33。

二、腳步號同圖像號一致，增加的過渡腳步未注號數。

三、右腳運行線是實線，左腳是虛線。

四、勢名稱與號數的關係

1.太極起勢	1～3	14.等魚勢	47～49
2.三環套月	4～10	15.左右龍行勢	50～54
3.金雞獨立	11～13	16.懷中抱月	55～57
4.燕子抄水	14～16	17.宿鳥投林	58～59
5.左右邊攔掃	17～22	18.烏龍擺尾	60～62
6.提劍上勢	23～25	19.出水劍	63～65
7.燕子入巢	26～29	20.風擺荷葉	66～68
8.靈貓捕鼠	30～34	21.獅子搖頭	69～71
9.鳳凰點頭	35～	22.虎抱頭	72～73
10.黃蜂入洞	36～39	23.野馬跳澗	74～79
11.右展翅	40～41	24.勒馬回頭	80～81
12.提劍上勢	42～44	25.指南針	82～83
13.左展翅	45～46	26.迎風撣塵	84～94

體系。本章專論太極劍每招每式的技術

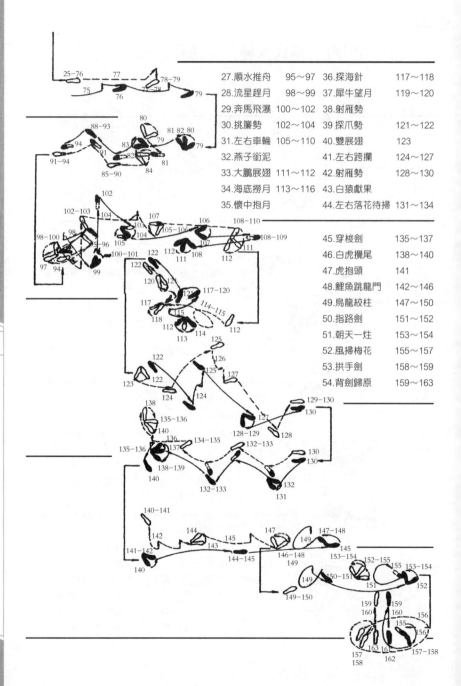

第六章
楊式太極刀

第一節　作者簡言

　　太極拳械運動是我國民族傳統的體育形式，有著悠久歷史。幾百年來的輾轉傳遞，到現在太極拳械的流派不少，如：楊式大架、吳式小架、武式站立架、陳式老架、李式纏繞架、孫式活步架。

　　楊式一派因四代專業有許多發展，吸收了其他拳種的傳統套路，變通緩急，擴大了太極拳，也有了刀、槍、劍、棍的套路和各套路的對打，進一步豐富了太極拳運動的內容。

　　1930 年我在浙江省國術館從教務處長楊澄甫學習，1933 年在南京中央國術館從練李式太極拳的吳峻山和楊班侯弟子龔潤田學習小架和太極刀、太極棍。經過多次全國武術比賽的學習，新中國成立後又參加了京滬兩地的武術觀摩賽，汲取了許多人的有益經驗。經由五十多年的教和學的實踐，寫下了《太極刀篇》，藉以拋磚引玉，將太極拳械運動由普及而提高，這是我衷心希望的。

第二節　太極刀概說

一、刀　制

人體秉賦各有不同，高矮壯瘦因人而異，故而所用之刀，全視身材和臂力而定，總以能靈活運用為合適；其次講究選材的精粗，配件的精良，如刀鞘、抹頭、護手盤、釣勾以及花紋潤色等。

太極刀分竹木製和鋼鐵製兩種。木刀以檀木、栗樹或其他質地緊韌、經久耐磕碰的竹木料製成。

尺寸，凡身高 172 公分以下，體重在 68 公斤以下，為普通身材者，刀長 90 公分為合適，最長不得超過 95 公分，過長則運轉不便，由下撩刀易於擦地，過長也不能說是短兵器了。

木刀重量 0.5～0.7 公斤，刀的重心點在全長之中心，分量過輕則飄浮無力；過重則臂力反而練僵，沒有靈活性，難以施展掄把之妙用。

自刀盤至刀尖稱刀身，長 70 公分，刀盤厚度 1.5 公分，刀盤下握手處至刀端長 18.5 公分。刀背厚度 0.7 公分，往上漸次縮小到刀尖為 0.4 公分。刀面最闊處在刀脊——刀胸處，為 6.5 公分，往下漸次減狹到護手盤為 4 公分，刀尖最狹為 1.5 公分，刀尖以下至刀胸為半月形，刀端像馬蹄形，握手處圓周不超過 10 公分，延至刀端圓周為 16 公分。

太極拳械運動是中國民族傳統的體育形式。

鋼鐵製刀，質地要有彈性。以普通體格而言，刀的長度與木刀相等，其重量比木刀輕八折，刀面大小減七折，刀的重心點靠近護手盤 5～10 公分處，刀尖上翹，刀把略呈彎形，刀尖與刀端的上方須成平行線，刀胸與護手盤下方成平行線，這樣製刀就不失刀本身的中心垂直，才能稱手，以利鍛鍊使用。（圖 6-2-1）

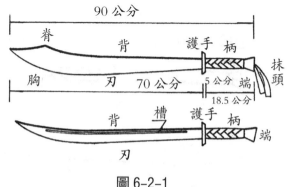

圖 6-2-1

護手盤的尺寸長 9.5 公分，闊 6.5 公分，陽面比陰面圓圈大 0.5 公分成楔形，陽面刻螭虎回紋及象徵性圖案。護手盤不宜過大，能遮護握手即可，過大則做盤頭花動作時容易磕碰腦袋。（圖 6-2-2）

鴨蛋形

梅花瓣形

燈籠形

盾牌形

圖 6-2-2

刀端圓周 16 公分，長 6 公分，闊 6.5 公分，漸次縮小到 5 公分。

柄是連端的，僅柄的長度為 12.5 公分，以紗帶緊纏花紋，取其能吸汗作用，不易手滑而脫把，兩塊半月形夾板長 20 公分，寬 40 公分，多頭插入護手盤十字形孔中，釘上穿釘，端末可挖一孔加一橫鞘，以作穿掛抹頭之用。（圖 6-2-3、圖 6-2-4）

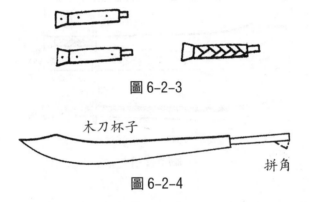

圖 6-2-3

木刀杯子

拼角

圖 6-2-4

刀身與柄是一整塊，穿入護手盤，兩面用夾板夾住所製成。刀鞘以木製殼或皮革製成，可飾以黃、白銅絞鏈包角，以為箍住刀鞘，有的用木殼包鯊魚皮是為了防潮，如竹木製刀用青藍布囊即可。（圖 6-2-5）

圖 6-2-5

如加抹頭以柔軟質料，長度不要超過 40 公分。抹頭的作用一是耍刀的時候迎風出聲，二是拭抹包紮，但顏色不要過於鮮豔觸目為好。

二、練習太極刀的十二要

虛靈頂勁腰胯鬆，含胸拔背虛實清。
沉肩垂肘不用力，上下相隨意識用。
內外相合連不斷，動中求靜靜猶動。

以上六句話，包括十二個要領，也是對學者提出的十二個要求，最好背熟它。現逐句解釋如下：

1. 虛靈頂勁

要頭容正直，神貫於頂，虛者自然也。俗話說「上樑不正，下樑牽錯」，頭歪則身偏，此自然之現象也。

2. 腰胯鬆

要能夠鬆腰胯，則變化靈活，進退轉換乃能得機得勢，腰胯是平衡重心緩衝折疊的紐帶，幸勿忽略之。

3. 含胸拔背

要含胸使腰部靈活，動作靈活全在含胸，含胸則氣不上浮，使下盤穩固。發勁之大小全賴拔背，人體最強大的肌肉是背脊，矯正體形也賴背肌之發達，背脊肌的發達又賴鍛鍊，能含胸自然能拔背，兩者是同一的。

4. 虛實清

如出手要虛虛實實，如出腳要如貓行。左實則右虛，右虛則左實，方能從心所欲。如出手太伸直，出步太重滯，必然自立不穩，極易為人所牽動。

5. 沉肩垂肘

要兩肩自然鬆開，舉動才不輕飄，久之能顯出精神飽滿，肘若點起，則肩隨之上升，一上升則下盤飄浮，動作呆滯。

6. 不用力

太極各藝原理，不宜用僵力（蠻力），用僵力則呆滯，使巧勁則活，物理的槓桿作用，學者可悉心體會。歌云：「極柔即剛極輕靈，運若抽絲處處明。」可作參考。

7. 上下鬆隨

應當手動腳也動，眼腰隨之動，方稱得起上下相隨。一動無不動，如有一不動，好比機件失靈。術語云：「手去腳不到，必定瞎胡鬧。」請三複斯言。

8. 意識用

要用意識帶動一切，不用一點僵力，以自來縛。俗語說：「牽一髮而累全身。」若不用力而用意，意之所至，氣即至焉，如是血脈方能運行，日久自得其無窮妙用。

9. 內外相合

練刀主在精神內斂和架子的虛實開合，一舉動，精神與架子俱合，內外一氣，則渾然無間矣。

10. 連不斷

練刀自始至終，綿綿不斷，周而復始，循環無窮。拳譜云：「如長江之水滔滔不絕也。」

11. 動中求靜

太極拳各藝，以靜制動。要雖動猶靜，四腳動而神情安。故練刀愈慢愈好，慢則呼吸深長，自無血脈見賁張之弊。

12. 靜猶動

動作雖靜，而神情仍遊。希學者細心領會。

以上十二要，總括一要：要用心。

三、太極刀要領歌

太极刀要领歌

頂頸懸使身中正
尾閭收時即中定
含胸撥背捊兩脆
沉肩垂肘兩膀鬆
周身肢節舛轉動
處處实实把裆撐
刀法用意不用力
腰助呼吸勁分清

蔣玉堃

四、太極刀歌的比較

自余在粵辭去教職回滬之後，在 1943 年吾師浙江黃元秀偕上海陳微明（陳是首先提出太極拳可作為治療某種慢性病疾者）、王子平（少林拳享有聲譽者，新中國成立後曾帶中國武術團去過緬甸）等人來吾家，出示黃元秀親筆批語的、陳炎林著《太極拳刀劍棒散手合編上下冊》（上海國光書局出版）徵詢余之意見，我以為陳炎林的太極刀歌，比之楊澄甫老師去粵時留下的刀歌，顯然是有所進步和改進。今將兩刀歌訣（即名稱歌，亦是實際演習的口令）分述如下。

楊澄甫老師留下的舊式刀歌

> 七星跨虎交刀勢，騰挪閃展意氣揚。
> 左顧右盼兩分張，白鶴亮翅五行掌。
> 風捲荷花葉裏藏，玉女穿梭八方勢。
> 三星開合自主張，二起腳來打虎勢。
> 披身下掛鴛鴦腳，順水推舟鞭作篙。
> 下勢三合自由招，左右分水龍門跳。
> 卞和攜石鳳還巢，吾師留下四方贊。
> 口傳心授不能忘，研剁畫截刮撩腕。
> （編者按：「腕」或為「剜」之誤）

陳炎林著經修改後的刀歌

> 七星跨虎意氣揚，白鶴亮翅暗腿藏，
> 風捲荷花隱葉底，推窗望月偏身長，

左顧右盼兩分張，玉女穿梭應八方，
獅子盤球向前滾，開山巨蟒轉身行，
左右高低蝶戀花，轉身撩捋如風車，
二起腳來打虎勢，鴛鴦腿發半身斜，
順水推舟鞭作篙，翻身分水龍門跳，
力劈華山抱刀勢，六和攜石鳳還巢。
（編者按：「六」字印誤，應作「卞」）

　　兩刀歌對比之下，雖然陳氏以楊氏刀歌為基礎，有所改進，但仍屬於單練套路，而用法不明。陳氏書上雖解注單個姿勢的用法，而不能連貫對打，實際也不能對打。

　　余向前輩及陳氏提出如果增減個別動作即可對打，且單練和雙打毫釐不差，絲絲入扣。諸前輩頗為稱許，當時囑余寫出。余因事務繁忙而擱置。解放後，我奉調來北京工作更無暇及此矣。

　　1958 年初上海蔡龍雲同學（即編初高級拳刀者，其父蔡桂勤我所熟稔，今已歿。擅長華拳，是華拳名家）代上海傅鍾文來北京編寫《太極刀》一書（人民體育出版社印行），蔡偕周士彬同學（解放前在上海精武體育會工作，解放後曾派往東歐各國考察重競技）等來家徵詢余對太極刀之意見。當時我說，傅的刀歌是與楊澄甫老師去粵的舊式刀歌相同，只是刪去「吾師留下四方贊，口傳心授不能忘」最後兩句。但創造了五手「太極刀法實用假說練習」的對打法，倒是四隅四正可以循環對打，但與刀法的姿勢動作無關，它對打的名稱是：甲、乙持刀對立。

第一動　甲進步劈肩，乙閃身裏剁腕；

第二動　乙上步紮腹，甲提刀外截腕；

第三動　甲進步刺腰，乙掄刀外剁腕；

第四動　乙進步刺喉，甲推刀上截腕；

第五動　乙披身砍腿，甲提步上截腕；

收　勢　甲、乙提膝抱刀。

當時余向蔡龍雲同學提供了一些膚淺的意見，因為我事忙會面時間短暫也無法深加研究，蔡同學編寫的《太極刀》一書就在是年 12 月出版了。

初步成功的太極刀歌訣

術名：（太極刀動作名稱）

起　勢

1. 左右七星勢	14. 巨蟒開山	27. 左右旱地行舟
2. 白鶴亮翅	15. 左扇右刮	28. 滾推刀
3. 掄刀勢	16. 左托刀取經	29. 鴻雁振羽
4. 風捲荷花	17. 右擋刀正推	30. 左右分水
5. 推窗望月	18. 蒼龍掉尾	31. 墨燕點水
6. 左顧右盼撩刀	19. 撩剁	32. 魚跳龍門
7. 左托刀取脛	20. 撩踢	33. 力劈三山
8. 右擋刀正推	21. 金花落地	34. 順風掃葉
9. 玉女穿梭	22. 幔頭過頂	35. 抱刀勢
10. 回頭望月	23. 二起腳	36. 擷石還巢
11. 左右獅子盤球	24. 打虎勢	收　勢
12. 左托刀取脛	25. 鴛鴦腿玉連環	
13. 右擋刀正推	26. 藏刀式平推刀	

刀歌訣

1. 七星跨虎意氣揚
2. 白鶴亮翅暗腿藏
3. 風捲荷花隱葉底
4. 推窗望月偏身長
5. 左顧右盼兩分張
*6. 玉女穿梭應八方
7. 獅子盤球向前滾
*8. 下取斜推莽翻翔

9. 左右高低隨水淌
*10. 轉身撩剁隨波蕩
11. 幔頭二起打虎勢
12. 鴛鴦腿發半身躺
13. 旱地行舟鞭作棒
14. 翻身分水龍門搶
15. 立劈三山抱刀勢
16. 卞和攜石世無雙

　　事物總是趨向進步的方向而發展的，人類不斷地有所發現、有所改進和有所創造的，此刀歌訣與上文陳炎林先生所改進的刀歌訣，當然是進了一步。字眼之不同處即是余修正動作之處，另有兩手是余所增添，為了連貫勢順，也就是可雙練了。

　　兩手是：

　　　　掣刀一晃飛腳上，金花落地步跟蹌。
　　　　手折梨花鐵檻當，爛銀拂面向東方。

　　這四句的單練動作和雙練打法見下文動作說明。

第三節　練習太極刀的常識

一、左臂的配合作用

右手握刀單純地只要正確有為，而左臂的配合作用要有靈巧的訣竅。俗話說：「行家看門道，隔了籬芭瞧熱鬧。」所謂訣竅，是行家裏手的經驗和辦法，所謂門道，是通往技術之路的捷徑。武術成語說：「單刀看手（指左手），雙刀看走。」說明練單刀時左臂的動作是非常重要的，大概一般難以配合得好，所以有這句成語。

如果左臂配合得宜，可以平衡均勢，使刀有力，還能增加長度，產生衝擊力、離心力和向心力三種力量。如刀向前的同時左臂後撐，形成側身衝刺，這個動作增加了前刺的長度和力量，而且使自己受攻擊的面積減小。又如刀向下劈，左手同時由下向後、向上掄，這樣旋轉產生了向心力，即力量集中於一點。

刀欲向左則左臂向左後，刀欲向右，左手向左側開展，刀向上手向下，刀向下手向上，這樣的刀手的對稱迴旋產生了離心力。左手雖然處於輔導地位，但有時候也要起主導作用，例如用左手虛晃，引誘對方暴露弱點，奪住來械，使用擒拿。

有時左手附右腕而行並不是為了好看，那是為了便於雙手握把。增強擊出的力量。知道這些道理，對於練好太極刀是極為重要的。

二、勁法對照

什麼式子，該用什麼勁法，今按刀式順序說明如下。

1、2、3、4式，屬於拉開門戶準備戰鬥，只是打踢盤旋以示威風；5. 擋，推；6. 扇、撩、架；7. 架、砍、過腦；8. 擋，推，截；9. 搠，過腦；10. 挒；11. 推，削；12. 架，砍，過腦；13. 擋，推；14. 挒，小纏頭；15. 扇，刮，大纏頭；16. 架，砍，過腦；17. 攔，推，截；18. 挒，小纏頭；19. 撩，搠，剁；20. 撩，踢；21. 砍，小纏頭；22. 架，過腦；23. 踢；24. 拿，打；25. 劈，過腦，踢；26. 推，大纏頭；27. 撩；28. 推，截；29. 削，過腦；30. 撩；31. 剁；32. 挒；33. 搠，截，劈；34. 削；35. 抱。

三、纏頭刀與過腦刀

與左臂有連帶關係的纏頭刀和過腦刀怎樣區別？單刀的特點之一在於打盤頭花。盤頭花分大小兩種，手起向前盤轉和手起向後盤轉。向前為逆轉，向後為順轉，或稱為向左盤、向右盤。

纏頭刀與過腦刀是兩種截然不同的戰術手法。有一部分人練刀，認為纏頭就是裹腦，裹腦即是纏頭，是一回事。認為纏頭是向前盤，裹腦是向後盤，並作了說明，說纏頭刀使刀尖下垂，向前、向上提起，刀背順右肩向右後方貼身纏繞，同時左手朝相反方向繞轉。裹腦刀是使刀平掄至身體左右側，刀尖下垂，刀背必須貼背後，繞過左肩……兩手協調一致。另一些人認為，這個說明僅指的是小盤頭花，另外還有大盤頭花。至於過腦刀不屬於盤頭花範

疇，它是另一種手法的戰術。

如果說纏頭刀就是過腦刀，依此作為教材的話，結果只能是大小不分，表達不清。現在作以下說明。

大盤頭花。好比打乒乓球的大板扣殺，使人只能招架不能回手。具體做法：用刀背盤轉周身包括下肢，以為防護，連滾帶轉，翻身搶入。這是爭奪主攻的手法，所以有「刀如猛虎，劍如飛鳳」的傳說。大盤頭花有時也用來防護，跳出重圍。

小盤頭花的具體做法：如上所述，小盤頭花的作用是為了出刀有力，用背肌群的助力，用肩頭起到物理的槓桿作用（支點），轉腰砍去，能使出刀的力量幾倍於手臂的力量，這與掄大捶的道理一樣。

過腦刀，刀背不用貼背轉，與劍法的雲頂一樣，貼背轉即失掉另一種技術的意義。過腦刀正確的動作是：舉刀必須過頂，用於架住來械，把自己身體藏於刀下，是強磕硬架、借勢而入的戰術手法。

過腦刀也分順轉和逆轉兩種，或說左轉和右轉也可以。無論起手向左或向右，須轉足 360°以上，或刀轉，或身體隨刀轉，非這樣不能夠產生加速的離心力。有句成語說：「水潑不進。」這句話是出自刀術的盤頭打花。還有一句「使個花招，滾將入去」，也是指的盤頭打花。

四、運用刀把子

使什麼招，用什麼把，叫做掄刀，或稱捻刀、抄刀。為了出刀的正確和有力，必須知道各種握把的形狀。過去有八種握把的名稱，叫做老陽、中陽、老陰、太陰、少

陰、中陰、少陽、太陽。它是按乾、坎、艮、震、巽、離、坤、兌，即四正四隅八卦的佈局作為象徵的。考慮到這些名稱煩瑣且不易記憶，沒有太多實際價值，我們不必花許多時間去弄清楚它。經過研究，我們把運用刀把子精簡為六把名稱，經過實驗，這六種方法，用於教學已足夠清楚。其名稱如下：

1. 握把的掌心朝上，手背向地，或掌心的角度大部分朝天，稱為「陽手把」。

2. 握把的掌心朝地，手背向天，或手背的角度大部分向天，稱為「陰手把」。

3. 握把的掌心朝己身的左面，拇指向天，或掌心大部分向左，稱為「順手把」。

4. 握把的掌心朝己身的右面，小指朝天，或大部分掌心向右，稱為「逆手把」。

5. 握把的掌心朝自己，拳骨向天或向地，稱為「裏手把」。

6. 握把掌心朝己身的外面，手背向自己，掌骨朝天，稱為「外手把」。

五、行刀的圓圈

為了事半功倍，又必須曉得刀法套路是由大小各種不同形狀的圓圈交織在一起組成的，有渾圓、橢圓、葫蘆形、空竹形等等。大致分類基本上是三種形狀：立體圓〇、平圓〇、斜坡圓〇。動作分順轉和逆轉，刀順時針方向行動「⤴」稱順轉，逆時針方向行動「⤵」稱逆轉。

刀法全仗行圈的精熟，一人可對兩人以上，或以一刀

可對大戟步槍，賴精神之鎮定和反應的靈敏。

六、刀走黑，劍走青

「刀走黑、劍走青」，是說劍有三刃，不能用來強磕硬架，只能逢堅避刃，輕撥巧取，以步法的輕捷而取勝。刀只一刃，可以當做盾牌，遮攔招架，不講究步法的清晰，而講究猛衝猛殺，乘隙而進。武術的用語，後人移植於日常生活的言語中作為比方的很多，如「單刀直入」「迎刃而解」「刀風霜劍」「快刀斬亂麻」等等，這些話反過來應用，等於是練刀的刀譜。

本來我國刀法的歷史悠久，出土文物的石刀與現在練習的用刀，尺、寸相仿。劍到青銅器時代才有的，所以前人著短兵器方面的論述，總是將刀和劍聯繫在一起談論，作為特點的對比，以啟發後學者。

第四節　刀法十三字訣解說

太極單練刀或太極對練刀，又名「太極十三勢刀」或「太極十三勢對刀」。十三勢是十三個字訣，是出刀觸物體的勁法，而並不是整套刀路只有十三個姿勢。現在解釋於下。

一、斫（ㄓㄨㄛˊ），以刃削擊敵方稱為「斫」。

這裏專指取下路單手握柄或雙手握柄稱為斫，亦即下截。如太極刀對打動作第三式，使陰把刀的金花落地，先插入右腳，向右盤頭花，由左肩撥刀而出，乘貫力下斫敵

小腿。又如第八、十八、二十四式是陽把刀的下取脛，先將刀在頭頂運轉一個圓圈，順勢而下，由右向左下斫，取敵的小腿脛骨。同樣是三個斫刀，刀在頭頂上運轉圓圈有三個不同的作用。如第八式，我被敵採住右手腕，我蹲身下降，抵消其採力，接著使小纏絲解脫採手，順勢轉刀向敵頭部削過，乘慣性下斫敵小腿。第十八式，敵上撩我腕，我雙手閃開使其撩空，隨勢落下斫敵小腿。第二十四式，敵使墨燕點水刀當頭剁下，我只得用刀的平面上托之（上托不能以刃架之），我只能矮身鑽入敵的右腋下，順勢左盤頭花由右肩撥刀而出，下斫敵雙腳。如果我力量稍弱，就難托住直劈千斤之勢，容易頭部受傷。此法叫「短見長，不必慌」。假如敵用長兵器來襲我，我若冷靜熟練而得法，一托而入，就可以將敵凶鋒拋向其身後，他只剩半截木棍，我已近敵身，即使敵退步掉把打，我早削其下部，即使給他打著也是無力的，因為要打擊目的物有力量，必須在一定距離。此是短兵器的方便所在。重要的是意定神閑、出其不意和大膽地闖入。

二、剗（ㄔㄢˇ）削也，平也。

這裏是專指平削，稱為剗。如第四式「左顧刀」，敵以金花落地刀攻我小腿，我抬腿避過，隨即落步上左腳一步成半弓勢平剗敵身。此招敵已經近身，決不能向後退卻，如果後退，敵再進一招，我就難於招架了。

只有掄入敵右斜方，使敵一時轉身改步不得，怎麼樣也擊不到我的身上，而斜步剗頸，敵必難以應付。此法術名叫「馬跳邊當」，即搶佔有利地位，逼敵處於死角。緊接我使右盼刀，敵就不能用刀格，因為我緊逼敵身，所以

太極拳械運動是中國民族傳統的體育形式。

敵只能用空手採了。

三、撩，挑弄也。

武術中以刃從下往前即由後以反弓形向上稱為撩。如第一式「飛腳刀」、第十七式「左右旱地行舟」、第二十三式「左右分水點剁刀」。撩之義，取敵的陰部、腹部直到喉部。撩法可以斜取敵持械之手腕，削去敵械。一句話，撩是全面攻勢。撩還有一個用處，左右旋轉地撩，可以封住敵之進攻，還可以瞻前顧後和乘機行使假動作。如第一式飛腳刀一撩一踢是虛晃的假攻擊。會武術者在真的搏鬥中必須懂得「哄」字的重要。常言道上虛下實，聲東擊西，對方受到我的哄，只得盡力招架，我趁其舊力已盡新力未發或身軀失掉屏障之際，乘間而入，必可得手。第三十式托起敵刀，對方前身失去保護，我則撤步撩。第二十三式是左右斜撩腕，要有意識地讓敵刀入懷，從而含胸轉腰撤步，可以撩著敵前臂。如不讓其進招，也撩他不著。第二十三式分水正撩是格住來器上撩，當我撩第二次至半路時突變剁刀，這就叫出其不意而取勝。

實際上撩刀有兼削帶打的功能。並且左右上撩，鋒芒上耀，雖有數敵也難得近身。

四、劈，破裂也，分也。

以刃自上而直下稱為劈。如第六十式「龍門跳後一劈」是緩緩而下的藏刀。第六十二式「二劈」由左弓勢變右弓勢當頭壓下，勢如劈竹。第六十六式「三劈」是騰空下劈，加上自己全身的體重，發勁的力量就更大了，其勢像金猴奮起千鈞棒。二劈左掌置左額前，置額前的左掌有兩個用意，一是隨刀尖下墮，催助發勁；二是為了隨時可

掠奪對方的長兵器。

五、抽，引也。

這裏是指刃向外，握柄手心朝天（陽把刀），上左腳向左平拉，稱為抽。抽有割的意思。如第十六式「左獅子搖頭」。

六、帶，隨也。

這裏是指刃向外，握柄手心朝地（陰把刀），上右腳向右平拉，稱為帶，帶亦有割的意思。如第十五式「右獅子搖頭」，敵人用左右撩我前臂，我左右周轉避讓，由敵臂下切入連抽兼帶，用得靈活，腰胯手腕運體自如。

七、扇，以手批頰稱爲扇。

如第二十二式的扇是左扇。用陽手把由下向上扇起，目的是扇敵之腳，扇到胸、頭部，順勢而上，用一伏一起之法，以擾亂敵之陣腳。

八、刮，刮削也。

以刃平拂之稱為刮。所謂刮起狂風，先刮後起。我起手用扇攻敵，被敵上挑我刀而解脫，我趁其上挑下部空虛時，復撲腿下勢向右斜方刮之。武術上所說讓敵只有招架之功而無還手之力，就得左一扇右一刮不斷地進招，如第二十二式扇刮刀。

九、推，以刃向外擠物向前進稱爲推。

如第二式「推窗望月」，第二十、二十六、五十五式的「右擋刀正推」，第十九式「滾推」，第十五式「平推」。推刀像撩刀一樣是一項熟練的技巧，具有接連進攻的妙用。如推刀前必先刀向右轉半個圓圈，這半個圈是擋開來器，後半個圈刀尖下垂，可以順勢反攻，無限妙用，

太極拳械運動是中國民族傳統的體育形式。

變化只在一轉腕之間。如敵持長矛向我刺來，無論其是以上部、中部、下部攻來，我刀背向右一擋，順勢下垂刀尖，順桿掄入敵的右側方，順桿滑去削敵持械之手。如敵後退，我將刀向左、向後、向前一扭，即迎敵面掄轉。這時四面皆是刀鋒，敵人除後退之外，必不知所措。我順貫力以陽手把向敵身砍去，必然中矣。

習武的人貴在隨機應變，若是我由左方切入，可用左手掠奪其械器，使其不能後退，或用刀削之，或用腳踩其膝，都是極妙的招法。如敵丟掉持械之前手，我就將刀頭一翹削向敵身，這一翹可使刀長出二尺，也必然殺傷敵人。滾推是刀尖向下格開來械，平推是下壓敵械，無論正推、斜推、滾推、平推，其變式攻取都是一樣的方法。

十、剁，以腕力使刃全部同時到達物體稱為剁。

如第三十二式「剁刀」，刀歌上說「騰空翩翻陰把撲」的撲就是撩而後剁。如第二十三式「左右分水」後的剁刀，即「墨燕點水」，突然返腕一剁，只能托住，因刀勢重，當頭壓下，所以必須上托。

不過應該注意到不能兩刃碰磕，應當用陽把刀平面相托，平面必須近護手處，方能有勁。下式以左盤頭花，鑽入敵右腋下斫敵雙腳，墨燕點水的剁腳，是為了震驚敵人的心弦。

十一、抹，動作旋轉橫線，勁長而平揮稱為抹。

如第六十九式「順風掃葉抹脖刀」，抹的手法，抹腰則腰斷，抹脖則頭落，其法在借助全身旋轉之勢，乘鋒向左盤頭花，以身背腰扭收發放催助刀力。如第二十一式「鴻雁振羽」也都一樣。

十二、搠，音朔。刺也、紮也。

第二十式玉女穿梭，敵下掛迎面一腳蹬來，我橫叉一步閃過，向右旋轉蹲身，屈肘抱刀（乘隙而入，一搠見血，其發勁在屈肘捧刀，所謂「屈握而伸」搠之一法是最難防避的）。敵以為下攻，我又突然提左腳起立，直搠敵喉。提左腳是為了便於探身向前，使刀搠得更遠些。又如第二十八式「蒼龍掉尾搠」，是乘對方敞開門戶時，上左腳，屈肘，刀由腰間雙手捧刀直向前搠，同時右腳一震，如一個整體爆發。

十三、剗，用刀剗轉以取之稱為剗。

如第十六式「左右獅子搖頭」的起手，敵下撩我腕，我將刀像絞乾洗面巾一樣，兩頭一擰轉，以刀身逼開敵撩，以刀尖剗敵之腕。

以上十三勢是直接攻取敵身的，還有輔助攻取的刀法，其字訣有：擋、掛、纏、壓、托、閉、攔、截、撥、格。

還有「哄」的字訣如：誘、佯、餌、晃、引、影、虛等，這裏不詳述了，見對打說明。

第五節　太極刀十三勢勁法解

太極拳有掤、捋、擠、按、採、挒、肘、靠、左顧、右盼、前進、後退、中定的方法。太極劍有抽、帶、提、格、擊、刺、點、崩、繞、壓、劈、截、洗十三種勁。太極棍有剪、搗、劈、橫、提、帶、點、絞、遮、掃、壓、粘、撞之法。太極槍有散抖四槍，粘連四槍，擲摔四槍，

纏槍一路共十三式槍法。太極刀同樣有十三種勁法，即：擋、推、扇、撩、架、砍、搠、捋、削、刮、剁、截、劈。

這十三種勁法是構成一組細目完善的刀法技擊，具體哪個式子用哪種勁，其中有一個式子用兩三種勁法的，也有用拿、打、踢的，使盤頭花的，過腦招的動作比較複雜。為了容易明白，今按套路順序，列明於後，便於對照。

【注釋】刀法無抽、帶、提、格、抹、洗的勁法名稱，這是劍法不是刀法。刀法以此十三字為準，先求勁路正確，嗣後學習對打攻守之法。此與學習書法相同，先求平直，務追險絕，學刀可以作為借鑒的。

擋，是擊開來械，毋令接近己身的動作。意思是擋開，遮遏。

推，用刀向己身之外前推、擠，使物體易位。

扇，是一批一掠的動作，像用扇子扇涼。

撩，撩撥挑弄。在武術上，以刀刃由下而上攻擊對方稱撩。如撩起衣服。

架，向上托住，以阻止來械。

砍，加力以斜勢下劈稱砍。如「採樵伐木」。

搠，即刺、紮，使之穿孔。搠字是刀術上的專用詞。

捋，以刀刃向己身拖拉，稱捋。是武術上的專用詞，此字詳見《康熙字典》。

削，以刀刃斜拂稱削。如削鉛筆。

刮，以刀刃平拂稱刮。如捲地狂風。

剁，一起一落的動作。

截，阻攔、逼住的意思。

劈，由上而下使之分裂，稱為劈，如「劈頭蓋腦」。

上列十三字，可以減用劈、削、撩，搠四個字，在教學上已足夠說明勁勢的問題了。

第六節　楊式太極刀動作名稱

起　勢

第　一　式　左右七星

第　二　式　白鶴亮翅

第　三　式　掄刀勢

第　四　式　風捲荷花

第　五　式　推窗望月

第　六　式　左顧右盼

第　七　式　左托刀取脛

第　八　式　右擋刀正推

第　九　式　穿梭刀

第　十　式　回頭望月

第十一式　左右獅子盤球

第十二式　左托刀取脛

第十三式　右擋刀斜推

第十四式　巨蟒開山

第十五式　左扇右刮

第十六式　左托刀取脛

第十七式　右擋刀正推

第十八式　蒼龍掉尾

第十九式　搠撩剁

第二十式　撩踢

第二十一式　金花落地

第二十二式　幔頭過頂

第二十三式　二起腳

第二十四式　左右打虎勢

第二十五式　鴛鴦腿玉連環

第二十六式　大纏頭平推

第二十七式　左右旱地行舟

第二十八式　滾推刀

第二十九式　鴻雁振羽

第三十式　左右分水

第三十一式　墨燕點水

第三十二式　魚跳龍門

第三十三式　力劈三山

第三十四式　順風掃葉

第三十五式　抱刀勢

第三十六式　攜石還巢

收　勢

太極拳械運動是中國民族傳統的體育形式。

第七節　楊式太極刀動作說明

起　勢

1. 左手捧刀

拇指搭在刀盤之上，食指扣在刀盤之下、刀柄之前，其餘三指在刀柄之後，前後上下挾住，刀背貼於臂前，刀尖朝天，勿使動搖。

左腳向東分開，腳尖朝前，距離與肩等寬，面南直立；眼向前平視；兩臂徐徐向前（南）提起，與鎖骨齊高，與雙腳齊寬。（圖6-7-1）

【要求】頸椎豎直，橫膈下降，尾閭前合，沉肩舒腋。還須遵守約法三章：一不得動作繼繼續續，二不得不在意的忽高忽低。三不得有缺陷。缺陷的範圍廣泛，例如畫圈宜成弧線，不要出現折線直角，兩腳交換起落要輕靈穩健，凡不符合太極拳（械）準則要求的，都是缺陷。缺陷共計有三十多項（見拙作《大功架太極拳》一書）。六項法則、三項準則，為全套刀法的共同要

圖 6-7-1

點，鍛鍊時要時刻留意。

2. 接上動

雙臂與雙膝緩緩下降，雙臂落至胸前，雙膝屈到大腿與地平面成 45°角，此時體重略向右側，以左腳掌為軸撇腳跟① 向東北，坐實，承擔全身體重，同時②，撇右腳向西，略為蹺起，與地面不超過 45°角，右腳膝鬆屈成太極勢（胸向西南角），在動腳之同時，雙臂左裏右外環抱在胸前，身向右轉，右掌指舒展向上掤起，手心向裏，五指朝南，臂呈平圓形，捧刀左手，經右前臂內漸漸落下至左腿外側，依舊刀尖朝天；目光透過右手食指眺及遠處。（圖 6-7-2）

【要求】起勢是刀法一切動作的基礎，學者須沉著按上述所說的法則（也是要領），以便貫徹在全套路之中。

【注解】

① 撇腳尖和扣腳尖：以腳跟為軸，腳尖向外轉稱撇，腳尖向裏轉稱扣。

② 「同時」「與此同時」——字意，在動作的先後敘述上，盡可能先動先說。但練刀同練太極拳一樣，要求一動無不動，就是說手、眼、身、法、步、刀六項同時協調一致，動作不分什麼先後。我們採用這種分解說明，為了便於看清動作的來龍去脈，缺點是

圖 6-7-2

在動作之間彼此接骨斗榫的聯繫上總不如實演來得系統清晰，因此學者應把每個式子的全部解說看清後，搞明白，在演練時達到一氣呵成的要求。

第一式　左右七星①

1. 口令：右轉

接上式。右掌以腕為軸，手心向上、向西北角，拋物線下降到與右肩齊平，掌心向外；同時，左臂捧刀，由下向西南角上方提起，與左肩齊平，兩臂圈成一平圓形；此時扣右腳尖向西南角，漸次踏實，承擔全部體重，提起左腳經過右腳踝骨內側，向西南踢出（放箭式的踢法②），腳背繃平，右腿仍保持與地面成 45°角（胸向南），不要站起身來；在踢腳的同時，右掌攥拳收回至腰際，左臂上轉從髮際落下，橫刀前胸，動作好像貓兒洗面一樣；右拳在左腕下擊出，兩腕交叉形同十字手，前掤；目光遠視正南。（圖 6-7-3）

【要求】做貓洗面動作，要沉著、頂頭懸，神采油然而生。兩腋必須扇起，以增加反應的能力，不要挾臂。

【注解】

① 七星：七星的解釋，一說是外形姿勢像把勺子，類

圖 6-7-3

如北斗星座位。另一種說法是，上一拳下一腳，手腳並舉，其勢兇險，故名。

② 放箭式踢法：武術上稱箭彈，意即踢出去直如放箭而有彈力。此勢分左右兩個，下面還有個左式的。

2. 口令：偏腿跨虎

接上動。回屈左膝，再像貓行步似地向東南角邁出成左弓勢樁型（胸向東南）；右拳上升至右額前，臂呈半月形；左臂下降到左大腿外側，撐著刀依舊刀尖朝天；眼視東南角前方。（圖 6-7-4）

【要求】穩當落步，不要像打夯般地不由自主地落步。貓行步是太極各藝的準則之一，先以腳跟輕靈著地，體重漸次前挪，即由太極勢變打虎勢，最後前弓成弓樁型。這樣做虛實交換清楚，單腿支撐負荷力增加一倍。這樣做是人們所讚賞的有架有勢，而不是步無準繩。對保健有很大的益處。

【注解】小弓步兩腳之間距離為自己腳長的二腳到二腳半，大弓步樁型是三腳。傳統上所以不規定尺寸，因每人體格不同，步子有大小，而且拳種的要求也不同，本身還有高、中、低架之分，所以步型只有約略的尺寸。

圖 6-7-4

3. 口令：左　轉

接上動。身向後坐，由右腿承擔體重，成太極勢椿型；同時，雙臂右落左起，賽過轆轆打水，左起臂與肩齊高，右落臂，拳置於右腳外側；左轉腰；左臂以腕、肘為軸心，向上、向北轉；右臂拳心朝上，向東南提到與右肩齊高，兩臂拱成平圓形；撇左腳尖向東北角，提右腳跟，成高架坐盤勢（胸向東）。上轉不停，左握刀手捲至左腰間；右拳上轉，

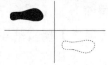

圖 6-7-5

翻拳心朝下，由髮際落下，做貓兒洗面動作，掌握沉肩、頂頭懸法則。提右腳向東踢出（箭彈踢法）（胸向東）；左刀端往右腕上向東擊出，兩腕成交叉形；目朝向東，即目光明朗地向東望去。（圖 6-7-5）

【要求】手腳協調，腳踢出與刀端擊出同時到點。左轉七星和右轉七星基本上須做得一樣，身體肌肉要放得鬆，發勁才能乾脆，也能站得穩固。

第二式　白鶴亮翅

口令：暗藏腿

接上式。提右膝，與小腹齊高；雙手在膝蓋上似撅斷枯枝模樣，向左右兩側分開，向前做摟抱大樹的形狀；右腳經過左踝骨內側後退半步，隨即半面向右轉，面向東南

角，再轉向正東，右腳漸次坐
實，左腳尖略外擺，點地，成
高架虛勢樁型；在動腿之同
時，將環抱著的雙臂徐徐上下
分開，右掌撑腕上升到右額上
方，呈半月形，掌心向外偏向
天；左手捧刀，仍舊下落到左
大腿外側的中部，刀端朝地，
含胸沉肩，身體中正（胸向
東）；目光炯炯有神，遠視正
東。（圖 6-7-6）

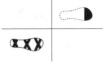

圖 6-7-6

【要求】右腳後退半步，
不要在一條直線上，要略為退
向後斜方。兩臂分開後要成弧形，不要太直和大開而形成
劍拔弩張、氣勢洶洶的樣子，那就有失閒庭信步的飄逸風
度。

【注解】暗藏腿：指高架虛勢的前腳，隨時可以前踢而
未踢，所以稱暗藏腿。

第三式　掄刀勢

1.口令：接　刀

接上式。左臂捧刀，漸漸向東北上升，身體也隨之下
降穩定右腿，輕輕提起左腳成半獨立勢；左臂同時向上經
過額前到西南角；右手翹腕立掌，掌心朝外，左手跟在右
腕後；落左腳向東北角，先以腳跟著地，做捋勢拉物狀，
邊捋邊成左弓勢樁型（胸向東南）；同時右手接握刀把

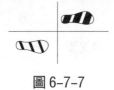

圖 6-7-7

圖 6-7-8

太極拳械運動是中國民族傳統的體育形式。

子；目視東南方向。（圖 6-7-7）

【要求】上下相隨，協調一致，即手眼身法步做到一動無不動，一靜無不靜。

【注解】掄刀：係武術專用名稱，是說手臂巧妙有力地旋動刀把，運用刀尖、刀背、刀刃稱為掄刀。

2. 口令：亮　式

接上動。左轉腰，沉襠疊胯①，挪右腳向前約 30 公分在左腳後，身向後坐，坐實右腿，成左太極勢樁型（胸向東南）；左手離開刀盤，由外向下、向裏轉動，復向上舉掌，掌心朝裏，以前臂纏繞刀背；右手搖刀把，向外、向裏、向下纏繞。兩隻手像擰了一個麻花②，兩臂呈弧形，拱成一個斜坡圓形；沉著，目視東南。（圖 6-7-8）

【要求】右腳跟步落地，不要出現顛簸頓挫，要很平

穩。

【注解】

① 沉襠疊胯：沉襠的目的是使身體重心下降，疊胯的目的是為了穩住一腳，使另一腳能伸展自如，而不失均勢。

② 麻花：相互纏繞在一起稱「麻花」，如絞麻花、擰麻花、麻花擺、麻花踢、纏麻花、麻花挑子，這些名稱都是武術招兒的專用詞。

第四式　風捲荷花

1. 口令：金雞獨立

接上式。扣左腳尖向南，坐實，承擔體重，提起右腳成獨立勢樁型（胸向南）；轉左掌，掌心朝南，側向上置於左額上方，呈半月形；右手刀以刀背循右腿外側漸漸落下，刀刃向西南，置於右膝下；目注刀刃。（圖6-7-9）

【要求】眼不要看地面，提右膝要高與胸齊，腳尖下垂，大腿內側貼近小腹，以符合金雞屈一腿獨立的樣子。

2. 口令：盤頭背刀

接上動。掄刀尖向下，為陽手把，刀刃向外，右轉腰，刀背順著右側背部轉動；右腳向西落步，使腳尖朝西北，屈膝沉襠成高架坐盤勢（胸向正西）；左掌向西南下方圓轉置

圖6-7-9

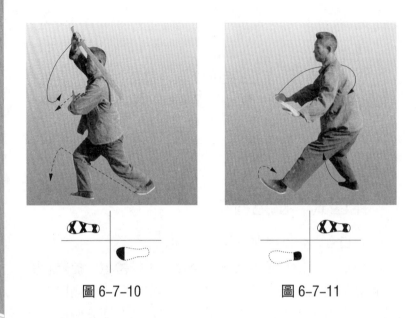

圖 6-7-10　　　　　　　圖 6-7-11

於腹前，提刀把過頭成外手把，刀背貼於左肩之上，待發。（圖 6-7-10）

【要求】盤頭花動作不要聳肩縮脖。

【注解】盤頭花的規格，見前文「纏頭與過腦」。

3. 口令：按　下

接上動。盤頭不停。前弓踏實右腳，提左腳，膝蓋與胸齊高，左轉腰；用刀背盤過左肩和左腿外側變陰手把，使刀尖向南刃向西；同時左掌上舉，手心朝裏，經右耳根沿右前臂的陽面，順右手背平捋刀身至刀脊（注）旁打住，橫刀腹前；左腳向右腳前（正西）以腳跟落步（暫駐）成太極勢樁型（胸向正西）；目眺正西遠處。（圖6-7-11）

【要求】此動起花盤頭，腰部的右轉左折，不要出現

彎腰弓背，拘束成一團仍然要保持四肢與軀幹之間的合理
架構。

注：刀脊見後文「自製刀」。

4. 口令：轉　身

接上動。扣左腳尖，經北向東北轉體踏實，漸漸提起
右腳成獨立勢樁型（胸向正東）；同時，刀由左腰間做拔
刀模樣，刀尖向北，刀刃向東，橫刀於右膝之下，以象徵
「風捲荷花藏葉底」。（圖6-7-12）

【要求】獨立勢要站得穩，不要零碎動，起伏轉折要
以滑健為能，不可阻塞停頓。

【注解】

① 所以命名為「風捲荷花」，指身軀像荷花的枝幹迎
風傲立，雙手像荷葉漂蕩，刀比荷花，腳賽荷根「藕」。
雖漂蕩而不被摧折，這是練就
的軟硬功夫。後文所說的
「法」，由此式可以領會到題
名的含義，我們對老名稱的取
捨是慎重鑑別的。

② 此式由掄刀、按刀至
橫刀於右膝之下，正好轉360°
一周。

③ 雙練對打由此開始接
觸。

圖 6-7-12

的體育形式。太極拳械運動是中國民族傳統

圖 6-7-13　　　　　　　　圖 6-7-14

太極拳械運動是中國民族傳統的體育形式。

第五式　推窗望月

口令：推窗望月

接上式。眼注視東南角上方；左手扶刀向左、向後，隨即左掌離開，刀脊附於右腕內側，以刀背向上、向右擋開來擊我頭部的器械；同時，右腳以前掌向東南角方向落步一顛；隨即用腕趁勢將刀尖向左上方行一順轉圓圈。接著上身與刀向上提起，以陽手把向西北隅轉動，再變陰手把，由左腰際做拔刀之狀；同時，落右腳向東南；左掌推住刀脊，以逆手把向東南隅推出；疊住右胯，穩住全身，右轉腰側身，邊推邊挪左腳向前 20～25 公分，駐於右腳後成右弓步（胸向東南）；眼神透過刀背遠看東南。（圖6-7-13、圖6-7-14）

【要求】定式要三尖相照，即刀尖、鼻尖、前腳的大趾尖，基本在一條線上。

【注解】「推窗望月」，意即姿勢動作好像推開窗門，探身望月，身體因月光的照射，影子呈現偏斜，故名。

第六式　左顧右盼

1. 口令：左　顧

接上式。身向後坐，左腳承擔體重，左轉腰，胸漸向東；雙手舉刀上架，刀尖轉向東北。提右腳橫跨左膝前，向西北落步，腳尖朝東北，成高架坐盤勢（胸向東南）；刀向上順轉，經額前向西南，順手把。刀刃朝下，刀尖上翹；左掌隨右腕而行；眼神隨刀。（圖6-7-15）

【要求】跨步不要顛簸頓挫，要平穩，抬腿不要起身站立。

【注解】橫跨步即搶步向左側進攻，是一種戰術。

2. 口令：上　撩

接上動。右腳略前弓，承擔體重，提左腳經過右腳踝骨內側向東北隅邁出，同時沉襠使橫膈肌下降，頂頭鬆肩；用陽手把向下經襠前掠過向東北隅上撩。當雙手行到左腿內側時，左掌離開右腕。經膝蓋前向西平舉，與左耳齊高；右手以裏手把，刀刃朝上，刀尖向

圖6-7-15

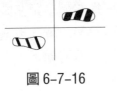

圖 6-7-16

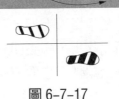

圖 6-7-17

東南隅，舉與眉齊，雙臂向左右開展，一似雄鷹舒翅的飛舞；同時疊住左胯，使身體不致前傾，跟上右腳 20～25 公分，駐在左腳後成左弓步（胸向東北）；眼光透過刀尖觀及東南遠處。（圖 6-7-16）

【要求】不要用強勁，要掌握太極拳、械的準則，手腳一致。

【注解】到此左顧動作已完成，下一步是「右盼」。

3. 口令：右　盼

接上動。含胸擴背，雙手合於額前；身向後坐，由右腳承擔體重，提左腳經過右膝前向東南隅橫跨一步，腳尖朝東成高架坐盤勢，左轉腰；刀上掄到西北隅，左掌扶刀脊，刀刃朝下，刀尖上翹。右手陰把，與腰齊高；目視刀背。（圖 6-7-17）

【要求】提腿不起身，落地無聲音。

4.口令：**上步撩**

接上動。回視東南隅，由左腳承擔體重，提右腳經左腳踝骨內側向東南邁出一步，沉襠；由左腰間拔刀向東南隅前推；邊推邊挪左腳上前20～25公分駐於右腳後成小弓勢（胸向東南）；提刀過頂，左掌沿刀背推扶右腕內側；目視刀刃，身略前探。（圖6-7-18）

圖6-7-18

【要求】眼神先行，沉襠前推。

【注解】練習太極拳（械），一切動作都是順乎自然，毫無牽強做作之處，學者切宜注意。

5.口令：**左　顧**

接上動。此四幅圖是重複動作，與動作1～4相同。（圖6-7-19～圖6-7-22）

第七式　左托刀取脛

口令：**托刀取脛**

接上式。左掌托刀脊，使刀尖朝東，刀刃向上，橫於頭頂前架住來械；屈左膝沉襠，扣右腳尖向東北隅，左轉體坐實，左腳收回到右腳的小腿前；同時，向後掄刀行一逆轉平面頭花，即過腦花，雙手向兩翼分開；左腳向西北

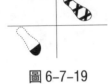

圖 6-7-19

圖 6-7-20

的體育形式。

太極拳械運動是中國民族傳統

圖 6-7-21

圖 6-7-22

圖 6-7-23

圖 6-7-24

隅邁出，踏成疊襇弓勢椿型（胸向西北）；雙手復會合於左膝前，身前探，下砍對方小腿，刀刃向西南，刀尖略低，頭頂懸；目視刀刃。（圖 6-7-23、圖 6-7-24）

【要求】動作要一氣呵成，宜緩緩而行，以期轉折的正確。

【注解】

① 身前探、意試探、刀哄探謂之「三探」，探身還有三利：一利擊出長度；二利立身中正；三利滿身輕靈。

② 太極拳（械）的架式中獨立疊襇弓勢椿型，此勢必須探身向前 15～20 公分（指腰脊以上）。

這條三準則必須在概念上弄清楚，切勿誤會是弊病，「前俯」，原來疊襇弓勢的前腿與地面成 45°角，後腿的胯關節比前腿的胯關節要高出 15～20 公分，這用尺子可以

量出，一般練者誤以為是弊病，認為可以強行直腰，自以為中正，實際是陷於後仰，腰部的僵硬即是姿勢的不正確的證明。太極拳（械）是一項順乎關節活動、爽神暢體的健身運動，一切生硬強動的造作都是不合乎準則和規格的。

如果盤高架子即不存在這個問題。因為高架子的弓勢，兩胯關節總是在一條平行線上的，襠弓勢也不存在這個問題，因為它可以使臀部下沉，平行胯部在一條平行線上。

由此我們注意到身體中正不等於上下直線，左右平行也是直線，斜角垂直也是中正，只要不貓腰、弓背、撅臀、低頭、翹首，肩胛骨因使勁不當而出現高低。犯了以上等等的弊病，那才是不中正。

第八式　右擋刀正推

1. 口令：回頭擋刀

接上式。屈右膝，沉襠後坐，成打虎勢椿型；雙手持刀（左掌推右手臂），手置於右腋旁，兩腋扇起；眼看西北隅，此其一。右轉體，扣左腳尖向東北隅，漸漸坐實，承擔體重，扭回頭瞭望東方上處的來械，此其二。陽手把，左掌附於右腕旁，用刀背擋開擊我頭部的來械，刀尖順勢向後順轉一平面小圈，變外手把，斜橫刀胸前，刀刃向上，刀尖向東；左掌推扶刀脊；同時提起右腳，腳底朝東如踩腿模樣，成半獨立勢（胸向東南）；眼視刀刃。（圖 6-7-25）

【要求】做回頭瞭望的時候，眸子不要乜斜（乜斜即斜視）。

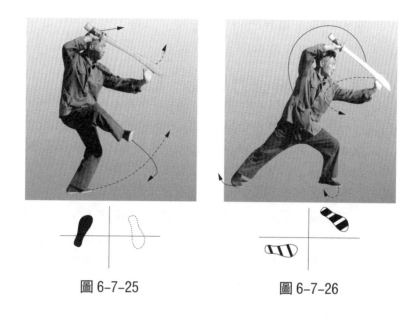

圖 6-7-25　　　　　　圖 6-7-26

【注解】提右腳是為了便於搶邊擋，即斜刺進攻。

2. 口令：正推刀

接上動。右腳向前落步，腳尖向東南隅；將刀抽回挨近胸前；同時邁左步，經過右腳小腿旁，徐徐前伸，向東踏成鬆襠弓勢樁型（胸向南）；提把向上，刀尖下掛，刀刃向東，斜刀前推；左手仍扶刀脊；目視正東。（圖 6-7-26）

【要求】邁左腳上前時下蹲，右大腿放平，與地面成90°角，身軀仍須舒坦平整。

【注解】刀尖下掛，係向右截住來械，順對方器械削對方持械手。

① 刀法的特點武術上有名言「進取宜蠻，刀法宜拙」，蠻係一鼓作氣，敢於進攻；拙係不尚好看、老老實實的硬功。

②此式係太極拳中的「攬雀尾」一樣，為刀中的重要手法之一，全套重複三次，這是第一次。

第九式　穿梭刀（原名：玉女穿梭）

1. 口令：轉　身

接上式。屈右膝，襠下沉；左掌沿著刀背置於右腕旁，刀把向右，目光向左；扣左腳尖朝西南隅，屈左膝踏實，右腳腳尖蹺起撇向西北，成高架坐盤勢（胸向北）；刀尖始終朝東，頭由刀背下鑽過，將刀漸漸落下擱在右臂上，刀刃朝上，刀尖朝北隅，同時左掌離腕循西南上方順轉一圓圈，置於刀把之上，橫捧刀於胸際，做待發之勢；目視東北方向。（圖 6–7–27）

【要求】此式右轉體 325°。手的翻舞，腳的旋轉，要求同時動作，體態的工整，高低的交換，都要運用準則進行過渡。

【注解】此式原名「玉女穿梭」。玉女比喻心靈手巧，後改為「織女穿梭」，織女比喻紡織時穿來穿去的靈巧。

2. 口令：起立搠

接上動。全身放鬆，漸漸起立成獨立勢樁型（胸向北）；刀刃朝下（裏手把變為順手把），向東北隅直搠，雙臂左右分開，左掌循西向上置於左額前方，呈半月形；右臂與肩齊平；目視東北方向。（圖 6–7–28）

【要求】起立時，全身必須放鬆，才能站得穩固，左腳虛懸膝，與胸窩齊高，懸腳切勿太開，以免鬆散。

【注解】搠，音ㄕㄨˋㄛ，即刺。

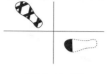

圖 6-7-27　　　　　　　圖 6-7-28

第十式　回頭望月

口令：落步捋刀

接上動。徐徐屈右膝，蹲身下沉；左掌由上向東北，到右腕後引刀向下捋回；左腳向西偏南緩緩落步，漸次前弓；左掌循西向北環轉，如抱嬰兒，然後由裏向外擰掌，轉至掌心朝北，五指向東北隅，與胸齊高；右手變外手把，拳骨朝地沉掛於襠前，成鬆襠弓式樁型；右轉體（胸向西北），作回頭觀，停時遠矖東北上角。（圖 6-7-29、圖 6-7-29 附圖）

【要求】架式略低於疊襠弓勢，身體勿前俯後仰。左腳下落時要緩緩落地，這樣才符合輕靈沉著的要求，不可太快。

圖 6-7-29

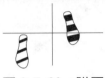

圖 6-7-29　附圖

的體育形式。　太極拳械運動是中國民族傳統

【注解】此式又名「獅子回頭望虎丘」，形容定式的威武雄壯，所以動作必須有氣勢凌雲之意。

第十一式　左右獅子盤球

1. 口令：平削前推

接上式。屈右膝，使身軀自然中正，撇左腳尖朝西，前弓左膝，向左轉體；以陽手把舉與胸高，向西平削；左掌隨右腕內側，雙臂在胸前搭成橢圓形；目視刀刃。此其一。

接著右腳向前，暫駐於左腳踝骨內側，兩大腿彎曲，與地平面成 45°角，如蹲勢樁型；陽手把掄刀到南面時，含胸變陰手把，回抽到胸窩前，刀端指北，刀尖指南，橫一字形，此其二。同時，右腳向右斜角（即向西偏北）邁進一步；左掌扶刀脊，向正西平推；前弓右膝成疊襠弓勢樁型

圖 6-7-30　　　　　　圖 6-7-31

太極拳械運動是中國民族傳統的體育形式。

（胸向正西）；目光射向正西遠處。（圖 6-7-30、圖 6-7-31）

　　【要求】由「回頭望月」的外手把變陽手把，復變陰手把回抽前推。抽為弛，推為張，一弛一張也即一收一放，須節奏分明。

　　【注解】盤：手法輪番更迭圓轉之意，不要直進直出之謂。

　　2. 口令：平削前推

　　接上動。動作完全與一動相同，係重複式子。（圖 6-7-32、圖 6-7-33）

第十二式　左托刀取脛

　　動作同第七式。所不同者只是方向，此式向東南隅下

圖 6-7-32　　　　　　　圖 6-7-33

太極拳械運動是中國民族傳統的體育形式。

砍（胸向東南），回頭向西北隅上瞧。（圖 6-7-34）

第十三式　右擋刀斜推

同第八式，所不同者只是方向（胸向西北）。此式向西北隅推刀。（圖 6-7-35）

第十四式　巨蟒開山

1. 口令：翻身盤肘

接上式。彎曲右膝，沉襠後坐，扣左腳尖朝東北隅，右轉體，由左腳承擔體重，提右腳成半獨立勢，胸向東；同時，左掌離開刀脊，下掛上抄至腹前掤開，掌心朝上，刀盤肘，即刀背沿左肱滾於臂肘之間，握刀為外手把置於額前，兩手上下呼應；眼看正東。（圖 6-7-36）

圖 6-7-34

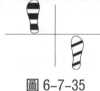

圖 6-7-35

太極拳械運動是中國民族傳統的體育形式。

【要求】站半獨立勢，左腳不要挺直。握把向上，右肩頭不要扛起。

【注解】

①肱：即上臂。

② 這是過渡式子的分解，不是定式。雖然不是定式，學者須經此式過渡，方為動作正確。

2. 口令：盤頭藏刀

接上動。刀盤過前臂，左掌順刀背以立掌向東擊出第一掌，刀向右側後拉；與此同

圖 6-7-36

時，右腳向前、向東偏南落半步一顛。隨即提起，成半獨立勢；左掌向下圍繞到腹前；右手握刀，順轉小盤頭花，盤到身後刀尖下垂，刀背貼背，由左肩拔刀；同時，右腳向東偏南邁去，先以腳跟點地，沉襠下氣成太極勢樁型，漸漸拔刀而出，徐徐前弓成疊襠弓勢；左掌向下、向裏上兜穿，向右腕循刀背向東擊出，第二掌（側擊掌）以順手把拉刀向

圖 6-7-37

右後側，刀尖藏於右膝外側，眼神透過食指尖觀及前方。（圖 6-7-37，胸向東南）

【要求】三尖相對（詳見前文）。

【注解】

①側擊掌的掌形是小指向前，五指朝天，掌心向右，以掌根前切（即擊）。

②「巨蟒開山」，意思是動作要像蟒蛇那樣蜿蜒多姿，以尾擊地。

第十五式　左扇右刮

1. 口令：盤頭提足

接上式。右手提刀，向前、向左側做逆轉的大盤頭花，當刀背盤到右肩頭上，形似沙僧挑擔，舉止輕鬆；提

圖 6-7-38

圖 6-7-39

左腳，左掌平撐，襠胯放平（胸向東南）；眼平前視，氣平而心不跳。（圖 6-7-38）

2. 口令：撲腿左扇

接上動。左腳向東北隅，做撲虎勢椿型；當腳掌擦地撲出時，肩頭上的刀由西南隅順勢扇下至襠前，變陽手把。此動像燕子抄水模樣，下掠至水平面；身軀中正（胸向東），眼注對方。（圖 6-7-39）

3. 口令：起立扇合

接上動。屈左膝前弓，捲而進；左掌在左膝前，俯掌摟過，向北提起；握刀手以刀刃朝天向東北隅上扇，疊住左胯，使全身穩固，不致前傾撅臀的條件下，雙臂如蝴蝶一般地扇合，置於額前；左腳挪前 15～70 公分成小弓勢，刀尖朝東南隅（胸向東北）；目光透過刀尖觀及遠方。

（圖 6-7-40）

4. 口令：亮刀獨立

接上動。刀刃向北圓轉，變陰手把置於胸前；左掌搭在右腕內側，兩臂如弓，拱成斜坡圓形；同時，提起右腳如踢毽子一樣成半獨立勢（胸向東）；眼看東南。（圖 6-7-41）

5. 口令：右　刮

接上動。右腳向東南隅做撲虎勢樁型；當擦地撲出時，刀順勢向下刮至襠前，變陰手

圖 6-7-40

把；左掌後撐，高與頭齊，兩翼扇開猶如蝴蝶戀花，高低飛翔，神情飄逸，專注一方，要有「莊周夢蝶」的想像力。（圖 6-7-42）

【要求】以上五個分解動作，實際上是連綿不斷地在做撲虎勢，後腳跟不要抬起，前腳掌的外側不要上翻，寧願下不去，高一點，也不要出現「拔根」的毛病，這屬於基本功。在鍛鍊前專門做些輔助撲虎樁型的運動，如抻長腿部的韌帶、活動有關關節等。

【注解】

①「沙僧挑擔」即指吳承恩所著《西遊記》中所描繪的沙和尚悟淨，他身體結實，挑起擔子來輕鬆愉快。

②武術上有四平架子之說。即襠胯平（襠指會陰穴，胯指大腿股骨與盆骨接合處，俗稱腿根）；肩平（即兩肩

圖 6-7-41　　　　　　圖 6-7-42

平正沒有高低）；眼平（指頭容端正，不要有抬頭看手、低頭看腳、豎眉瞪眼、垂簾閉目、乜斜眼兒、目無神色、視若無睹，或目光只有一尺近等毛病）；氣平，即拳譜所說的「氣宜直養而無害」。也是我們平時所說的「此人功夫不錯，你看他喉不喘氣，面不改色」。這是一項測量功夫的重要標準。

　　③「捲襠而進」。是指襠部要席捲式地前進，以示功夫之純。拳論所指的毋使有凹凸處，在這裏很容易出現這個毛病。

　　④「莊周夢蝶」。此式又名「左右高低蝶戀花」，即外形如蝴蝶逐花般之自然美，內裏有似「莊周夢蝶」的意境。「栩栩然蝴蝶也，俄而覺，則遽遽然周也。」意思是，自身一會兒是蝴蝶，一會兒又是我自己。

圖 6-7-43　　　　　　　　圖 6-7-44

⑤ 大多數人對武術有深刻的認識，但是少數人對武術的觀念沒有科學的分析，教起來既不動聽，粗言俚語又難學會，做起來又和談的不一樣，怪不得有些人對武術的見解就發生了疑信參半，這個教學問題和教材問題，有待學習和研究，使武術更正確、更好地為人民健康而服務。

6. 口令：盤頭提足

接上動。左掌由後經腰際推出刀脊，漸漸捲襠前進，橫刀額前上架，成右疊襠弓勢（胸向東南）；手起向前、向左做逆轉的大盤頭花，當刀到右肩時，形似沙僧挑擔，舉止輕鬆；提左腳，左掌平撐，襠胯放平；眼前平視，氣平而心不跳。（圖 6-7-43）

7. 口令：撲腿左扇

接上動。動作同本式動作 2。（圖 6-7-44）

圖 6-7-45

圖 6-7-46

8. 口令：起立扇合

動作同本式動作 3。（圖 6-7-45）

9. 口令：亮刀獨立

動作同本式的動作 4。（圖 6-7-46）

10. 口令：右　刮

動作同本式動作 5。（圖 6-7-47）

圖 6-7-47

圖 6-7-48　　　　　　　　圖 6-7-49

第十六式　左托刀取脛

動作同第七式。（圖 6-7-48、圖 6-7-49）

第十七式　右擋刀正推

動作同第八式。（圖 6-7-50、圖 6-7-51）

第十八式　蒼龍掉尾

動作同第十四式。（圖 6-7-52、圖 6-7-53）

本式是「巨蟒開山」的動作，因為轉身的角度大，第一掌應擊向西南隅，第二掌擊向正西（第十四式兩掌是擊在同一個方向正東）。

圖 6-7-50

圖 6-7-51

圖 6-7-52

圖 6-7-53

太極拳械運動是中國民族傳統的體育形式。

第十九式　掤撩剁

1. 口令：掤

接上式。提起藏於右膝外側的刀向西直掤（即刺），與胸齊高；前伸的左掌收回扶在右腕上；同時左腳向右腳靠近，著地一蹉併齊成蹲勢椿型（胸向西）；眼視對方。（圖6-7-54）

2. 口令：撩

接上動。右腳尖外撇，向西北隅踏實，右轉腰；變外手

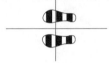

圖6-7-54

把，以腕肘運轉，刀刃向上，向右側身後再向上，變陽手把向西上撩，刀尖翹起，與髮際齊高，這個立圓順轉360°；左掌隨右腕若接若離而行，按住刀把；左腳向正西前進一步成疊褙弓勢椿型（胸向西），三尖相照；目視刀尖。（圖6-7-55、圖6-7-56）

【要求】上步撩刀，向下掄轉時，刀尖不要碰地，但也不要怕刀尖碰地而抬起肩膀，以免破壞形象。

3. 口令：剁

接上動。右轉腰；以右腕為軸，向右側身旁，向下、向後、向上下剁。逆轉一個360°小立體圓圈；左掌仍舊附於右腕上；同時左腳上前在右腳旁一震，腳併攏，以助下剁的聲勢，成蹲勢椿型（胸向西）；一瞥下剁即轉視正面。（圖6-7-57）

圖 6-7-55

圖 6-7-56

【注解】圖 6-7-54 的「著地一踏」是擦地聲,而圖 6-7-57 的「震腳」是抬腳下踏的震聲。

第二十式　撩　踢

口令：撩　踢

接上式。右腳尖再向西北外撇踏實,右轉腰;變外手把,以腕肘向後、向右側身旁轉動,變陽手把前撩;同時左腳向西邁進一步,飛起右腳,腳尖前繃踢對方的鼻梁;在掄

圖 6-7-57

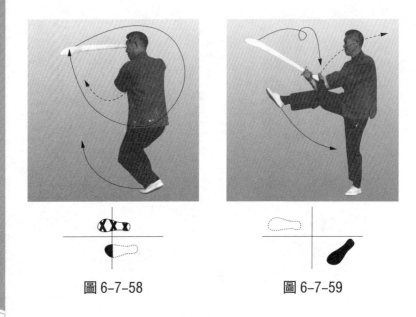

圖 6-7-58　　　　　　圖 6-7-59

刀向後時，左掌則向西前撐開，撩刀向前時左掌落於右腕上（胸向西）；眼視刀尖。（圖 6-7-58、圖 6-7-59）

【要求】定式飛起的腿要擎得住，站得穩，不許震碎顛動，這要靠腰部的韌帶柔軟，肌筋收縮的強度增大。要做到這點並不困難，平時多做些抻長腿部韌帶的輔助動作即可。

【注解】本式撩踢是雙人對刀的開始，即甲方攻擊的第一手，乙方以推窗望月還招，甲方再以金花落地……

第二十一式　金花落地

1. 口令：收腿揚手

接上式。收回上踢的腿，成金雞獨立椿型（胸向西）；同時，兩手分開，左掌置於左額上方呈半月形；右握刀手

圖 6-7-60　　　　　　　圖 6-7-61

變陰把置於右臀外側，刀刃向西北隅；眼視西北。（圖6-7-60）

　　2. 口令：**撤步盤頭**

　　接上動。手起向右側身後，做順轉的小盤頭花，當刀背貼身盤到左肩上的時候，左掌也向左側圓轉到胸前；右腳向正北落步成左弓勢（胸向西）；眼看西北下方。（圖6-7-61）

　　3. 口令：**坐盤下砍**

　　接上動。左掌上穿，經右耳前仍回到左額上方，呈半月形；刀由左肩上拔出，順勢向下、向北以陰手把下砍；與此同時，屈右膝，體重向右腳移動，左腳倒插步（或稱偷步，又稱連枝步），經由右腳後向北插入一步，雙腿彎曲成坐盤勢樁型（胸向西北）；眼看刀刃。（圖6-7-62）

圖 6-7-62　　　　　　　圖 6-7-63

【要求】做小盤頭花不要縮脖子、閉眼睛，不要怕刀磕著腦袋，仍須沉肩保持頭容整齊。此式左掌走了一個整圈，刀也走了一個整圈，兩圈要相互呼應，畫圈宜圓。

【注解】此式名為金花落地，意思是刀光閃閃的圓圈，猶如花朵般地飄落到塵埃。

第二十二式　幔頭過頂

1.口令：幔　頭

接上式。右轉腰；由陰手把向後蕩漾，變陽手把，刀端朝西、刀尖朝東，橫過頭頂；同時，左掌五指在頭頂順轉平圈，再下降到胸前，掌心朝上準備接刀（胸向西南）；目視正南。（圖6-7-63）

太極拳械運動是中國民族傳統的體育形式。

圖 6-7-64　　　　　　圖 6-7-65

2.口令：**過　頂**

接上動。身體向南移，體重由右腳承擔，提左腳，經右腳後向正南邁出一步，腳跟點地，成太極勢椿型（胸向西南），刀漸漸下落到左肩外側；眼神轉向西南隅。（圖6-7-64）

【要求】向南邁出左腳，右腿不要高起來，左腳跟著地，要輕輕無聲，膝蓋不要挺直，以免姿勢僵硬。

3.口令：**接　刀**

接上動。前弓左膝，成疊襠弓勢椿型（胸向西）；右手落下，交刀給左手；左掌夾住刀盤（拇指在刀盤上，食指在刀柄前，其餘三指在刀柄後），雙臂掤起拱成斜坡圓形於胸前；目光轉移正西。（圖6-7-65）

【要求】舉刀做幔頭過頂，腰脊以上的身段要如柳枝

裊裊，迎風不折。

【注解】此式為套路的中心點，象徵五行，為金木水火土的中央戊己土，是轉換變式的中樞。這是傳統套路的優點，有助學者的記憶和掌握方向的正確。

第二十三式　二起腳

1. 口令：攤　掌

接上式。屈右膝，後坐，沉襠下氣，扣右腳尖向西南隅；右手離開刀把，向西翻掌，掌心朝天，與胸齊高；左手握刀藏於左腰旁，左肘搠開（胸向西偏南），眼前視。（圖6-7-66）

2. 口令：右　採

接上動。體重移於左腳，提右腳經過左踝骨內側向西前伸，腳尖點地成虛勢樁型；同時，刀把向右掌上前穿向西；右掌抄住對方的右腕，下採到右腰旁變拳（胸向西偏北）；目視西方遠處，準備起跳。（圖6-7-67）

【要求】虛勢樁型，兩膝之間至少保持一虎口以上的距離。

3. 口令：起　跳

接上動。右腳向前20～30公分落地即彈起，帶動左腳乘勢上提，提膝與胸齊高，

圖6-7-66

圖 6-7-67　　　　　　　圖 6-7-68

腳尖下垂；右掌向西平起舉到右耳旁，掌心朝西；刀把沉下至左臀部外側（胸向西）；目光射向前方。（圖 6-7-68）

【要求】起跳時，掌握沉肩和頂頭懸兩個法則，軀幹要穩穩不動，決不能聳肩和低頭。

【注解】圖 6-7-68 是慢動作的分解動作，起跳應是在空中交換雙腿的起落，即左腳尚未落時右腳已經凌空踢出。

4. 口令：拍　腳

接上動。左腳前竄 10～20 公分在尚未落地時，右腳騰空向西彈踢；右拳由耳邊前拍右腳背發響，踢腳與鼻尖齊高。到此已完成二起腳動作（胸向西偏南）。目前視。

太極拳械運動是中國民族傳統的體育形式。

（圖 6-7-69）

【要求】清脆地拍響腳背。踢腳要有彈力，不要在空中八叉手八叉腳，鬆散無力，拖泥帶水。

【注解】

① 彈踢：即迸發出驚彈的威脅力量，不是鬆鬆垮垮，而是紮紮實實。

② 八叉手八叉腳：手腳分開形像八字，意思是說散漫無章，不合規格。應是叉手不離方寸。拍二起腳起時要團得

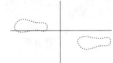

圖 6-7-69

緊，拍腳要展得開，彈跳有力，從拍聲中可以聽出動作的正確與否。拍二起腳有兩種用法：一是為了避去對方掃蹚（即攻我下落）。二是為了在距敵遠時搆得到對方，而不是圖好看。

第二十四式　左右打虎勢

1. 口令：退　步

接上式。雙腳在騰空當中，拍右腳之後，左腳暫行落地，右腳退於左腳的後面 10～20 公分處，踏實站穩，左腳趁勢再行提起，駐於右腳脛骨之前，高度不超過左膝蓋，兩腿皆彎曲；同時，雙手由西順流而下，經東南上方再轉到西，畫了個順轉的立體圓圈，刀仍置於右臂上，刀刃向上，右側立掌，食指對準鼻尖，小指朝前，五指朝天（胸

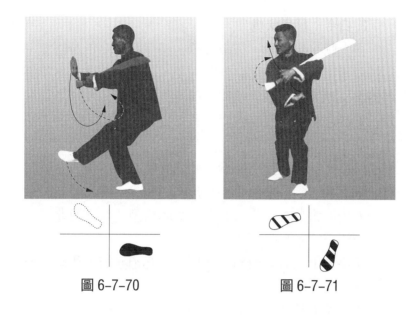

圖 6-7-70　　　　　　　圖 6-7-71

向西南）；眼觀及西方。（圖 6-7-70）

2. 口令：挒

接上動。左腳經過右腳前後退，撤向東南隅，趁雙手挒回之勢（與太極拳攬雀尾挒勢一樣）漸漸變成左弓勢，當挒回到腰胯之間，鬆左胯，左轉腰；雙手隨勢向左側身後過門向上環轉，左手提與肩高，右手提起與胸高，兩手心均向上。然後前弓疊左胯定式為左鬆襠弓勢（胸向南）；同時，雙手向裏擰轉，變陰把陰拳，刀把略下降，與胸同高，右拳與左腰齊，兩腋扇起，向外掤開；回視西方。（圖 6-7-71）

【注解】過門：武術術語，指別住時又滑過去了，如此式挒不動，身後坐，含胸拔背尾閭收，雙手後甩，就滑過去了。

3. 口令：翻身伏虎

接上動。屈右膝，後坐沉襠，扣左腳尖向正西踏實，右轉腰承擔體重，抬起右腳跟內扣，前腳掌點地成高架虛勢樁型；執刀手由鎖骨前往右前臂外側下掛於左胯旁；右拳仍置於左腰旁；眼向西南。隨即提右腳向西北隅邁出一步，疊右胯成弓勢；同時，右拳向右側橫捌，用拳背下壓到右膝前；捧刀手隨右拳到右肋間。然後鬆右胯，右拳向東北隅上掄，到右額前呈半月形向西擊去，拳心朝外，拳骨向西南；再疊右胯復成右鬆襠弓勢樁型（胸向西北）；回顧正西。（圖6-7-72）

【要求】此式要做到上下相隨，必須熟練，要有武松打虎的精神氣概。

【注解】打虎勢在雙練對刀時，只做一個退步打虎，與小功架太極拳一樣，可做一個，也可做兩個。

太極拳的打虎勢鍛鍊腰胯功夫，必須做到一捋三疊，太極刀同樣也是一捋三疊，即退步打虎以退右步為一疊，撤左腳為二疊，過門後再前弓為三疊。翻身伏虎，右轉腰高架虛勢為一疊，踏出右腳為二疊，舉右拳擊出為三疊。

第二十五式　鴛鴦腿玉連環

1. 口令：亮式接刀

接上式。左轉腰，蹺起左腳尖，沉下襠部；同時，左手捧刀，掄臂由下向前，與胸齊高，手心朝上，刀刃朝外；右拳由額際落下（陰拳），向前與左肘彎（陰面）交叉搭成十字，進行有如搓球動作，即右拳變掌，向右往回拉，左手向右肋間環行；同時，重心左移，暫時成為左弓

圖 6-7-72　　　　　　　　圖 6-7-73

太極拳械運動是中國民族傳統的體育形式。

勢；一似太極拳的攬雀尾捋式，為雙手捋回到腹前，右手舒握刀把，左手離開刀盤下掛，刀背緣肱臂圓轉，刀把下降，左掌上翻掌心朝裏，置於左額上方，呈半月形；同時右腳挪至左腳後（挪前 15～25 公分）成太極勢樁型，目光射向正西。（圖 6-7-73）

　　按：此式類似第三式圖 6-7-8 的動作說明，請參閱對照。

　　2. 口令：一劈一踹

　　接上動。左腳尖朝西，承受體重；雙手挪起向西下劈；隨即提起右腳，用腳外側擦過刀背橫踹對方的膝蓋；左掌置於額前，刀向後、向上漸漸舉起。外手把橫刀額前，刀尖朝西；左掌附於右肩頭下，掌心朝東；右腳踹後向西落步，起左腳以腳跟向西前蹬（胸先向西後朝北）；

圖 6-7-74

圖 6-7-75

眼視正西。（圖6-7-74、圖6-7-75）

　　3. 口令：玉環步

　　接上動。左掌插入右肱下；左腳收到右膝前，向右一撐腰，以右腳掌為軸，提腳跟向左轉動；雙手互走逆行平圈（即雲頂過腦）；左腳向東落步，承擔體重；藏刀於右肱下，撐左掌朝東南；飛起右腳以腳背向前（西）踢出，身略向東半躺；左掌置於左額前方，呈半月形（胸先向南後向西南）；眼看對方。（圖6-7-76、圖6-7-77）

　　【要求】周身渾圓，不要有顛簸或站立不穩之現象。

　　【注解】

　　① 鴛鴦腿玉環步。此招法與施耐庵筆下所寫的「武松醉打蔣門神」的故事所描述的腿法是一模一樣的，請參考。

　　② 此式有閃、展、挪、騰四法，即接刀右轉是閃，起

圖 6-7-76

圖 6-7-77

左腳蹬是展，用玉環步轉身是挪，最後右腳前踢是騰。

第二十六式　大纏頭平推

1. 口令：大盤頭

接上式。收回右腳，依然成金雞獨立勢；手起做順轉的大纏頭花，當刀尖下垂刀背貼身盤至右肩外側時，右腳向西落步，使腳尖向西北，屈膝沉襠成高架坐盤勢；左掌向西南下方圓轉置於腹前，提刀把過頭成外手把，刀背貼於左肩之上（胸向西）；眼觀正西。（圖 6-7-78、圖 6-7-79）

2. 口令：平　推

動作基本同第四式動作 3，所不同者上式左腳落步成太極勢，本式左腳落步成疊胯弓勢（胸向西）。當刀轉至

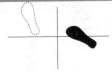

圖 6-7-78　　　　　　　　圖 6-7-79

右膝下時雙手平提至胸前，橫刀前推與胸平；目視正西。
（圖 6-7-80）

【要求】腿功要像不倒翁那樣穩固。腰脊要像皮老虎那樣柔軟，胳膊要像風車兒那樣活絡。

【注解】不倒翁、皮老虎、風車兒，是我國民間的三種玩具。

第二十七式　左右旱地行舟

1. 口令：左　撐

接上式。屈右膝，後坐沉襠，重心下降，體重後移，左腳尖扣向東北隅；雙手像搖櫓一樣，刀形的翻騰好比魚打挺，頭尾動，當中不動，即刀頭、刀把動，當右把搖了一個順轉立體形圓圈刀頭隨之翻上再翻下後，變陰手把，

圖 6-7-80　　　　　　　圖 6-7-81

刀似懸於左腰旁；左手在身後扶住刀背；同時，右轉腰，
坐實左腿，提右腳成半獨立勢（胸向東北）；回視東方輕
頂頭顱，微沉雙肩氣宇軒昂，油然而生。其整體動作猶如
扳槳划船，左右撐篙。（圖6-7-81）

2. 口令：上步撩

接上動。右腳向東北上大半步，腳尖朝東南隅踏實，
左腳復向東前進一大步，成左弓勢樁型；刀由左側身旁上
撩（此即下行的半圓圈），外手把置於右額上方，刀刃向
上；左手推住刀背，此式似太極拳扇通背的定式（胸向南
偏東）。目光及遠。（圖6-7-82）

3. 口令：右　撐

接上動。屈右膝，承擔體重，提左腳成半獨立勢（胸
向南）；刀和左掌由東向上、向西下，刀刃朝下，左掌離

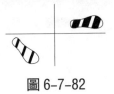

圖 6-7-82

圖 6-7-83

開刀背置於右腋旁，掌心向西（即上行的半圓圈與動作 2 合成一個立體形的整圈），目視正東。（圖 6-7-83）

　　4. 口令：**上步撩**

　　接上動。左腳向東上大半步，腳尖朝東北隅踏實，右腳復向東進左足一大步，成右弓勢樁型（胸向東北）；刀由右側身旁向東上撩，變陽手把，撩與肩平；左掌上掄置於左額上方，呈半月形（此即下行的半圈）；視線透過刀刃關注對方。（圖 6-7-84）

　　5. 口令：**左　撐**

　　接上動。屈右膝沉襠，體重後移，由左腳承擔，提右腳成半獨立勢（胸向東北）；與此同時，刀和左掌向上、向西下掄轉，眼隨刀行，左掌又扶住刀背；回視正東，觀察動靜。（圖 6-7-85）

圖 6-7-84

圖 6-7-85

圖 6-7-86

6. 重複式子

動作同本式動作 2、3、4。（圖 6-7-86—圖 6-7-88）

【要求】凡做半獨立勢的單腿站立，膝部不要挺直，要彎曲至大腿與地面成 30°角，如果站直等於休息，與鍛鍊腿部的功夫則有所抵觸。

【注解】「大半步」等於自己兩腳掌的長度，「一大步」等於自己三腳掌的長度。

太極拳械運動是中國民族傳統的體育形式。

圖 6-7-87　　　　　　　　圖 6-7-88

太極拳械運動是中國民族傳統的體育形式。

第二十八式　滾推刀

1. 口令：跟步粘住

接上式。疊住右胯根，左腳挪前 10～15 公分，駐於右腳後，含胸擴背，尾閭收住，變逆手把，刀尖向下，逆手平行圓圈轉至刀刃向東；同時，提右腳，勾起腳尖，腳底朝東，成半獨立勢（胸向東南）；提把至右耳前，左掌推扶刀脊；目視對方，預備前推。（圖 6-7-89）

2. 口令：推　刀

動作與第十六式動作 2 正推刀相同。（圖 6-7-90）

【要求】若體格稍好，年齡較輕，在上左步推刀時，右腳要能夠屈曲至與地面成 90°角，以示腿功。

【注解】左腳挪前於右腳後，這個步法武術上稱跟步

圖 6-7-89 　　　　　　　　圖 6-7-90

或墊步或借步，如大功架太極拳的手揮琵琶，即是此步。

第二十九式　鴻雁振羽

1. 口令：雲頂轉身

接上式。撇右腳尖向西南沉襠，右轉腰，扣左腳尖向西南，成右疊胯弓勢樁型（胸向西）；左掌離開刀脊，置於額前的右腕下，雙手同時並轉，左掌以俯掌向西、向右斜下方、向左（即南），同時右手以陽手把向後（即東）、向右（即北）、向前、向西南，左掌變仰掌複回轉至西北，置於右腕的上面，成交叉的形狀；眼看正西。（圖 6-7-91 反面圖）

說明：圖 6-7-91 係正視圖，實際上應掉過頭來胸向西。

太極拳械運動是中國民族傳統的體育形式。

圖 6-7-91　　　　　　　圖 6-7-92

2. 口令：抖　翎

接上動。雙手隨腰左轉至南偏東，眼神隨刀；體重漸移於左腿，提右腳向地面畫圓，左踝骨的內側向西偏北，以小腳指點地成鬆襠虛勢樁型（胸向正西）；與此同時，雙手以肘腕為軸向裏翻轉，將刀藏貼於左肱後下方，成斜坡形，變陰手把置於左脇前；左掌橫掌朝外，五指朝西，與肩成平圓形，又好似側翅抖翎，雙臂左上右下拱成一斜坡形圓圈；耳聽八方之動靜，眼觀六路之虛實。（圖6-7-92）

【要求】

① 右腳的畫圈點地、雙臂拱成斜坡圈、眼神射向西面，這三者必須同時落點，其要領一是靠熟練，二是有賴於法則的掌握，即微沉雙肩，虛靈頂勁。

② 亮式時上下肢要八面玲瓏，雄姿英發，眼神要自然奪人，不是做作的鎖眉怒目。

③ 此式和上式的蒼龍掉尾及巨蟒開山，都是香餌釣金鼇。即不管對方攻我上、中、下身體的任何部位，我即搶攻，連使撩刀，這是刀術上的改式誘敵之法。

第三十式　左右分水

1. 口令：左　撩

接上式。提右腳至左腳脛骨前，向右一閃身，右腳出大半步，向西偏北成小弓步（胸向西）；同時，以逆手把由身後右側向正西上撩，撩與肩高；左掌隨之扶持右腕內側；目遠眺。（圖6-7-93）

太極拳械運動是中國民族傳統的體育形式。

圖 6-7-93

2.口令：右　撩

接上動。體重後移，坐實左腿，蹺起右腳尖，成太極勢樁型過渡；刀繼續上撩過頂，外手把置於右額上方；然後以右腳跟為軸，撇腳尖向西北隅，前弓踏實。左腳跟提起，膝蓋裏扣，前弓成高架坐盤勢；刀不停地上撩旋轉至右側身後，使刀尖斜射地面；左掌隨同扶在

圖 6-7-94

右膀內側掤開；目光隨刀回視東北隅。左腳趁勢向西偏南上大半步成左小弓勢（胸向西）；同時，以陽手把由身後右側旁向西上撩，把與胸口齊高，刀尖與頭頂齊平；左掌按住刀把；眼觀刀刃。（圖 6-7-94）

3.口令：左　撩

接上動。體重後移，坐實右腿，蹺起左腳尖，成太極勢樁型過渡；刀繼續上撩過頂，裏手把置於左額上方；以左腳跟為軸，撇腳尖向西南隅，前弓踏實，右腳跟提起，膝蓋裏扣，前弓成高架坐盤勢；刀不停地上撩旋轉至左側身後，使刀尖斜射地面；左掌隨同扶在右腕；眼隨刀走。前弓左腳，右腳向西偏北上大半步成右弓勢（胸向西）；趁勢以逆手把由身後左側旁向西上撩，撩與胸高；左掌仍扶持右腕內側；目遠矚。（圖 6-7-95）

圖 6-7-95

的體育形式。太極拳械運動是中國民族傳統

【要求】左右撩刀時身體不要有起伏，動作不要有斷續，手腳要舒朗，不要相互壓抑。刀路的軌跡要呈拋物線，不要出現折線。

【注解】分水刀是左攻右取、連架帶攻的變勢刀法。左、右、左之撩刀要一氣呵成，不可中斷。

第三十一式　墨燕點水

口令：併步點

接上式。含胸，左轉腰；左掌轉入右腕下，雙臂以腕和肘的關節為轉動軸心，做金龍鎖口。手法，在胸前順轉一個小圓圈，即右手以逆手把使刀下掛，向左側身後旋轉，復向西以順手把點，點後持平，與胸齊高；左掌由下經南而上與刀把會合，扶於右腕內側；同時，提左腳上前

圖 6-7-96

至右腳踝骨內側震腳併齊（胸向正西）；發聲以助聲勢，頂頭遠視。（圖 6-7-96）

【要求】刀的下點、腳的下震，要同一時間落點，不可有先後。

【注解】

① 第十九式的挪、撩、剁是向右側掄轉下剁，用的是刀刃中部，本式是向左側掄轉下點，用的是刀頭，其勁法切勿混同。

② 「金龍鎖口」是武術上的專用詞。例如「金鐘罩」比喻功夫硬，「金蟬脫殼」比喻逃遁，「金花落地」比喻美觀。「金龍鎖口」是比喻手法的兼虛帶實，「虛」即兩手迎面虛晃，藉以轉移目標，從而乘隙進取；「實」即順勢搭住對方的手，利用刀把上翻下壓使一種反關節的擒拿

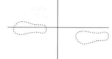

圖 6-7-97

法，叫做「小纏絲」，加以一挫，使其一時動彈不得，從而進取。

第三十二式　魚跳龍門

1. 口令：跳

接上式。左掌沿刀背前伸，立掌向西，伸與左肩平；刀向下由右側身旁掄起，與右肩平，隨即翻腕，刀刃向下；同時，上左腳半步，先以腳跟著地，漸次踏實腳掌，起跳。雙腳凌空離地面 40～60 公分，右腳超越左腳之前，如躍溪跳澗，似雄鷹展翅（胸向北）；目射光芒。（圖 6-7-97）

【要求】在空中不要聳肩，身軀保持中正，仍須沉肩。

【注解】「魚跳龍門」的含義是，魚游於水則悠閒柔和，但至龍門時借浪猛力飛躍，以示動作柔中有剛的意

圖 6-7-98

思。

　　2.口令：站　穩

　　接上動。右腳躍前落步，站穩，左腳抬起，成金雞獨立樁型；雙臂展開，像太極拳單鞭一式（胸向西北）；目光透過左手食指向西極目遠眺。（圖6-7-98）

第三十三式　力劈三山

1.口令：一　劈

　　接上式。屈右膝徐徐下蹲，落左腳向西偏南前弓踏實，成左弓勢樁型（胸向西）；同時，變陽手把，由身後越過頭頂向西下劈，變順手把，置於左膝內側之前；身略前探15～20公分，後腦勺與右腳跟成斜坡形直線，像兒童遊戲的滑梯形狀一般；左掌下落至左大腿外側。這個定式

圖 6-7-99

和太極拳的「進步栽捶」一般，請參考。眼為心苗，先觀及出擊的方向。（圖6-7-99）

　　2. 口令：二　劈

　　接上動。撇右腳尖向東偏北，沉襠下氣；左掌轉入右前臂後成下掛的╳形十字手；扣左腳尖向北，前弓右膝成右弓勢樁型（胸向東北）；刀由下而西越過頭頂向東下劈，刀脊與右肩齊平；左掌向西而上置於左額上方，呈半月形；目光向東。（圖6-7-100）

　　3. 口令：單鞭門戶

　　接上動。撇左腳尖向西北隅，成八字平馬勢樁型（胸向北），沉襠使橫膈肌下降；左掌西沉，與肩齊平；一翹右腕將刀尖上崩，朝天豎立，刀刃朝東；眼觀東北。此定式像小功架太極拳的單鞭，請參考。（圖6-7-101）

圖 6-7-100　　　　　　　圖 6-7-101

4. 口令：抄　刀

接上動。復前弓成右弓勢椿型；刀依舊向東前劈，順勢下掛，刀端朝天，用刀背裏抄，經由襠前與左掌會合成✕形，雙手向上、向東，旋轉了一個立體的順行圓圈後，走一大「金龍鎖口」即成陽手把，刀刃朝天，刀尖斜射，與地面成 45°角；同時，疊住右胯根，保持身體中正，左腳跟上 15～20 公分，落於右腳後，先以前腳掌點地（胸向東北）；左掌心對正刀端，距離兩拳；眼注刀刃。（圖 6-7-102）

5. 口令：起

接上動。漸次向後踏實左腳跟，承擔體重，提起右腳成金雞獨立椿型（胸向東北）；左手提至左耳前，右把提至左肩前；眼向東看。（圖 6-7-103）

圖 6-7-102　　　　　　　圖 6-7-103

6. 口令：踢

接上動。右腳發勁向東下踢出；刀形不變，隨踢前刺；左臂上升至左額前，呈半月形；眼看踢出的地方。（圖 6-7-104）

7. 口令：藏　刀

接上動。左腿下蹲，與地面成 35° 角；由陽手把一翻手變陰手把，藏刀於左脅的後方，刀尖高、刀把低成斜坡；右腳收回，倒插至左小腿的後面，依然虛懸（胸

圖 6-7-104

太極拳械運動是中國民族傳統的體育形式。

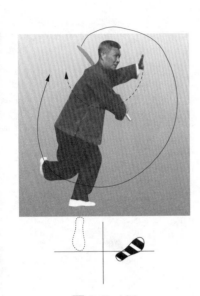 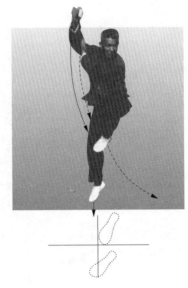

圖 6-7-105　　　　　　　　圖 6-7-106

向東南）；左掌仍置於左額上方，掌心向外；目視東南。
（圖 6-7-105）

說明：此式可以落步，則動作較為平穩，如做「蝦米
倒遁」跳出，則難度較高，不易站穩。初學刀術可先練習
落步，繼續學習跳出為好。筆者是按「跳出」寫的。

8.口令：起

接上動。橫刀下落經左膝前，向右側身後上掄，變陽
手把，擎刀於頭右側上方，刀刃朝天，刀尖下垂；左掌由
東而下，經腿前上抄至右前臂的內側，掌心朝裏；與此同
時，左腳一蹬地面，整體向後騰空躍起，好似宣傳畫「金
猴三打白骨精」的形象。雙腳凌空，成懸空的獨立勢樁型
（胸向南），目視東南下方。（圖 6-7-106）

9. 口令：三　劈

接上動。雙腳凌空之時，右腳先行著地，屈膝下蹲，左腳向東南隅踏出一步，成左疊胯弓勢椿型（胸向東南）；左掌隨右腕轉一逆小圈，扶於右腕內側；刀由頂際直下，劈向東南隅下方，雙手置於左膝內側前方；身略前探，目視劈處。（圖6-7-107）

【要求】以上三劈九圖上下式的變換，注意手、腳、刀必須以腰帶動，動作不可過大，以免豁豁開。未臻緊湊完善前，任何轉折，兩腋必須保持一拳的距離，以免自己困住自己。

圖6-7-107

【注意】

①眼為心苗，我們日常生活中，想到看到那件東西，然後動手去拿，說明動作的先行官是眼睛，即武術方面的看哪指哪、打哪，也就是說在動作完成時，眼神總是稍先達到的。

②「單鞭門戶」「單鞭」，好比寫文章另起一行的意思。「門戶」是武術上的專用詞，即拉開架式，準備戰鬥。

③「豁豁開」，手腳過分敞開，未能做到縝密的意思。

太極拳械運動是中國民族傳統的體育形式。

圖 6-7-108

圖 6-7-109

第三十四式　順風掃葉

1. 口令：亮　刀

接上式。先撇右腳尖向西南隅，後扣左腳尖向南，往下沉襠，成半撲虎勢（胸向南），與此同時，變陽手把，以腕為軸轉逆行小立圈，變陰手把，提至與肩齊高，刀尖略低；左掌隨右腕而行，兩臂拱成圓形，刀刃向南，與左腿並行成斜坡直線；目視東南。（圖 6-7-108）

2. 口令：擔　山

接上動。向右轉身，提頂豎腰，成右弓勢樁型（胸向西南）；手起，做逆轉的纏頭花，使刀背沿著左臂外側緊挨背脊盤轉至右肩頭上；同時，左掌由右刀把下向外穿出，運到東南隅，雙臂左右分開，好像擔山；提左腳成半

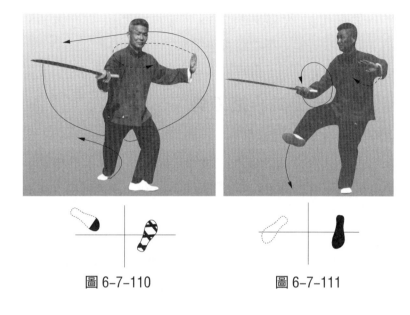

圖 6-7-110　　　　　　　圖 6-7-111

獨立勢過渡；目環視。（圖 6-7-109）

3. 口令：橫　掃

接上動。向東邁出左腳，腳尖朝東北隅落步，隨即提起右腳跟（胸向東南）；同時，拔刀向南，以陽手把橫掃；左掌依然左右分開；目環視。（圖 6-7-110）

4. 口令：轉

接上動。左腳前弓，承擔體重，以左腳掌為軸，提起右腳成踢毽子一樣的腿形，圓轉 360°，即由南經東向北至西南逆轉平圈（停時胸向西南）；目環視。（圖 6-7-111）

【要求】

① 動作 1：亮刀式的抖腕要求刀尖和把兩頭轉動，而刀身不動，其抖動好比趕大車使用的軟鞭子那樣。

② 動作 2：做小纏頭時不要捲頭縮腦。

③動作3：左腳落步橫扣，不要打夯式地一下子落地，要先以腳跟著地，漸次踏實全腳掌。

【注解】擔山，指神話故事中二郎擔山的形象。

第三十五式　抱刀勢

1.口令：抱

接上式。當圓轉到西南隅的時候一抖，陽手把變陰手把，使刀尖自然轉出一個逆轉的迎面立花；左掌向裏上抄接住刀盤，橫捧於胸前；懸空的右腳以膝關節為軸向裏畫圓，經過左膝內側向西落步（右腳指向地面畫了一個逆轉的平面圈），沉襠成八字騎馬式樁型（胸向南）；兩腋扇起，頭容整齊，通體玲瓏。八面擎空；目視正南。（圖6-7-112）

2.口令：抖　袖

接上動。身體右倚成半撲虎勢過渡；雙手向前掤，圓轉向下、向懷中捲起，復向前抖出，右手掌心向上倒過來，再向上圓轉向懷中，再向胸前兩隅（東南、西南）抖弄袖子，與胸齊平；左手掌心向下，如京劇中抖弄水袖一般；同時，收回左腳向右腳靠近成四平步（停步時胸回復向南）；眼神流露光彩。（圖6-7-113、圖6-7-114）

【要求】身體工整，四肢

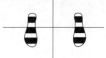

圖6-7-112

圖 6-7-113　　　　　　圖 6-7-114

曲線對稱，頭頂懸和尾閭收。

　　【注解】水袖，是京劇的一種藝術造型。例如向前甩袖表示生氣，舉手到肩頭之上表示驚駭，雙手交叉搭住肩頭表示寒冷等等。本式抖袖是表示練習完畢的意思，如林沖夜奔的甩袖一般。

第三十六式　攜石還巢

1. 口令：歸還原地

　　接上式。身體漸漸起立；雙臂同時下按將到大腿兩側時，退右腳向後（北）大半步成太極勢椿型；雙臂仍徐徐平舉，與肩齊高；眼視遠處。（圖 6-7-115）

2. 口令：收　勢

　　接上動。由右腳承擔體重，收回左腳，與右腳併行，與

圖 6-7-115

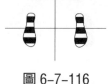

圖 6-7-116

太極拳械運動是中國民族傳統的體育形式。

肩等寬，緩緩起立；放下雙臂，歸還原地，站立猶如勁鬆，氣概依然雄偉，以文象始，以武象終。（圖 6-7-116）

【要求】

① 不矜不張，神態雍容，雖曰習武，文在其中。

② 欲剛先柔，欲揚先抑，輕如柳絮，堅如金石。

【注解】節錄前人詞一首，以作結束。詞云：

神穆穆，貌皇皇，氣象混淪。虛靈俱一心，萬象藏五蘊，寂然不動若愚人。誰知道，陰陽結合在此身。任憑他四面八方人難近，縱有那勇猛過人，突然來侵。

傾在傾，跌在跌，莫測其神。且更有，去難去，進難進，如站在水葫蘆上立不穩，實在險峻，後悔難免隕。豈有別法門，只要功夫純。全憑著，一開一合，一筆橫掃千人軍。

第八節　楊式太極刀步法虛實圖

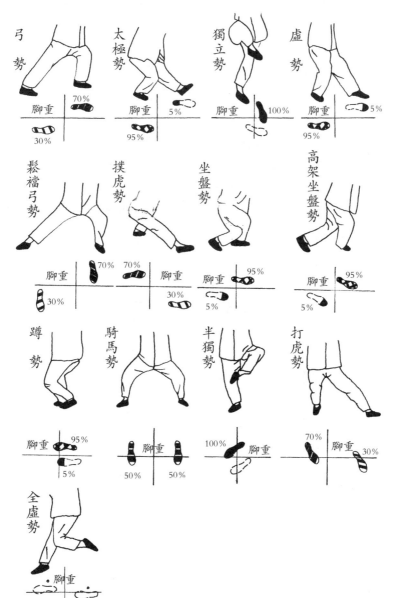

太極拳械運動是中國民族傳統的體育形式。

第九節　楊式太極刀帮學篇

左右跨虎意氣揚，掄刀亮翅暗腿藏。
風捲荷花隱葉底，推窗望月偏身長①。
左顧右盼兩分張，海底撈月下掃蹚。
梨花當頂刀佛面②，織女穿梭應八方。
犀牛回頭把月望，獅子盤球向前行。
取脛下踏犄角勢，巨蟒攔路起芒碭③。
左扇右刮蝶戀花，右擋正推貓行狀。
掉尾撩剁飛腳上，金花落地難提防。
幔頭二起打虎將，鴛鴦腿發半身躺。
纏頭過腦平推放，旱地行舟篙著傷。
滾刀振羽三分浪，墨燕點水龍門搶。
力劈三山風掃葉，卞和攜石世無雙④。

【注釋】

① 偏著身子。
② 梨花比喻白刃。
③ 芒碭，秦末時代劉邦故事中的地名。
④ 卞和，即和氏之璧的故事，見《韓非子》。

第七章
太極對刀

第一節　作者簡言

　　觀摩武術對打套路，無論拳術器械皆不外乎手捷猛打、緊張撲殺。而合乎太極拳原理、正展勻緩的對打套路除太極拳手套路外，兵器方面尚付闕如。至今為止有太極拳四十三式，有八十八式散手對打；太極劍，有武當劍的配合；有五十二式太極棒單練和雙打套路；有太極槍十三勢練臂力的對紮；有四隅四正練步法活絡的大捋，有練穩固的定步推手，唯太極對刀尚為空白。

　　余幾十年來，寫了《太極拳幫學篇》《太極劍幫學篇》《太極棒幫學篇》《太極槍幫學篇》等，只有《刀篇》沒寫。我打破了保守思想，將多年來不敢更動的太極刀，編寫成《太極對刀》。填補了這項空白。

　　這套對刀基本和單練太極刀是一致的，不過在動作上有發展，在步法進退和轉換上有所變動，可以兩人對打，也可以單獨練習，適用於不同年齡的人，但最好是會練太極拳或學過武術兩年者，尤其是學會太極刀的愛好者，更易於學會。太極對刀，即單練的太極刀上下手對打，是我

國傳統套路，是楊式太極拳、刀、槍、劍、棍各藝的一種。太極對刀和太極拳一樣，要求正展緩勻，氣不上浮。鍛鍊方法動靜結合，可使意識集中，大腦安靜，血脈流暢，對於提高健康水準有一定效果。

它有三大作用：一是治療某些因缺乏運動的慢性病，二是可以增強體質預防疾病，三是進一步強壯體格，對日常工作、學習、勞動則勝任愉快。

學會單練不會對打，猶如開花不結果，亦如讀文言文不開講不知其意。練習對打當然主要也是鍛鍊身體，同時也可增加運動量和提高興趣。學會對打也能提高單練姿勢的正確性，它們是相輔相成的。

武術是我國各族人民所喜愛的體育運動之一，深山僻壤代有傳人。武術的範圍既廣且博。武術的項目豐富多彩，余不揣淺陋勉為此作，希有識者和同好者多提寶貴意見，以使此對刀更臻完善。

第二節　太極對刀概說

一、太極對刀的成因

要瞭解太極對刀的前因後果，需要從過去的史實中進行回顧。先從吾師談起。

吾師黃元秀字文叔，號山樵，自稱放翁。係吾同里，居杭州湧金門西子湖畔三雅園。三雅園是歷史上著名的所在，民國後改建，更名「放廬」，乃吾師慕愛國詩人陸放

翁（即陸游）之為人，故自題「放廬」。三面臨湖一面路，風景宜人。

黃師教學督促甚嚴，是吾青少年時期武術與寫作的業師。余日常在水閣子練武習字。1930 年，在浙江省召開全國武術比賽大會，南北武術名師連袂而來放廬者，如孫祿堂（孫式太極拳創造者）、杜心五（《武術匯宗》一書的作者萬籟聲的老師）、李景林（民國時期的江蘇督辦、武當對劍的傳授者）、楊澄甫（楊式太極拳的傳人、浙江省國術館教務長）、陳伯瓊（陳式太極拳的傳人）、曹晏海（上海擂臺式比賽冠軍）、王子慶（全國武術比賽第一名）、田兆先（楊健侯傳人，是最早的太極拳南傳者）、劉百川（安徽省武術名家）等，其他如形意拳名家褚桂亭、張兆東、蘇景由（浙江省國術館館長）。諸般武藝上人，皆余所稔者，時常來放廬打拳舞棒，改革教材，研究太極拳各藝。太極拳散手八十八手對打，即斯時在「放廬」由楊澄甫老師與諸名家研究而產生的。而太極刀楊澄甫老師只是帶了個頭，來不及研究完，留下刀譜，就應聘去廣東矣。

余雖耳濡目染，親身參與過研究，做過實習，實愧無所得。以後雖然進學省國術館、進而被選入中央國術館，畢業後傳授武術多年，因日寇侵略而中輟。然而向慕之心，愛好之念，則未嘗一日去懷耳。

余之初步改進設想，曾得到吾師黃元秀讚賞，得到陳微明、王子平、姜容樵諸老師支持，又蒙陳炎林先生對太極刀單練之修改，蔡龍雲同學和傅鍾文編寫太極刀的啟示。中央國術館諸同學張登魁、馬文奎、張文廣、溫敬銘、何福生、

觀摩武術對打套路，無論拳術器械皆不外乎手捷猛打、緊張撲殺。

康紹遠、蔣浩泉、李錫恩、周士彬等每值公務來京，常來舍下做客，諄諄催促余寫此刀篇，又加以會練太極刀者甚多，余昔日曾有許諾：「待單練純熟後再說雙練。」

憑藉四十年的教學經驗，以及多年運動場上的見聞，楊夢祥先生所傳授的「太極玄門刀」也是促成刀篇的參考資料。故余欣然命筆，寫下刀篇。刀的改革是起源於楊澄甫老師，初步成功雙打於我而已，不足奇也。

二、太極對刀的說明

1. 單練與雙練

單練有兩種，分縱的套路與橫的套路，縱的是直進直退練習，基本功較好；橫的是四隅四正，步法比較活潑，可以直接對練。無論縱的、橫的、雙練的，其手、眼、身法、步解數名稱順序是完全一致的。要注意多一手或少一手就配合不上，這是鑰匙和鎖的關係。

2. 演習的方向

刀篇只是說明東、南、西、北四手的推刀的方向，其他出招與應招以自身左右或對方趨向為準。雙練只要遵循四個方向的推刀，對於打虎勢門戶、藏刀勢門戶、雁振羽門戶、單鞭亮刀門戶是四正之外，其他步法是之字形運動的，旱地行舟和分水刀則是邊緣太極圖形線進行的。所謂之字形或稱彎曲線、拋物線、弧形線，步型都一樣。

3. 演習場地的大小

不依規矩不能成方圓，但也不能作硬性規定。人的個子有高矮，步子有大小，動作有緊寬。場地以五把刀長度為準則，作一渾圓形，中畫一之字形，分東西向為太極圖

形。站東邊面北白色魚形眼上者稱乙，站西邊面南黑色魚形眼上者稱甲。演習完全套動作必須仍歸原位。循規蹈距，反覆演習才能獲益。

4. 左掌的配合

武術上有一句成語，「單刀看手（指左掌），雙刀看走（指步法）」，指明左掌配合的重要性。左掌是催助出刀發勁的，又是平衡動作的助手，一似雄鷹舒展翅膀在天空盤旋時，左高則右低，右高則左低，或開展或斂合棲翔有致，可以模仿。

5. 演習的快慢問題

若急躁有些小手法容易疏忽，太快容易潦草，太慢過於沉悶，運動量也小。單練一套或雙打一套以 8 分鐘為好，8 分鐘以下者，必定有的環節沒有做到或沒有做好。

6. 基本功

基本功主要指手、眼、身、法、步的功夫。所謂「手」者，即掌、拳、肘和腕的舉動法；所謂「眼」者，即左顧右盼、向上向下等看法；所謂「身」者，肩、腰、胯等運動法，如含胸拔背，折疊轉換等式；所謂「法」者，即拳械等各種名稱，各拳各路，各名各法，不勝其述，皆拳路中打人之法也；所謂「步」者，是最重要之事，步為根基，著與不著在步，穩固與否在步，巧與不巧也在步。

俗語說：「手到腳不到，自去尋煩惱，低頭與彎腰，傳授定不高。」這兩句話，概括了手眼身法步五種方法。

太極拳有八種基本步型，即八路站樁法。每種樁法又有高、中、低之分，合計也有二三十種步型明瞭，而且必須要做到。此簡而言之也。

觀摩武術對打套路，無論拳術器械皆不外乎手捷猛打、緊張撲殺。

7. 練刀常識

刀法的特點是盤頭裹腦。盤頭分大盤頭和小盤頭，又分左右盤頭。盤頭的作用是加大出刀的力量。盤頭向後，刀尖向下，刀背必須緊挨己背。握刀稱掄刀法，有陽把、陰把、順把、逆把、裏把、外把共六把，此指手心的方向而言。刀的轉折、圍繞、翻舞，全仗腰部的助力。

8. 風　格

活潑瀟灑，肅穆莊重，兩者都好。捉對兒練習，總要乾淨俐落，不要拖泥帶水，做來似流水行雲，看去如花團錦簇，要那樣才算有風格，練起來不但自己心曠神怡，且能夠使行人駐足，隨我動作的抑揚頓挫而起伏。

第三節　太極對刀動作名稱

預備勢

起　勢

一、甲撩踢；乙推窗望月

二、甲金花落地；乙左顧刀

三、甲幔頭過頂；乙右盼刀

四、甲側身採；乙小纏絲取脛刀

五、甲二起腳打虎勢；乙右擋刀正推

六、甲披身掛鴛腳；乙穿梭刀

七、甲玉環步鴛腳；乙回頭望月

八、甲大盤頭平推刀；乙左右獅子搖頭

九、甲左右旱地行舟；乙左托刀下取脛

十、甲滾推刀；乙右擋刀正推

十一、甲鴻雁振羽；乙藏刀勢扇刮刀

十二、甲左右分水點剁刀；乙托刀掃膛刀

十三、甲魚跳龍門一劈藏刀；乙右擋刀正推

十四、甲二劈刀；乙蒼龍掉尾搠

十五、甲抄刀刺踢；乙撤步撩

十六、甲三劈刀；乙剁刀

十七、甲撲腿亮刀勢；乙獨立亮刀勢

十八、甲藏刀獨立；乙擔刀撩踢

十九、甲推窗望月；乙金花落地

二十、甲左顧刀；乙幔頭過頂

二十一、甲右盼刀；乙側身採

二十二、甲小纏絲取脛刀；乙二起腳打虎勢

二十三、甲右擋刀正推；乙披身掛鴛腳

二十四、甲穿梭刀；乙玉環步鴛腳

二十五、甲回頭望月；乙大盤頭平推刀

二十六、甲左右獅子搖頭；乙左右旱地行舟

二十七、甲左閃刀下取脛；乙滾推刀

二十八、甲右擋刀正推；乙鴻雁振羽

二十九、甲藏刀勢扇刮刀；乙左右分水點剁刀

三十、甲托刀掃膛刀；乙魚跳龍門一劈藏刀

三十一、甲右擋刀正推；乙二劈刀

三十二、甲蒼龍掉尾搠；乙抄刀刺踢

三十三、甲撤步撩；乙三劈刀

三十四、甲剁刀；乙亮刀勢順風掃葉

收　勢

觀摩武術對打套路，無論拳術器械皆不外乎手捷猛打、緊張撲殺。

第四節　太極對刀動作圖解

預備勢

　　甲站白魚目上，面朝南；乙站黑魚目上，面朝北。

　　在直徑五把刀長短的太極圖地形內，互相交撲。雙方同樣，如時針之運轉勻速運行，在不丟不抗，不急不躁，粘連黏隨的過招下，著招者敗，出圈者敗，慌張者敗，忙亂者敗。

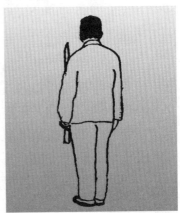

起　勢

歌訣：七星跨虎意氣揚，亮翅掄刀葉底藏。

開始甲、乙各使個門戶，術名叫右轉七星。左手握刀貼於臂前，兩腳分開，與肩同寬，立如青松，雙臂徐徐舒展上提，與肩同高。（圖7-4-1）

隨著漸漸雙手按下，雙腿隨屈，坐如金鐘；雙手胸前合抱，隨勢身向右轉，右手上掤，與眼齊平，握刀手下沉至左腿外側成太極勢。（圖7-4-2）

右手上掤不停，繞至右側上角，不停，復下轉至腰；同時左手上升至髮際，像貓洗面；沉肩前視；坐實右腳，起左腳向前彈踢，齊膝高；腰間右拳隨踢勢在左腕下擊出，兩手交叉，一似太極拳上步七星。（圖7-4-3）

雙手向懷中縮抱；左腳落步左側；右拳上升至右前額，左手落下至左腿外側成左弓勢（圖7-4-4），這一術

圖7-4-1　起　勢

圖7-4-2　右上掤

圖7-4-3　右轉七星

圖7-4-4　七星跨虎

平手捷猛打、緊張撲殺。

觀摩武術對打套路，無論拳術器械皆不外

名叫左轉七星。身向後坐，成右實左虛太極勢，含胸拔背轉腰；左手上升至髮際，右手下沉至右胯旁，左手向左後側掄轉至腰、胯間；右手隨腰左轉勢，由側方至前方高升至髮際，做貓洗面狀；沉肩眼俯視；坐實左腳，彈踢右腳，齊膝高；刀把向右腕上指出，兩手交叉，似太極上步七星。（圖7-4-5）

接上動。提起右膝；雙手交叉，由右膝蓋上按下，隨即向左右分開，向前環抱，如摟大樹之狀；右腳經左腳內側後退一步；左手下沉至左腿側，右手上分，至右額上角；同時，身向後坐成虛勢；極目遠眺。（圖7-4-6）

接著抬左腳；雙手向上、向右繞一橢圓形，再由右向下、向左繞至左肩前，右手接刀；同時，左腳隨下繞勢向左側落步成左弓步勢。（圖7-4-7）

緊接著身體向右旋轉，在旋轉之同時，右腳跟半步在左腳後，坐實成左虛勢；左手向刀背下、向裏旋轉上舉至

圖 7-4-5　左轉七星

圖 7-4-6　白鶴亮翅

圖 7-4-7　掄刀勢

圖 7-4-8　接刀勢

頂；右手握刀不動，成太極勢，刀緊貼於左前臂外側；眼視對方。（圖 7-4-8）

　　接上動。身體向右轉動，坐實左腳，提起右腳成獨立勢；左掌置於左額前，刀置於右腿外側。（圖 7-4-9）

圖7-4-9　風捲荷花(一)

圖7-4-10　風捲荷花(二)

觀摩武術對打套路，無論拳術器械皆不外乎手捷猛打、緊張撲殺。

圖7-4-11風捲荷花(三)

圖7-4-12　葉底藏花

　　刀轉不停，經右腿外側落右腳向右後，刀緣背脊向左盤；提左腳向左腿外側掠過，隨即下蹲落左腳，腳跟著地成太極勢；刀橫置腹前，掌扶刀背。（圖7-4-10、圖7-4-11）

【附注】盤左腳，左手抄（手心向上），再捋下去。此動作圓轉由圖 7-4-8 到圖 7-4-12 是 360°轉體。

右轉不停。坐實左腳，隨轉隨向右後提起右腳成獨立勢；橫刀置於膝下，左掌扶刀背；目前視（圖 7-4-12）。這個姿勢如荷葉招風，飄逸有致，上體擺動，下體盤旋。荷葉招風而不折，賴枝幹之堅韌，動作優美而合理，全仗腰腿之柔和功夫。

一、甲撩踢；乙推窗望月

歌訣：掣刀一晃飛腳上，推窗望月偏身長。

甲掣出膝下藏刀，落右腳大踏步奔去，復上左腳，照乙迎面飛起右腳；在飛腳之同時，刀向後下、再向前掄一圓周；左掌附於右手脈門處。（圖 7-4-13）

乙見飛腳夾刀迎面而來，雙手捧刀格住來刀；同時，右腳向右側落步，擋去來刀後就勢向左圓轉，手扶刀背，向左側做推窗之狀，截甲手腳，成右半弓勢。（圖 7-4-14）

圖 7-4-13　甲撩踢　乙擋刀

圖7-4-14　甲金花落地㈠　乙推窗望月

二、甲金花落地；乙左顧刀

歌訣：金花落地步跟蹌；跟蹌左顧兩分張。

甲見乙推窗，從容收回腳與刀成獨立勢；刀向右腳外側撽刀，向右後做小盤頭，刀背貼脊而過，由左右肩上拔刀，截乙之右腳；在落刀之同時，右腳落步插入乙的右腳前，左腳隨之倒叉步成坐盤勢；左掌置於左額上方，雖砍不中，也使其跟蹌。（圖7-4-15）

乙見甲來砍下路，提右腳向左側跨半步（蓋步勢），左腳向左前方上一步成弓勢；同時，以陽手刀向甲胸頸部畫去；左掌後撐如飛鳥狀；右腳隨分張勢跟上半步成半弓步；

圖7-4-15
甲金花落地㈡　乙左顧刀

觀摩武術對打套路，無論拳術器械皆不外平手捷猛打、緊張撲殺。

目視甲。

三、甲幔頭過頂；乙右盼刀

歌訣：幔頭易按河圖理；挪步右盼又推窗。

甲見勢背（即被動），騰出左腳向左前方踏出，由太極勢漸漸而變左弓勢；同時，以陽手刀上托，刀尖向後，刀刃向上，黏住乙刀成交叉十字，托過乙之挨身削刀，雙手捧刀；目視乙變化。（圖7-4-16）

【附注】當甲金花落地轉二起腳時，腰後仰，刀幔頭過頂，與對方刀交叉變裏手刀，出步成太極勢，左手抄刀，變弓式，刀交左手，右手抬高半尺，左手也落半尺。當對方撩刀至，採對方左手，自己左手過頭，右手在下，兩臂彎成弧形。乙若用刀劈下，即跳起以避之。此法有二：一是邁過刀，左腳再跳；二是左腳前邁一些跳過去。後法比較精彩。注意腳打手。

乙見甲避過換身削畫刀而趨於被動，即含胸後坐，雙手合攏，抬左腳向右橫挪半步（蓋步），復上右腳，刀向

圖7-4-16　甲幔頭過頂　乙右盼刀

觀摩武術對打套路，無論拳術器械皆不外乎手捷猛打、緊張撲殺。

左後由上而下、而前；左手緣刀背而至腕下；左腳跟上半步成右弓勢，此即以跟蹌生法襲擊甲右面半身。（圖7-4-16）

【附注】歌訣「幔頭易按河圖理」，是指舉手投足皆有方寸，確定方位均合理數也。

四、甲側身採；乙小纏絲取脛刀

歌訣：吾使一採伊一折；手折梨花鐵檻闖

甲見右側身遭襲，即將刀交與左手，讓乙刀至，以右手下來乙握刀手，使乙倒地。而乙以並腳下沉緩衝之（採刀消失），以左手搭住採手，以刀把緣甲腕向左折之（這一招即小纏絲），甲被纏立即鬆手。（圖7-4-17）

乙乘機由左轉上削頭部，削之不中，即從右側而下向甲雙腳掃去；在掃腳之同時，左腳橫向甲之右側方跨一大步；雙手捧刀置於左膝上方；回頭望，目視甲，成半弓半馬勢，此時，刀手平置左肋旁。這一招叫「手折梨花鐵檻

圖7-4-17 甲側身採　乙小纏絲取脛刀（一）

圖7-4-18 乙小纏絲取脛刀（二） 甲二起腳打虎（一）

闖」，又叫做「梨花當頂下取脛」。（圖 7-4-18）

五、甲二起腳打虎勢；乙右擋刀正推

歌訣：二起腳來打虎勢；爛銀拂面向西望。

甲見乙「鐵門檻」將到，以二起腳縱身向前跳過（圖

7-4-19），乘左腳落地之
一瞬，趂回踢起右腳（圖
7-4-20），以倒叉勢落在
左腳之後，左腳隨即提起邁
出一步成左鬆襠弓勢；左手
仍抱刀平圈於胸、肩之間；
右拳心向下平圈於胸、腰之
間；目視乙眼。此名為打虎
勢亮相（圖 7-4-21）。

【附注】打虎勢；用倒
叉步，左腳盤出太極步，兩

圖 7-4-19 甲二起腳跳勢
乙下取脛刀（三）

觀摩武術對打套路，無論拳術器械皆不外
乎手捷猛打、緊張撲殺。

圖7-4-20　甲二起腳打虎（二）
　　　　　乙下取脛刀（四）

圖7-4-21
甲打虎勢亮相

手捋至手心轉向上，翻手，手心向下，變鬆襠弓勢。

　　乙轉身照甲面部搖動刀刃；提右腳向前落下，刀提拉至胸前成高架坐盤勢，復進左腳，以太極勢如貓行落步；手扶刀背，漸漸向甲胸、腹間撩去。（圖7-4-22）

圖7-4-22　乙右擋刀正推　甲披身掛鴛腳（一）

觀摩武術對打套路，無論拳術器械皆不外乎手捷猛打、緊張撲殺。

【附注】乙「爛銀拂面向西望」的動作過程：①雙手合取脛；②回抱；③扣步回頭；④坐腰變虛式；⑤擋刀、腳轉圈、盤腿、腳抬起；⑥回抽；⑦太極出步、弓式、推刀、撩刀。

六、甲披身掛鴛腳；乙穿梭刀

歌訣：披身下掛鴛鴦腳；玉女穿梭看八方。

甲見乙晃動刀刃迎面而來，坐實左腳成太極勢；接刀在手，左掌緣刀身翻上，屈肘上舉，與頭同高，刀藏於左臂外側，待乙刀攻入未發之際，向右側身一閃，雙手加右腳一引，右腳外側擦刀背而落步；刀由後轉至頭頂，刀刃朝天；左掌附於右腋前；隨即起左腳向乙面門蹬去。（圖7-4-23）

【附注】甲雙手加腳一引，腳蹬刀身後仰，左手在上，刀在中，右手在下，蹬右腳，擦刀背而落，起左腳上蹬乙面部。然後左腳落地於己身後。兩手交叉，雙腳尖右轉。

觀摩武術對打套路，無論拳術器械皆不外乎手捷猛打、緊張撲殺。

圖7-4-23　乙玉女穿梭　甲披身掛鴛腳（二）

左手上伸，刀變陰手刀。半身斜，抬右腳待乙方刺來，再踢其手腕。右腳擦刀背落步，這不算鴛鴦腳之一。

乙見甲鋪天蓋地而來，右腳向己身後方倒插橫步（參見圖 7-4-23）閃過，披身下掛加一腳，順勢向右轉身 360°，隨轉身下沉成坐盤勢；眼觀八方；左掌由下而上扶右手腕，向上合抱於左肋旁，雙肘擎空，瞅準時機發刀向甲咽喉搠去；隨即提左腳起立成獨立勢；雙手同時左右分開，左掌置於左額上方。

【附注】做倒插橫步，先腳尖著地，避開甲劈刀夾腳。當甲再蹬一腳時，乙腳跟落地閃過「刀夾腳」。此係腳擦刀，非鴛鴦腳（一）之腳。

七、甲玉環步鴛腳；乙回頭望月

歌訣： 玉環腿發斜半身；沿著太極弧線趟。

甲左腳蹬空，見乙轉身鑽入下路，即收回左腳向右後轉身 360°；轉動時左掌穿過右肱下左右圓轉；轉至左腳落地右腳提起，左傾半身；刀藏於左肱下，左掌置於左額上前成弧形。及見乙方搠來時，彈出虛懸之右腳，踢乙腕部，以去其刀（圖 7-4-24）。甲這一抬腿術名「玉環步鴛鴦腳」，即左腳一揚，轉身 360°踢出右腳。此招使用於淺學者，大多中的。

乙見踢腕，抬腕提刀向後回避；循弧線形落左腳走動，以孤雁出群之勢，又退右腳成蓋步，再退左腳成半撲虎勢；左掌由後圓轉至胸前成弧形，拖刀藏於右腿內側，手心朝外；目視甲。此刀法亦叫拖刀之計，誘甲追來，從而擊之以取勝。（圖 7-4-25）

圖7-4-24　乙回頭望月（一）　甲玉環步鴛腳

圖7-4-25　甲大盤頭平推刀　乙回頭望月（二）

八、甲大盤頭平推刀；乙左右獅子搖頭

歌訣：護足盤頭手推放；獅子盤球向前行。

甲見乙使拖刀劈足，立即縮回踢腳緊隨不捨；手起大盤頭，刀經右腿外側落步；右轉腰，翻陽手把盤頭；左轉腰，提左腳，刀經左腿外側，左掌扶刀背由下捲上，橫刀

觀摩武術對打套路，無論拳術器械皆不外平手捷猛打、緊張撲殺。

圖 7-4-26　甲旱地行舟（一）　乙獅子搖頭（一）

於前胸（如漁人搖櫓一般拉回推出）；前進左腳，右腳跟上至左腳後，復進左腳（術名「借步」）成左弓勢，平推乙身，以備發刀。（圖7-4-26）

【附注】甲方護盤頭，腰須兩轉成一個圓。「借步」：大盤頭後，刀由膝下向前抬，再往回下、上（此時右腳補上）。「往回」指往左膝後推出時，上左腳。

乙見甲刀將到，身子略向後閃過鋒芒，以陽手把撩甲握刀手，左掌後撐置於左額上旁，身復向前成弓勢。甲提刀躲開撩腕，格開乙刀向右，以刀尖滑進反撩乙握刀手，成鬆襠左弓勢。（圖7-4-26）

【附注】乙使撩腕是「獅子盤球」的第一招式；甲格開撩腕，還撩腕，是「旱地行舟」的第一招；接著乙方以「獅子盤球」法連續進取，甲以「旱地行舟」法（即一面以獅子大張口形、一面以刀鞭作篙形）連續破招還招。

九、甲左右旱地行舟；乙左托刀下取脛

歌訣：旱地行舟篙著傷；閃過鞭篙下脛掄。

乙見反而被甲撩腕，遂施展連續進招本領，捻開甲刀，向左後邅過撩腕；上左腳與右腳相併；變陰把向甲刀下，由左向右盤入橫削甲腰；左掌隨右手至腕側。（圖7-4-27）

甲看得清楚，有意識讓乙刀入來，從容向左側退左腳一步，同時身輕如燕地運用左轉腰勢一翻，讓過入腰之刀；在運轉之同時，刀由上向後、向下、向前轉一圓圈，撩乙手臂及上身；左手後撐，成右弓勢。（參見圖7-4-27）

乙見第二招被破，刀即向後讓去撩刀，變陽手刀，出左腳向左側橫進一步，刀由甲臂下盤入，左削甲腰，左掌附右腕旁。（圖7-4-28）

甲再次讓乙刀入懷，以利還招。先沿弧形線退右腳一

圖7-4-27　乙獅子搖頭（二）　甲旱地行舟（二）

圖 7-4-28　乙獅子搖頭（三）　甲旱地行舟（三）

步，向右一轉腰，提刀格開乙刀，左掌順勢沿刀背而至右腕，三撩腕。（參見圖 7-4-28）

乙再進招，動作如獅子盤球第二招，破招削腰。

甲再還招，動作如旱地行舟第二招，撩乙右腕向上不捨。

乙連攻四招不著，見甲上撩不捨，隨下轉蹲勢，雙手如飛鳥展翅躲過甲撩刀，左腳向左側橫插一步，就勢鑽入甲右腋下，雙手捧刀削甲右腳。以下動作姿勢如「鐵檻襠」。

【附注】所謂「旱地行舟」者，是一種姿勢動作的比喻，像小船隨波蕩漾，雖有風險，而泰然自若、平穩而行之意。所謂「篙著傷」也是一種比喻，刀是短兵器，這裏要求當長兵器來使用。方法是探身伸展以夠到對方。

十、甲滾推刀；乙右擋刀正推

歌訣：柔腰旋轉向南飛；黏住來刀往北招。

甲見乙搶入削脛，自己處於不利角度時，坐實左腿，提

右腳向左前跨過乙刀（圖7-4-29）；同時提刀下掛，護身落步，抬左腳，以右腳掌為軸心，向右一撐腰旋轉90°；左掌扶刀背，以太極勢落步，徐徐向乙推撩成弓勢。

乙做回頭觀，見甲刀推來，提右腳向左腳後倒插半步，一扭身，抬左腳，以刀背輕撥甲刀，提刀黏住甲刀往回抽拉；落左腳成太極勢；向前手扶刀背，向右格開甲刀，徐徐送刀入甲懷，成弓勢。（圖7-4-30）

圖7-4-29　乙左閃刀下取經　甲旱地行舟（四）

圖7-4-30　乙右擋刀正推　甲滾推刀鬥牛

觀摩武術對打套路，無論拳術器械皆不外乎手捷猛打、緊張撲殺。

甲以含胸拔背、坐胯鬆腰引刀入來，在乙舊力已盡新力未生之際，向右逼開再推刀（向南）。

乙又見甲刀入懷，同樣以含胸拔背、坐胯鬆腰化過，向右格開甲刀（兩刀仍交叉），再行此推刀（向北）成弓勢。

【附注】此式演來如雙推磨，似牛鬥角，進則為弓箭勢，退則為太極勢。兩刀相交，成 x 形，畫地為橢圓形，粘連黏隨，煞是好看，亦見功夫。

十一、甲鴻雁振羽；乙藏刀勢扇刮刀

歌訣：鬥角換步橫頂繞；巨蟒開山迎風掃。

甲乘乙推來，就勢收回左腳與右腳併齊，離開交叉之刀向左盤頭，由右肩拔刀換右腳，上步成弓勢，雙手捧刀向乙耳根削去。（圖 7-4-31）

乙見甲刀向耳根削來，從容不迫橫刀額前，刀手把高、刀尖低，同時左肘墊於刀背下，只一繞彎使甲刀齊頂撩過；同時退左腳於右腳後半步，成高架坐盤勢；同時提右

圖 7-4-31　乙巨蟒開山　甲鴻雁振翅（一）

圖 7-4-32
乙藏刀勢定式

圖 7-4-33
乙藏刀勢 甲鴻雁振翅（二）

腳，順勢右盤頭，左肩撥刀而下，落右腳向前方，藏刀於右腿外側，左掌前撐，食指對鼻成弧形，又成疊襠弓勢，這一姿勢名「藏刀勢亮相」。（圖 7-4-32、圖 7-4-33）

　　甲見削刀被解脫，坐實左腿，趁勢左轉腰，同時提右腳向右、向內、又向左、向前轉一圈，以小趾落地成鬆襠虛勢；同時，掌心擰向左側方成弧形，高與肩齊，小指朝天；與此同時，刀的陽手把變陰手把，置於左肱之下，刀把向下，刀尖側向上；極目遠視。（參見圖 7-4-33、圖 7-4-34）

圖 7-4-34
甲鴻雁振翅定式

　　【附注】甲削乙頭後向左轉身，變左弓勢，伸左手，右手變陰手。左手回兜，手心向內，再向外翻，同時：①

圖7-4-35　乙左扇刀　甲分水刀（一）

右腳轉一圈。②小腳趾著地。③眼前視。須三合而一，聯合動作。

　　乙由藏刀勢亮相，起手使左盤頭，抬左腳向左側前方做撲虎勢；右肩撥刀捲地而起，扇甲之右腳，勢如風捲殘雪，著地而起。起時雙手左右分張，猶蝶戀穿花，故單練有「高低扇刮蝶戀花」之名稱。向左著地曰扇，向右著地而起名刮。（圖7-4-35）

十二、甲左右分水點剁刀；乙托刀掃膛刀

歌訣：劉海戲蟾金鉤釣；脫開金鉤掃膛刀。

　　甲見乙扇刀捲來，以刀下撈，先右弓勢後轉為太極勢，搭住乙刀漸漸提起，左掌附於右腕旁。（參見圖7-4-35）

　　乙隨甲刀漸漸上升，跟右腳於左腳後，俟機而取，形如被鉤懸空之金蟾（圖7-4-36）。當雙刀過頂時，突變陰把，雙手一合蕩開甲刀，提右腳向右側前方、做撲虎勢捲入，雙手前後張開刮甲下盤。（圖7-4-37）

圖 7-4-36　　　　　　　　　　圖 7-4-37
乙劉海蟾戲　甲分水刀（二）　　乙右刮刀　甲分水刀（三）

【附注】盤即盤根，指雙腳。

甲退右腳，刀向右後轉一圈，仍以刀刃搭住乙刀，漸漸提起，左掌附於右額旁。（參見圖 7-4-37）

乙隨之而起立。

甲當提乙刀至肩高時，突用腕力向左右後轉一小圈，同時拖回左腳一震，雙手捧刀，以泰山壓頂之勢直剁乙頂。（圖 7-4-38）

乙見甲刀劈來，立即雙腳一併，雙手托開甲刀（參見圖 7-4-38），向下蹲身，左盤頭過頂，鑽入甲之右腋，插入左腳，向左側橫邁一步，以掃膛刀削甲雙腳（以下手眼身法同鐵檻當）。

圖 7-4-38
乙托刀　甲點剁刀

觀摩武術對打套路，無論拳術器械皆不外乎手捷猛打、緊張撲殺。

觀摩武術對打套路，無論拳術器械皆不外乎手捷猛打、緊張撲殺。

十三、甲魚跳龍門一劈藏刀；乙右擋刀正推

歌訣： 邊緣黑白魚兒跳；寒風背襲東推招。

甲見雙腳被攔，出左腳向左斜方半步，身向左轉迎纏掃膛刀；雙手扇開，趁由下向上之扇勢，起右腳，抬左腳，雙腳在前左後交叉凌空（圖 7–4–39）。沿弧形線由魚黑躍到魚白點，落右腳成獨立勢，雙手平抬，一似太極拳單鞭勢，後手將刀持平。（圖 7–4–40）

【附注】此式先後動作，如魚兒跳躍。

乙見甲躍出，回頭觀，抬右腳，（避）開甲刀，落右腳，上左腳，向東做右擋刀正推刀。整個動作姿勢同西推刀。（圖 7–4–41）

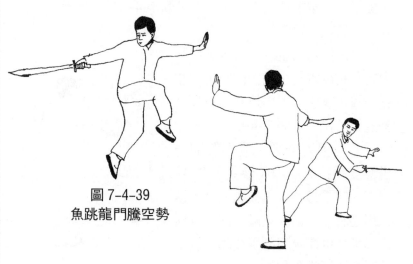

圖 7–4–39
魚跳龍門騰空勢

圖 7–4–40
甲魚跳龍門定式　乙下取脛回頭看

圖 7-4-41　甲一劈藏刀　乙右襠刀正推

十四、甲二劈刀；乙蒼龍掉尾捌

歌訣：當頂一劈千鈞落；金蛇脫殼望胸捌。

甲隨即由獨立勢緩緩下沉，落左腳成弓勢，一似太極拳進步栽捶模樣。刀由後經上往下，藏刀於左膝內側，也做回頭望。見乙刀由後背襲來，捻刀向上，落步成右弓勢，迎乙面門劈下，左掌置於額前。此式似太極劍之流星趕月。（圖7-4-42）

乙見甲劈下有千鈞壓頂之勢，即做「金蟬脫殼」動作以解脫之。乙舉左腳蓋步於右腳前方落步（參見圖 7-4-42）。其餘動作姿勢一

圖 7-4-42　乙蒼龍掉尾　甲二劈刀

觀摩武術對打套路，無論拳術器械皆不外乎手捷猛打、緊張撲殺。

圖 7-4-43　乙藏刀勢　甲單鞭勢門戶

如巨蟒翻騰，一直演到藏刀勢亮相。（圖 7-4-43）

【附注】第二個巨蟒翻身的上步是向右旁蓋步上。

甲見劈刀被撥開，隨乙刀撥勢向下、向上環繞一圈，左掌向左、向下翻上，同時轉一圓圈，向後撐開成弧形，立刀於拳眼上，刀尖朝天，刀刃向前，成騎馬勢，目視乙變。此式猶如小架太極拳單鞭，是四角亮相之一，名曰單鞭亮刀勢。（參見圖 7-4-43、圖 7-4-44）

乙已抄至甲正面，再次做藏刀勢亮相勢，見甲敞開大門（空虛意），即上左腳一步奔入，刀由腰而出，雙手一合，上右腳，左腳震地作響，拍嚓聲撲落，刀往甲心窩搠去。（圖 7-4-45）

十五、甲抄刀刺踢；乙撤步撩

歌訣：抄刀彈踢臁兒骨；接腿撩刀步後撤。

甲見乙抄近至正面，已成敞開大門失卻掩護，此時甲瞧得仔細，向左一側身閃過搠刀，倒插左腳向右腳後，同

圖 7-4-44
單鞭勢門戶定式

圖 7-4-45
乙上步搦刀　甲套步抄刀

時翻刀尖下垂，掩護上體，接住乙刀向上抄起，反使乙下半截失去屏障，雙手前後分開，刀向乙頭上一個虛晃。起右腳，如箭離弦似地踢乙臁兒骨。（圖 7-4-46）

【附注】甲翻刀時金龍鎖口，要蕩開一些回抽。踢時左手與刀前刺，同時分開停於右耳側。乙見甲截踢時，後仰，收回盤腿，再撤步撩刀。

乙見上下遭到攻擊，為對付上晃，即捻刀一轉橫於頭頂，拳骨朝天，拳心向外，以刀之平面托住甲刀下落；對付下踢，提左腳橫底向前，接住來踢，進而還踹之（參見圖 7-4-46）。踹後即縮回後撤一步，同時刀向右後掄轉，上撩甲之陰部

圖 7-4-46
乙上架下踩　甲上刺下踢

及全身（此式如武當對劍的洗）。成右弓式，左掌經右腕向後撐開，置於左額上方。

十六、甲三劈刀；乙剁刀

歌訣：雄鷹展翅從天撲；震足翻腕陰把啄。

甲見乙下踹上撩，急忙對付下踹，縮回右腳向右後擺脫；對付上撩，雙手掄起像掄鎬模樣，刀擔於右肩上方。左掌附於右前臂內側，左腳一箭（即一撐）騰空向後，右腳落地成獨立勢，以居高臨下之勢，照準乙臂一劈下，像雄鷹似地俯衝下來，成疊襠左弓勢。（圖7-4-47）

【附注】甲縮回右腳向右後，俗稱「蝦米倒囤」。右腿後撤，甲避乙上撩刀，從左肋抽刀時，右手刀先行，左手後跟。甲第三劈時，後手即鬆開（即小指、無名指鬆開），走小圈亮相。在單練時，身向右轉起身，右肩抽刀，左腳轉，蓋步（多一些）轉360°，右腿屈勾形似掃膛腿。轉過來外踢，交刀整袖，弓勢收勢。

圖7-4-47　甲三劈刀（一）　乙撤步撩

圖 7-4-48　　　　　　　　　　圖 7-4-49
乙剁刀　甲三劈刀（二）　　　甲亮刀勢

　　乙見撩空，隨即趁甲刀尚未劈下之時，收回雙手，左右分開，即左手向左，右手向右，由下圓轉擎空；一面收回右腳一震，與左腳併齊，或右腳一箭（即一撐），雙腳凌空而起，在空中左右換步（圖7-4-48）。此時甲刀已劈下，乙猛地裏以遮天掩日之勢，變陰把，下撲劈甲前臂，左腳先落地成疊襠弓勢，左掌附於右腕旁。

　　甲見乙騰空翻陰把撲下，一擰腕一提刀，抽回刀置於右肩下，刀尖下垂，平面向前，與左腿坡度相平行，左掌附於右腕旁，雙臂亮勢成圓形，同時身向後坐，成半撲虎勢（圖7-4-49、圖7-4-50），目視乙變。

　　乙見落下刀劈個空，也一擰腕一提刀，抽回刀置於右肩下，刀尖下垂，平面向前，與左腿坡度相平行，左掌附於右腕旁，雙臂亮勢成圓形，同時身向後坐成半撲虎勢，目視甲變。（參見圖7-4-50）

圖 7-4-50　乙擔刀撩踢（一）　甲撲腿亮刀勢

十七、甲撲腿亮刀勢；乙獨立亮刀勢

歌訣：鶴立橫刀氣磅礴；步河法極飛腳續。

甲手起左盤頭，後退左腳一步，提右腳成獨立勢，由右肩掣刀而出，橫於右膝下，左掌扶刀背，目視乙。此式如起勢的「風捲荷花葉底藏」亮勢。（圖 7-4-51）

乙手起左盤頭，抬左腳，如同挑擔灑開大步，落左腳，向後、向前掄轉刀，飛起左腳直奔甲面門，連撩帶踢。

至此，繼續第十八至第三十四式的演練，只是甲接著演練上半套（前邊演練的是下半套），乙則按單練順

圖 7-4-51
乙擔刀撩踢(二)　甲藏刀獨立

序不變。例如：甲演「推窗望月偏身長」，乙演「金花落地步跟蹌」，……至收勢前不再讀文字及圖片。

收　勢

歌訣：甲乙互使刀削脖；振袖抱刀鳳還巢。

當乙演至「雄鷹展翅從天撲，甲演至「震足翻腕陰把啄」，雙方抽刀亮相對峙之時。

乙抬左腳，腳尖左撇落步，手起左盤頭，提右腳向右旋轉，以順風掃葉之勢齊甲頸部削去（圖7-4-52）。此時乙以左腳掌為軸，圓轉360°，落右腳成騎馬勢，交刀與左手環抱胸前，面朝北。（圖7-4-53、圖7-4-54）。

圖 7-4-52
甲躲刀勢　乙順風掃葉削脖刀

圖 7-4-53
乙躲刀勢　甲順風掃葉削脖刀

觀摩武術對打套路，無論拳術器械皆不外乎手捷猛打、緊張撲殺。

甲見乙「順風掃葉削脖刀」來，略一低頭讓過（參見圖7-4-52），抬左腳，腳尖左撇落步，手起左盤頭，趁乙尚在轉動未落步之際，看準由右肩撥刀而出，順乙後脖子砍去（參見圖7-4-53）。此時甲以左腳掌為軸，圓轉360°，落右腳成騎馬

圖7-4-54　甲、乙坐盤振袖

勢，交刀與左手環抱胸前，面朝南。（參見圖7-4-54）

乙接上勢。落步低頭讓過甲的削脖刀。（參見圖7-4-53）

甲、乙同演「振袖抱刀鳳還巢」

雙方左腳倒插於右腳後成坐盤勢，同時雙手向懷內轉動，由下向外翻出，做振衣抖袖之狀，手心朝上。（參見圖7-4-54）

雙方雙手分向左右，由下向上圓轉，仍平置於胸前，手心向下；同時向右橫退右腳，成騎馬勢；目視前方。（圖7-4-55）

雙方由騎馬勢，雙手徐徐下按，身體漸漸起立。挪左腳向右半步，雙腳與肩齊寬。（圖7-4-56）

雙方起立後，向後退右腳半步，坐實成太極勢，重複提雙手，與腰齊高，收回左腳向右腳並齊；雙手自然下垂，仍歸原位於黑白魚眼上。（圖7-4-57）

圖 7-4-55
甲、乙馬步抖袖

圖 7-4-56
甲、乙鳳還巢

圖 7-4-57
甲、乙收勢

平手捷猛打、緊張撲殺。

觀摩武術對打套路，無論拳術器械皆不外

平時練習，必須注意搞定方位，一絲不苟。任憑「二儀四象八卦轉」，記住「六十四爻太極刀」。

正是：

刀映朝霞前，相對舞翩遷，

酣戰一場罷，鍛鍊意志堅。

以此作為結束語。

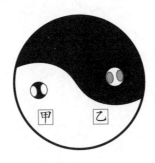

第五節　太極對刀各勢位置圖

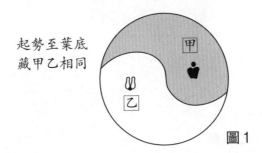

太極對刀各勢位置圖

起勢至葉底藏甲乙相同

圖1

乙、擋刀、推窗望
月、左顧右盼、小
纏絲取脛

甲、撩踢、金花落
地、慢頭過頂、側
身踩

圖 2

甲、二起腳打虎、
披身掛鴛鴦腳

乙、取脛回頭觀、玉
女穿梭、回頭望月

圖 3

甲、大盤頭平推刀
轉退步旱地行舟

乙、回頭望月
轉獅子搖頭

圖 4

乙、獅子搖頭轉左
閃刀下取脛

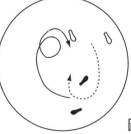

甲、退步旱地行舟
轉滾推刀

圖 5

觀摩武術對打套路，無論拳術器械皆不外乎手捷猛打、緊張撲殺。

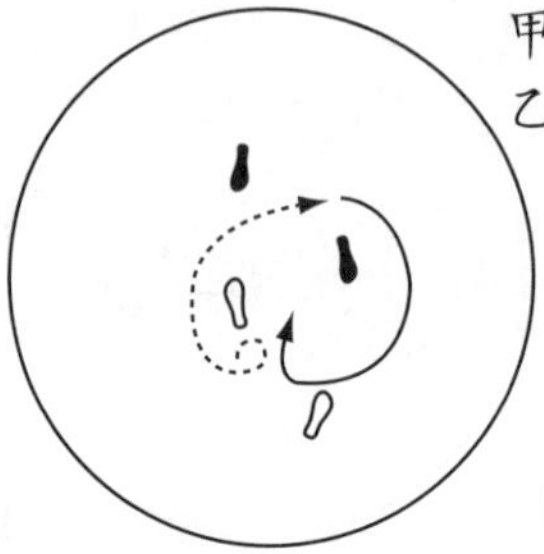

甲：柔腰旋轉向南飛
乙：粘住來刀往北招

甲、滾推刀鬥牛

乙、擋刀斜推

圖6

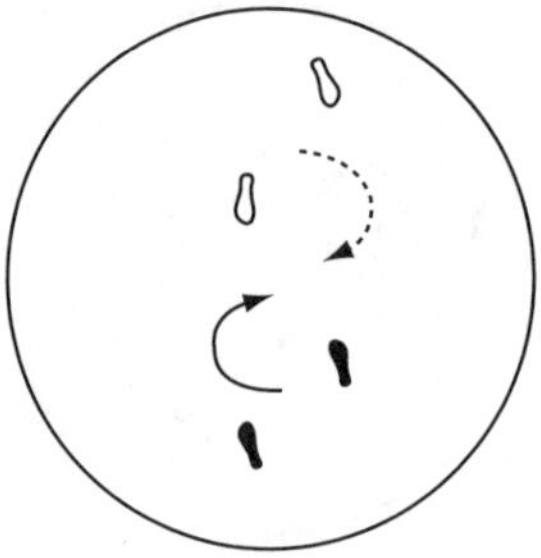

乙、巨蟒開山
轉藏刀

甲、鴻雁振羽

圖7

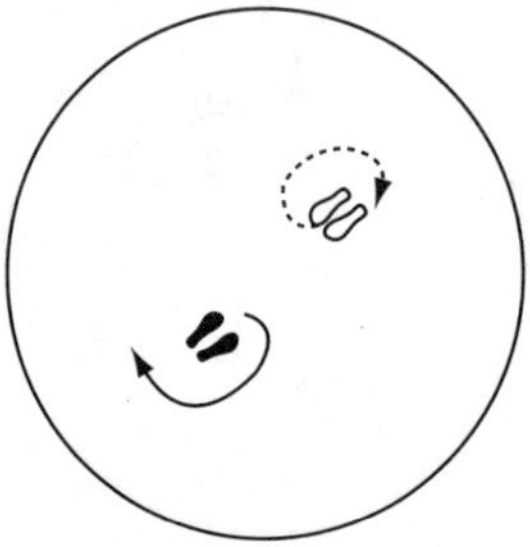

乙、扇、刮、托
刀、轉下取脛

甲、分水、點剁
刀轉龍門跳

圖8

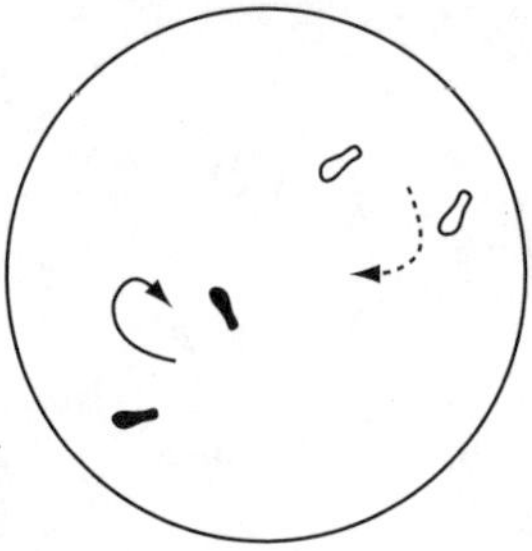

觀摩武術對打套路，無論拳術器械皆不外
乎手捷猛打、緊張撲殺。

乙、擋刀、正推接
藏刀

甲、一劈二劈接
單鞭

圖9

乙、上步捌刀、上架下踩、撤步撩

甲、套步抄刀、上下踢、三劈刀

圖 10

甲、撲腿藏刀接上步擋刀

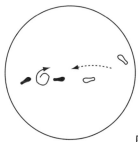

乙、擔刀接撩踢

圖 11

甲、亮、躱削脖鳳還巢

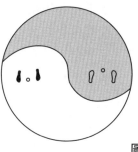

乙、擔、撩順掃鳳還巢

圖 12

觀摩武術對打套路，無論拳術器械皆不外乎手捷猛打、緊張撲殺。

第六節　太極對刀幇學篇

起　勢

七星跨虎意氣揚，亮翅掄刀葉底藏。①

對　打

（甲）　　　　　（乙）

掣刀一晃飛腳上，推窗望月偏身長。

金花落地步跟蹌，跟蹌左顧兩分張，

幔頭易按河圖理，②挪步右盼又推窗。

吾使一採伊一折，手折梨花鐵檻闌，

二起腳來打虎勢，爛銀拂面向西望。③

披身下掛鴛鴦腳，玉女穿梭看八方，

連環腿發斜半身，沿著太極弧線趨。④

護足盤頭平推放，獅子盤球向前行，

旱地龍舟篙著傷，閃去篙過下脛掄。

柔腰旋轉向南飛，粘住來刀往北招，

對角換步橫頂繞，巨蟒開山迎風掃。

劉海戲蟾金鉤釣，⑤脫開金鉤掃膛刀，

邊緣黑白魚兒跳，寒鋒背襲東推招。

當頂一劈千鈞落，金蟬脫殼望胸搠，

抄刀彈踢臁兒骨，⑥接腿撩刀步後撤。

雄鷹展翅從天撲，震足翻腕陰把啄，

鶴立橫刀氣磅礡，步河法極飛腳續。⑦

收 勢

甲乙互使刀抹脖，振袖抱刀鳳帶巢，⑧
兩儀四象八卦轉，⑨六十四爻太極刀。⑩

【註釋】

① 梨花——比喻刀的翻舞下劈。

② 河圖——河圖傳係原始數學的定例，它是下一六，上二七，左三八，右四九，中五十，古代人據此作八卦，進而演進六十四爻象。本篇借此來比喻太極對刀六十四手的交手法則，是按理法而逐漸改進的。

③ 爛銀——比喻白雪紛飛。

④ 太極——簡單解釋，太極圖是渾圓形的，分陰陽黑白。這時象徵練刀的手眼身法步，皆須弧線形運動，注釋為正反、剛柔、動靜、虛實、伸屈等，對立統一的標識。

⑤ 劉海——是古代神話中的一個神仙。

⑥ 兒骨——指小腿脛骨。

⑦ 步河法極——見注釋二、四條。

⑧ 卞和是周代的一位識別玉石的專家，我國歷史上傳為美談的和氏之璧，就是他鑒別的。玉未琢之前稱璞，這是借用來比喻抱真還璞，原神不破碎的意思。

⑨ 兩儀四象——兩儀原意是比天地，這裏是比喻甲乙的運動而產生的變化。四象原意是，太陽、太陰、少陽、少陰，這裏比喻握刀把的四個方向和東南西北以及套路上的四個架式形象，即打虎勢，葳刀勢，單鞭亮刀勢，振翅

勢。

　　⑩ 六十四爻——源於《周易》，爻是交叉形象，又指物之變動，太極兩人交叉運動，倍數是六十四招，亦即六十四爻象。

第八章
楊式太極粘連棍

第一節　作者簡言

　　我幼年時曾習「十三勢太極粘連棒」，因為愛好，四十餘年來仍時常練習，也想把它寫出來，但總是因為不是急需之事，所以一直沒有動筆。如今在北京遇到一個偶然的機會，將此棍教了一些愛好者。在教學的過程中，感到武術套路過去大都口授心傳輾轉授教，不免魯魚亥豕，此其缺點也。武術為我國勞動群眾所創造，亦為廣大群眾所愛好，筆之於書以備參考。

　　我練棍術套路不下二十餘種，就我個人的實踐經驗比較起來，這套「十三勢太極粘連棍」可謂上乘矣。它結構嚴謹，姿勢優美，能單練又能雙打，雙打起來仍是單練的動作。一勢不改，一勢不缺，確是智慧之作。

　　此書我由 1971 年秋寫起，一直沒有空，拖到 1972 年 2 月才算草草脫稿，使我輕鬆不少。

　　注：棒與棍同義

第二節 棍的概說

一、諸家棍法

　　古之棍法，可用於戰鬥。棍之特點，客途旅行不甚顯目，且可代替各種工具。棍法在唐、宋、元、明時代極為流行，套路亦影，理論各異。但主要方法用於戰鬥者計五種：（一）紛絞法；（二）起落法；（三）顧應法；（四）閃電法；（五）出手法。此種五法也，今共不傳。迄乎近世，詢諸能棍之士，亦甚少有能此者。惜千百年來傳其術而無其言，愛好難遇。余志此藉他日有能者，加以闡明耳。

二、關於楊露禪

　　河北永年楊露禪在世時，善能使棍。物之輕者經桿頭沾濡可即起之，物之重者可撥其傾覆。楊澄甫老師嘗云，昔時乃祖露禪公救火時輒以桿頭撥牆垣，斷絕火勢蔓延。且能在馬上以桿頭撥箭落地，此亦絕技也。

三、棍是十八般武器之一

　　自古以來，無其甚多，形狀各異，名稱不一。有的器械來自少數民族，如雙手帶、苗刀。一般所稱十八般武器即：

　　槍、刀、戈、戟、弓、矛、鈀、斧、槊、鉞、爪、（黨）、叉、棍、鎚、劍、鞭、鐧。

　　九環刀、樸刀由單刀而成；弩由弓而成；盾拐，是防禦武器；匕首係由劍而成。總之，一械有一械的特點，一器有一器的手法，不能以槍法論劍法，以刀法論劍法，以免貽笑大方。我意棍必須是棍法，方稱物盡其用。

第三節　棍　制

　　棍之長度，與己身一般長即可，粗細與大拇指與食指比圈為度。選材料以上下粗細均勻而有彈力者為相宜，重量以二斤到三斤為好。過重則澀滯，過粗則漲手。臂力強壯者、運轉不妨礙靈活者，可以自由選用，但以輕便、結實、靈活為原則。

　　材料以木質為佳，最好是產於山東、河南兩省的白蠟桿，性堅韌，經震折，不易斷裂。分青、白兩種，以白者為佳，以節苞少者為佳。有結苞而不大，前後陰陽相對者為佳，能兩根一色成對為更佳。如果保藏得宜，歷時愈久，則其色翻紅，光潤奪目，且能作驗晴雨之器，天欲雨時則暗紅而濕潤，而變軟；晴日則其色鮮紅奪目，覆變硬，光滑得可愛。愛此者視為珍品耳。

第四節　手眼身法步

　　這五大要領，竊宜逐項注意。

　　所謂手者，拳、掌、勾、肘、腕之動作之法則；

269

我幼年時曾習「十三勢太極粘連棒」，因為愛好。

眼者，左、右、上、下、前、後之看法；

身者，肩、胸、腰、胯的動作規矩；

法者，即拳械之各名各世，各套各法。我國武術有悠久歷史，門類繁多，各有特點。它與我國地方語言一樣，不勝其述。但皆不離防禦和制勝二法，防禦制勝即方法，要操練純熟；

步者，即基本功法和靈活轉變，切勿疏忽。步乃重要之法，穩也在步，快也在步，看與不看也在步。此中人云：「手到腳不到，自去尋煩惱。」可知步法之重要。

第五節　棍法的意義

如果沒有搞通棍法的意義，練千萬遍只限於健身而已，絕不能用於實際搏鬥。學棍之路，必須理論與實際相結合。要互相切磋，相互提示，交手練習不可存在賭力之心。棍法在巧妙，而不在力大。彼強我者，謙恭而請教之。不如我者，誠退而指導之。語云：「他山之石，可以攻玉。」

一、所謂功夫

功夫就是時間，時間沒有什麼秘密，也沒有什麼秘訣。能夠交頭接耳，一句話就能解決一切，但也不是翻一個筋頭就能成功的。功夫之練成，其中條件甚多。所遇、所見、所聞，都是機遇。當然，機遇也是自己走出來的，其中遇與見是主要的。

「功夫」二字，初學者如何理解呢？據我個人看，功

夫深淺不是萬夫萬敵，而是先求工作的持久力日漸增長。身體日漸柔軟，強力勞動不致氣喘身搖，手腳日漸輕靈，太陽穴日漸充盈，精神日漸飽滿，目光炯炯，發聲洪亮，思慮周到，耐饑任寒，遇事鎮定，食物香、睡眠甜，此乃真功夫也。

至於克敵制勝，必須在增強體質的基礎上練就一種方法，其方法有賴於手、眼、身、法、步之協調耳。

二、姿勢優美

宋朝有一位拳之專業教師周侗，他教過歷史上許多名將，如文恭、盧俊義、楊在興、余化龍。他最後教的一名學生，就是抗金英雄岳飛。周侗教給楊在興、余化龍的梅花槍和放劍鐧乾淨俐落，姿勢優美。及至教岳飛，已經不是精神抖擻、身段俐落了。所以岳飛的梅花槍中的「簽前三滴水」和「放劍鐧」的神情，已帶傴僂之態。這因為是周侗在臥病中教給岳飛的。此說雖係禪宮闡述，其實很有道理。

所謂名師出高徒，一點不差。青出於藍勝於藍，是毫無異議的。師傅年老，身體日趨僵硬，氣血漸衰，徒弟年輕日漸壯盛，血氣充沛，當然能夠青出於藍而勝於藍的。要在學者心領神會，對技藝要去蕪存菁，廣泛汲取經驗，投訪名師指教，下實際的苦功，不是空口聊聊，也不是盲修瞎練，閉門造車，不如此難以達到致用地步。

我這席話的意思，就是說先有練好的示範，然後才能有優美的姿勢，也就是說優美的姿勢，皆源於練好的示範。

我幼年時曾習「十三勢太極粘連棒」，因為愛好。

三、出棍有勁

此則吾在練勁一文中已談到，今補述之。將內勁達到全身，出棍有波浪翻騰，方法凌厲有致，棍之運轉如雪花繽紛，綿軟而柔和。此全在手、眼、身、法、步協調一致，方能達到。若手、眼、身、法、步有一處不到家，就不能將勁貫於棍端。此在平日水磨功夫，絕無幸致。但只要下過苦功，均能達到。專業者大都能做到，一般玩票中人所能者，幾寥若晨星矣。

四、學以致用

致用的功夫，皆由腳踏實地，科學地、不厭其詳地學習中而來，從互相學習中知道一般規律，到角逐時，才能有幾分把握。雖遇強敵，總不致意外吃虧。角逐是爭取勝負於俄頃間。

人與人之間五官相同，雖然伸手技術各異，而感性則一。我能見彼亦能見，我能打彼亦能打，所以能取勝者，全在熟練與方法。所以，練習須注意用法，懂方法不熟練則等於無。單練既熟，不解對打何從實踐方法，能對打而無勁法亦等於無。總之，功夫不在誇誇其談的嘴把式上，而在腳踏實地的真功夫。

五、身手靈活

俗語說，拳不離手，曲不離口。其意須時常操練，方能得心應手。得心應手，須在手、眼、身、法、步五字上鍛鍊出來。棍法主要在步穩固，步輕捷，才能舉動活潑。

因為愛好。我幼年時曾習「十三勢太極粘連棒」，

六、博學與選學

我國武術門類繁多，各色各異，雖然為了鍛鍊強身，但也有相宜和不相宜之分，從而就有博學與選學之別。如年富力強，環境許可，不妨由博而學，各種流派，各家拳術，均可涉獵。

結果選愛好適己者專修一門；若年事已長，且有職務事繁忙者，則選其與己相宜者習練之，即易於得益也。

七、練　勁

無論練習何種器械，總須將內勁練到四肢，練棍則需將內勁達到棍尖。至於出棍之勁力大小，因體質秉賦之不同，不能苛求。凡能達到械尖出棍如波浪捲然者，則武藝功夫可算到家矣。要達到此步功夫，練習程式不可有差池。先在拳術基本功夫，將身軀之勁貫於臂、肩、腿、足四部，而達到於手尖腳尖。

要做到此步功夫，有老師指導，亦須三四年才成，還要刻苦用功。然後練習短兵器，再則長器械，要使內勁達到械尖，可謂難矣哉。它非徒手可比，練武人謂之浸透三關。第一關，將勁達到棍中。第二關，將勁達到棍端。第三關，將勁達到對方，而將對方撥翻。此三步功夫不在本身力之大小，而在平日水磨工夫耳。由科班出身者，下過苦功夫大都能浸透三關。

八、有勁就有功夫

練棍能使正確的勁法，就是有功夫。不計較勁力的大

小，若學會套路動作而飄浮無力，說明不解勁法，等於器械體操，俗諷之畫道道兒。欲避此弊，須深加研究，才能有新成就。這裏讓我們來研究一下棍法表現於每個式子中的勁法。

示例：1. 獅子搖頭；2. 烏龍擺尾；3. 金蟬脫殼。

以上三個動作皆是陰把走圈，手法似乎相同，但勁法截然不同。

例 1 是崩中兼帶的勁；例 2 是壓勁；例 3 是絞勁。明白了勁法，那麼雖然都是陰把走圈，但清楚地表現出三種不同的動作。

再將十三種勁法包含於棍中。

霸王卸甲（搗勁）；把走泥丸（劈勁）；

漁人撒網（橫勁）；旱地撐舟（攔勁）；

撤步崩帶（帶勁）；太公釣魚（點勁）；

金蟬脫殼（絞勁）；架海金梁（遮勁）；

掃地金波（掃勁）；掄起千斤（壓勁）；

玉柱擎天（撞勁）。

至於「黏」，包含在全套過程當中，但每個式子往往用兩個勁法。例如「把走泥丸」，先攔而後劈。「白虎使剪」，先崩後攔再橫，就是一個名稱有三個勁法的了。所以要仔細研究，悉心揣摩，方能有些成績。太極對棍分上手下手，各有一樣的五十二個式子，其中不同者三十六式，和太極拳同樣。簡言之，對練是練習攻守之法也，上中下三路之技擊也。

此項姿勢皆由實踐中總結而來，研究了人身遭到某種突擊，產生必然的幾種反應和連鎖反應的規律，從而訂出

因為愛好。我幼年時曾習「十三勢太極粘連棒」，

太極棍的手法，亦即克敵制勝的方法也、技術也。絕不是舞蹈動作所可比擬的也。一則是為了增強體質，克敵制勝，所謂武技也；一則是跳跳蹦蹦，為了藝術之美，所謂文藝也。有常識者每能知之。我國幅員廣大，人口居世界之首，有悠久文化，自然會有許多流派，僅太極拳而言，不下數十餘種，但都有深意，要緊的是學者自行探索也。

第六節　十三勢勁法解

勁法就是棍法表現於全套的五十二個式子的手法中。歸納起來，使勁的手法有十三種之多，即剪、搗、劈、橫、攔、帶、點、絞、遮、掃、壓、黏、撞。

剪——通作崩。棍端由側向左、向右或右用腰的活動勁擋開來器，隨即進攻。剪在技擊上是進攻的先導手法。

搗——以棍之兩頭的頂端，直面對方身體的任何部位刺之曰搗，屬進攻手法。

劈——棍之上半截由上直下曰劈，係攻擊手法。

橫——棍之一端，用腰勁橫擊對方曰橫。

攔——棍端向下者，向左或右擋開來器，順手帶擊對方，或截住來器回攔，此係防禦手法。

帶——棍端隨身而後退，避開來器，順手帶擊敵方曰帶，係防禦手法。

點——棍端之前半尺向下一點，隨即提起，似蜻蜓點水之狀曰點，係進攻手法。

絞——以棍端搭住來器，由左而上、而右、而下行一

圓圈曰絞，係防禦手法。

掃——棍身橫行，由左向右、由右向左甩出一圓弧或半月形攻擊對方曰掃，係進攻手法。

壓——以棍端或棍身壓住來器，趁壓住之際而攻擊之曰壓，係進攻先導手法。

黏——以棍搭住來器，隨勢進退，不抗不離曰黏（此勁法最難掌握，非功爐火純青而不能隨心所欲）。

第七節　太極棍歌訣

> 揚手背棍伏虎勢，金勒馬嘴兩分鬃。
> 把走泥丸金輪轉，下掃孤拐上貫風。
> 白蛇吐信連崩帶，獅子搖頭緊把門。
> 馬後拋刀人難進，白虎右剪轉身橫。
> 閃身劈下千鈞棒，旱地行舟到頭顱。
> 烏龍攪得乾坤動，白虎左剪嘯太空。
> 鷂子翻身從天落，豬龍拱地湧泉波。
> 迎風撲面虹跨江，風前擺柳柳擊腰。
> 倒攆股肱撒漁網，霸王卸甲撼山搖。
> 架海拖鞭回身撞，左推右擋獅口張。
> 金蟬脫殼節節遁，巧撥千斤搜三寸。
> 白蛇連吐金勒馬，旁花渡身定陽法。

以上歌訣二十四句，每句有一個式子，有的是幾個式子合成，歌意是模其神兒效其形。

今將名稱含義注釋於下：

1. **泥丸**——指泥丸宮。俗稱人體有上中下三個丹田，亦名泥丸宮。

2. **金輪**——指棍是金色的，輪指轉動。

3. **乾坤**——指天地，這裏是形容氣勢磅礴。

4. **太空**——指宇宙，這裏是形容人之氣概無邊無際。

5. **湧泉**——指湧泉穴，在人體的腳底中心。

6. **豬龍**——豬龍與鱷魚，俗稱別鼉龍，又稱豬婆龍。長二丈餘，背尾有龍甲，為我國特產。力猛能拱蝕堤岸，鳴聲驚人。

7. **白蛇**——指棍色的閃動。

8. **鈞**——一鈞為三十斤，千鈞為三萬斤。

9. **定陽**——鎮定而不亂，陽神不散之謂。

此棍名稱優美，氣魄宏偉。字句質樸而簡明，通俗易懂，顧名思義，觸類可以旁通，有引人入勝之妙。下例：

白虎使剪圖（蔣玉堃繪製）

白虎使剪圖以示氣概，結合棍法歌詞，功到自成。

第八節　太極棍單練動作名稱

第 一 式	揚手起勢		第二十三式	太公釣魚
第 二 式	背棍跨虎		第二十四式	烏龍擺尾
第 三 式	勒馬回頭		第二十五式	白虎左剪
第 四 式	二龍搶珠		第二十六式	雲龍掉首
第 五 式	兩馬分鬃		第二十七式	鷂子翻身
第 六 式	把走泥丸（一）		第二十八式	豬龍拱地
第 七 式	把走泥丸（二）		第二十九式	掃地金波
第 八 式	金輪右轉		第 三十 式	迎風撲面
第 九 式	把走泥丸		第三十一式	飛虹橫江
第 十 式	金輪左轉		第三十二式	風前擺柳
第十一式	鐵帚掃地		第三十三式	右倒捻肱
第十二式	寸步貫耳		第三十四式	左倒捻肱
第十三式	白蛇吐信		第三十五式	漁人撒網
第十四式	獅子搖頭		第三十六式	霸王卸甲（一）
第十五式	撤步崩帶		第三十七式	霸王卸甲（二）
第十六式	獅子搖頭		第三十八式	霸王卸甲（三）
第十七式	撤步崩帶		第三十九式	泰山壓頂
第十八式	馬後拋刀		第 四十 式	架海金梁
第十九式	白虎右剪		第四十一式	架海拖鞭
第 二十 式	雲龍掉首		第四十二式	玉柱擎天
第二十一式	掄起千鈞		第四十三式	左推金山
第二十二式	旱地撐舟		第四十四式	右擋玉柱

在此棍單練上有四個故人名：

太公，即周朝的姜子牙。

行孫，即商朝的土行孫。

敬德，即唐朝的尉遲恭。

霸王，即秦末的西楚霸王。

按：過去諸凡一切藝術作品上，如刀刻圖畫等，隨時隨地能接觸此項圖案，形象生動，姿勢美觀，大約是使學者易於接受，可以舉一反三，從而使教學生動、活潑也。

第九節　太極棍單練動作圖解

第一式　揚手起勢

面西自然而立，兩腳併攏，頭頸正直，下腭略收，胸腹放鬆，肩臂鬆沉；右手持棍，直立於右腳外側，左手輕貼於左腿外側。（圖8-9-1）

右手將棍沿右側向上豎直舉起，左手置於胸前，護住棍

圖8-9-1

圖 8-9-2　　　　　　　　圖 8-9-3

尾；棍交左手後，右手沿棍身下滑至棍尾，陽手接棍；同時向左後方撤左腿成右太極勢（高架虛步），棍頭由上向前下落點地；左手由下循弧形，經左外側至左額上方，左手心向斜上方；目視前方（圖 8-9-2）。猶如太極拳中的白鶴亮翅（左）。

第二式　背棍跨虎

右手將點落在地的棍變把，棍尖沿下弧線收回向上，背棍於右臂後；同時收回右腿，成左高架虛勢；並向前伸出左臂，拳心向下；目視前方。似太極拳高探馬之式。（圖 8-9-3）

復上右腳，併步直立，右手反握把將棍向前舉起，左手置於胸前，從前方護棍。（圖 8-9-4）

隨之左手插於胸與棍間，變陽手托棍，右手下落，以右手為軸，棍沿身右側向前、向上、向後、向下，再向前、向上掄棍立轉一周半，棍內裏立於右前方定位；同時

圖 8-9-4

圖 8-9-5

我幼年時曾習「十三勢太極粘連棒」，因為愛好。

震右腳，換出左步，站南面北，成四六右弓步定式，目視西北方；左手變拳，拳眼向內，虛置於左膝上方，雙臂弓圓，成太極對視之狀。（圖 8-9-5）

第三式　勒馬回頭

持棍右手由上向下，由西向東掄棍立轉一周；同時起右腿，朝西成雙手握棍獨立勢。（圖 8-9-6）

棍繼續下掄至棍尖指向西方地，右手上抽棍頭；左手由掌心變為掌背外側支撐棍身；右腿向身

圖 8-9-6

圖 8-9-7　　　　　　　　　圖 8-9-8

後（向東）落下，向東成右弓步，回頭目視身後（西方），似勒回頭馬。（圖 8-9-7）

第四式　二龍搶珠

　　左腿邁至右腿前方（向東）（圖 8-9-8）；右手向上提棍，同時向右轉身，轉至朝西時，提右膝成獨立式（圖8-9-9）；持棍右手由上向下，由東向西，由手臂帶動在身右側掄棍立轉一周半，左手在右膝前上方，用虎口接搭棍，棍成前高後低，站立為前盤腿獨立勢（圖 8-9-10）；向右前方（西北）落步成右弓步，右手將棍尾抽至右胯；穿過棍尖目視前方。（圖 8-9-11）

第五式　兩馬分鬃

　　左腳走太極步至左前方（西南方）（圖 8-9-12）。隨後重心由右腿移至左腿，右腳同以太極步跟上至左腳右前方（西南方）；同時右手滑至棍頭，左手帶棍，沿右腳外

圖 8-9-9

圖 8-9-10

圖 8-9-11

圖 8-9-12

我幼年時曾習「十三勢太極粘連棒」，因為愛好。

側畫過上挑成右虛步（圖 8-9-13）。完成第一個野馬分
鬃。復前組動作，右腳橫開步至右前方（西北方）（圖
8-9-14），隨後重心由左腿移至右腿，左腳仍以太極步跟
上至右腳左前方（西方）；同時左手滑至棍頭，右手帶棍
沿左腳外側畫過上挑成左虛步（圖 8-9-15）。完成第二個
野馬分鬃。

圖 8-9-13　　　　　　　圖 8-9-14

圖 8-9-15　　　　　　　圖 8-9-16

第六式　把走泥丸（一）

　　提左膝成左半獨立勢，躲開前方點脛攻勢；同時，棍頭沿弧線下掃，藉以攔開前方進攻器械。（圖 8-9-16）

圖 8-9-17

圖 8-9-18

第七式　把走泥丸（二）

在躲開點脛後，右腿向前（向西）落下；同時，右手向上抽棍，左手下滑至棍頭；隨後右轉身帶右腿邁向前方（西方），右手滑至棍腰倒把立掄劈向前方（西方）。（圖 8-9-17）

第八式　金輪右轉

右腿帶身向前（西方）攻半步；同時，將棍以右手為軸向前立轉倒把半周，向前（西方）進攻，目視前方。（圖 8-9-18）

第九式　把走泥丸

左手向上抽棍，右手下滑至棍頭；隨後以身帶左腿邁向前方（西方）；棍尾同時立掄劈向前方。（圖 8-9-19）

我幼年時曾習「十三勢太極粘連棒」，因為愛好。

圖 8-9-19　　　　　　　圖 8-9-20

第十式　金輪左轉

左腿帶身向前（向西）攻半步；同時，將棍以左手為軸向前立轉倒把半周，繼續向前（向西）進攻。（圖 8-9-20）

第十一式　鐵帚掃地

掀左腳，左手滑向棍頭，右手握住棍腰，左轉身帶右腿邁向前方（西方），同時將棍掃向前方（西方）腿脛處（圖 8-9-21）。即下掃孤拐。

第十二式　寸步貫耳

右腳向前（向西）進攻半步跟上；同時，右手將棍向右上畫半弧，舉至耳部高度，用棍頭點擊前方（圖 8-9-22）。動作猶如太極拳的「雙風貫耳」，故稱「上貫風」。

因為愛好。我幼年時曾習「十三勢太極粘連棒」，

圖 8-9-21　　　　　　　圖 8-9-22

第十三式　白蛇吐信

　　上左步成半蹲併步勢；右手上滑至棍頭，隨著併步將棍向前（向西）脛部點出。（圖 8-9-23）

圖 8-9-23

我幼年時曾習「十三勢太極粘連棒」，因為愛好。

圖 8-9-24

圖 8-9-25

第十四式　獅子搖頭

右腿向後（向東）撤半步；同時，右手將棍回抽至腰間，左手逆時針向左畫壓半弧；在撤步的同時，目視前方（西方），用棍壓纏前方（西方）進攻的器械。（圖 8-9-24）

第十五式　撤步崩帶

左腿隨身體向後（向東）撤至右腿後側；同時，左手上滑至棍頭，右手向右順時針崩帶半弧，在後撤的同時，用棍逼開前方（西方）進攻的器械。（圖 8-9-25）

第十六式　獅子搖頭

左腿繼續向後（向東）撤半步，同時，右手向左壓畫半弧，在撤步的同時，用棍壓纏前方（西方）進攻的器械。（圖 8-9-26）

圖 8-9-26

圖 8-9-27

第十七式　撤步崩帶

　　左腿繼續向後（向東）撤半步；同時，右手握棍腰向右崩帶半弧；目視前方，用棍逼開前方進攻的器械（圖8-9-27）。四個連續防守緊把門戶。

第十八式　馬後拋刀

　　右腿向後（向東）插至左腿前；同時，右手下壓棍頭，攔前方掃脛器械；回觀前方（西方）。防守做到進攻者人難進。（圖8-9-28）

圖 8-9-28

我幼年時曾習「十三勢太極粘連棒」，因為愛好。

圖 8-9-29　　　　　　　　圖 8-9-30

因為愛好。

我幼年時曾習「十三勢太極粘連棒」，

第十九式　　白虎右剪

以右手握棍腰為軸，下蹲成坐盤勢；同時，左手將棍端下壓，棍頭向上擋住前方（西方）掃向頭部的器械；目視前上方。（圖 8-9-29）

第二十式　　雲龍掉首

左轉盤起身，以右腿為軸，抬左腿轉一周；同時，右手上滑至棍頭，左手握棍腰，隨轉身棍頭沿腿外側立掃一周（圖 8-9-30）；左腳外撇在左前方落下，右腳隨左轉身向前上步成右弓步；同時，左手上滑至棍頭，右手握棍腰立掄向前砸下（圖 8-9-31）；右腿向前（向西）跟半步，棍向右順時針纏繞半周。（圖 8-9-32）

第二十一式　　掄起千鈞

右轉身，上左步成併步勢；右手上滑至棍頭，左手滑

圖 8-9-31

圖 8-9-32

圖 8-9-33

圖 8-9-34

動掄棍隨著併步將棍立掄向前方（向西）壓下，面北視西方（圖 8-9-33）

第二十二式　旱地撐舟

　　向西從左腳後倒插右腳；右手抽棍（圖 8-9-34）；右轉身，向西前插左腳，同時將棍前插下方（西方），攔擋

圖 8-9-35　　　　　　　　圖 8-9-36

前方進攻腳部之器械，回視西方（圖 8-9-35）。猶如行舟撐船。

第二十三式　太公釣魚

左腳（向東）退至右腳後，換步抬盤右腿成右半獨立勢，用以躲開掃拐之器械；同時，以右手為軸倒把立轉棍半圓，橫舉棍齊耳高，用棍端點擊前方；目視前方。（圖 8-9-36）

第二十四式　烏龍擺尾

左轉身，右腳落於左腳前方（東方）半步，棍護腿而下（圖 8-9-37）；以右腿為軸，轉身面向西北，滑把為左手握棍腰，抬左腿成左獨立勢，同時用棍膛掃前方點擊脛部之器械（圖 8-9-38）；在擋掃前方器械後，用棍由下向上纏住對方器械，左腿後落（向南）成右弓步，目視前方（西方），成壓棍定式，即用棍壓住對方器械。（圖 8-9-39）

圖 8-9-37

圖 8-9-38

圖 8-9-39

圖 8-9-40

第二十五式　白虎左剪

　　左腳前插於右腿前成坐盤勢；左手握棍橫搪（向北），身坐南朝北，目視西上方。（圖 8-9-40）

圖 8-9-41　　　　　　　　圖 8-9-42

第二十六式　雲龍掉首

以左腿為軸右轉身盤起，面南成左獨立勢；滑棍為右手握棍腰，棍於右腿外側護擋掃腿之勢（圖 8-9-41）；右腳環轉落於右前方（西北方），成右疊襠弓勢，滑棍為左手握棍腰，劈向前方（西方）（圖 8-9-42）。復上左腿成左弓馬勢，同時左手往回勒棍，搪開前方器械。（圖 8-9-43、圖 8-9-43 附圖）

第二十七式　鷂子翻身

左手舉棍，原地抬左腿，隨即踏左腳，劈棍於前方（西方）；左腳落地後，隨即右轉身，身向東，右腳與棍平行指西。抽掄棍，帶動身體翻轉躍起身向西，換右腳落地，同時舉棍（圖 8-9-44、圖 8-9-45）。左腳落於右腿後方成右弓步，高舉棍順勢劈下（圖 8-9-46）；目視前方（西方）。

圖 8-9-43　　　　　　　　圖 8-9-43 附圖

圖 8-9-44　　　　　　　　圖 8-9-45

第二十八式　豬龍拱地

　　收右腿成虛勢，同時向後帶棍（圖 8-9-47）。復向前
上步成右弓步；左手滑向握棍頭的右手，共同持棍向左前
下方撞去（圖 8-9-48），進攻前方脛部。

我幼年時曾習「十三勢太極粘連棒」，因為愛好。

圖 8-9-46

圖 8-9-47

圖 8-9-48

第二十九式　掃地金波

　　上左腳倒插成坐盤勢，右手持棍頭為軸，左手持棍向左、向後逆時針平轉盤頭（圖 8-9-49）。左手繼續向右、向前盤繞，置右手於左腋下，左手展開棍止於正前方；目視前方（西方），用棍橫掃前方小腿處。（圖 8-9-50）

圖 8-9-49

圖 8-9-50

圖 8-9-51

第三十式　迎風撲面

　　左手握棍腰回撥右耳旁，用棍攔開擊向頭部的器械（圖 8-9-51）。隨即盤起身，抬右腿，盤右腳成右獨立勢；右手握棍頭經右下向右上抽舉，至頭右側上；左手握棍腰，立棍從右向左在左腳前撥擋，左手止於左胯旁（圖

我幼年時曾習「十三勢太極粘連棒」，因為愛好。

圖 8-9-52

圖 8-9-53

因為愛好。

我幼年時曾習「十三勢太極粘連棒」，

圖 8-9-54

8-9-52）。向前落右腳成右弓步，左手滑至棍下端，提回於左腰旁，右手持棍腰，從右肩部隨身落步向前（西）劈壓棍（圖 8-9-53、圖 8-9-54），以擊前方。

第三十一式　飛虹橫江

左腿前跨成左弓步；右手滑至棍頭為軸，同時鬆開持

圖 8-9-55

棍左手，右手就勢翻棍展開，加長棍身劈向前方（西方），左手舉於左額前；目視前方。（圖 8-9-55）

第三十二式　風前擺柳

　　抽抬右腿成右獨立勢；同時，右手持棍向下、向後、向上、向前在身右側立掄一周，收於右胯旁（圖 8-9-56）。落右腿，跟左腳成半蹲併步，雙手合握棍，就勢從腰間戳出。（圖 8-9-57）

圖 8-9-56

我幼年時曾習「十三勢太極粘連棒」，因為愛好。

圖 8-9-57

因為愛好。

我幼年時曾習「十三勢太極粘連棒」，

第三十三式　右倒捻肱

撤左步成右弓步，滑棍倒把，左手握棍尾，右手握棍腰，右手以腰帶棍，由下向後、向左、向右前順時針畫小弧纏壓住前方器械。（圖 8-9-58）

第三十四式　左倒捻肱

撤右步成左弓馬勢；滑棍倒把，右手握棍尾，左手握棍腰，左手以腰帶棍，由下向後、向左上、向右前順時針畫小弧纏壓住前方器械，目視前方。（圖 8-9-59）

第三十五式　漁人撒網

以左腿為軸反轉身半周，至身向南，成左鬆襠弓勢；右手單手握棍，以身帶棍隨腰轉橫掄，止於前方（西方），左手外翻舉於左額前側，成擊前方腰勢。（圖 8-9-60）

圖 8-9-58

圖 8-9-59

圖 8-9-60

第三十六式　霸王卸甲（一）

　　撤左腿倒插於前方（西方）成左倒插步；同時，平抽滑棍到左手握棍尾，右手握棍腰（圖 8-9-61）。左轉腰成右弓步，棍向下、向後立轉（圖 8-9-62）。繼續左轉身，擺左腳，重心坐向右落左腿；右手沿棍向下滑動；成左弓

圖 8-9-61

圖 8-9-62

因為愛好。　　我幼年時曾習「十三勢太極粘連棒」，

圖 8-9-63

圖 8-9-64

步右手握棍尾，棍經左手滑動，從肩上戳向前方（西方）。（圖 8-9-63、圖 8-9-64）

第三十七式　霸王卸甲（二）

上右腿成弓馬勢；左手滑向棍頭，右手滑至棍腰，翻蓋棍頭砸向前。（圖 8-9-65）

圖 8-9-65

圖 8-9-66

圖 8-9-67

第三十八式 霸王卸甲（三）

重複霸王卸甲（一）。（圖 8-9-66、圖 8-9-67）

第三十九式 泰山壓頂

上右腳成半蹲併步勢；左手滑向棍頭，鬆開右手，以左

因為愛好。

我幼年時曾習「十三勢太極粘連棒」，

圖 8-9-68

圖 8-9-69

手為軸立翻轉棍，合手將棍蓋壓向正前方。（圖 8-9-68）

第四十式　架海金梁

　　兩腳各後退一步（右腳先），仍成併步；右手逆時針轉腕抽棍，與左手同時上舉成架托之勢；目視前方（西方）。（圖 8-9-69）

因為愛好。

　　我幼年時曾習「十三勢太極粘連棒」，

圖 8-9-70

圖 8-9-71

第四十一式　敬德拖鞭

繼續後退一步，仍成併步；左手順時針轉腕滑棍，雙手同時下壓於身前腰下。（圖 8-9-70）

第四十二式　玉柱擎天

擺右腳；右手抽棍，雙手分開上舉（圖 8-9-71）。上

圖 8-9-72

圖 8-9-73

圖 8-9-74

圖 8-9-75

左腿（向東）扣左腳右轉，舉棍倒把，棍東西方向不變（圖 8-9-72）。擺右腳，繼續右轉，落下雙臂（圖 8-9-73）。疊步右轉身至前方（西方）（圖 8-9-74）；疊步定式，隨身下蹲，將棍橫於腰前撞壓；目視前方。（圖 8-9-75）

圖 8-9-76

圖 8-9-77

第四十三式　左推金山

上左步成左弓馬步；右手握棍尾，左手持棍腰，左高
右低隨上步向右前攔擋。（圖 8-9-76）

第四十四式　右擋玉柱

復上右腳，左轉腰；同時，右手滑握棍腰，向上前方
（西方）點擊；目視前方。（圖 8-9-77）

第四十五式　獅子張口

上左步成左弓步；左低右高立握棍，向前推出擋於身
右側前。（圖 8-9-78、圖 8-9-79）

第四十六式　金蟬脫殼（一）

退左腳成右側併步；同時左手握棍腰，右手握棍尾順
時針畫弧外壓，纏壓前方器械；目視前方。（圖 8-9-80）

圖 8-9-78

圖 8-9-79

圖 8-9-80

圖 8-9-81

第四十七式　金蟬脫殼（二）

　　先撤右腳，復撤左腳，仍成右側併步，重複「金蟾脫殼（一）」動作纏壓前方器械；目視前方。（圖 8-9-81）

圖 8-9-82

圖 8-9-83

第四十八式 行孫入遁

重複「金蟾脫殼(二)」動作纏壓前方器械（圖8-9-82）。左腳撤於右腿後成右盤蹲勢；右手握棍尾，左手握棍腰向左肩回帶，用以撥擋前方擊來器械。（圖8-9-83）

第四十九式 棒搜三寸

上左腳成左弓步；隨上步用腰勁將棍向前戳出（圖8-9-85）。重心往回坐，同時右手握棍尾回抽，復右腳倒插，雙手舉棍，右高左低於頭頂，就身體向前之力，

圖 8-9-84

圖 8-9-85

持棍點前方（西方）三寸（喉部）之處。（圖 8-9-86）

第五十式　白蛇吐信

　　起左腳，左轉身，面向前（向西）成獨立勢；左手握棍腰，右手握棍尾，落棍於腰間（圖 8-9-86）。落左腿成左弓馬步；右手握棍回抽，目視前方（圖 8-9-87）。上右

圖 8-9-86

圖 8-9-87

圖 8-9-88

腳併步跟上成半蹲併步勢；右手握棍尾，隨身進前戳點前方。（圖 8-9-88）

第五十一式　勒馬回頭

起右腿成獨立勢；左手為軸，右手握棍尾逆時針轉腕（圖 8-9-89）。右腿後（向東）落成右弓勢；右手抽棍背

圖 8-9-89

我幼年時曾習「十三勢太極粘連棒」，因為愛好。

圖 8-9-90　　　　　　　　圖 8-9-91

於左肩前，左手支棍於左胯外，回視前方，如勒馬回頭之勢。（圖 8-9-90）

第五十二式　左右旁花

上左步（向東）扣腳；左手持棍滑向腰間（圖 8-9-91）。左手持棍蓋過右手，左手上右手下交叉，棍貼身立轉於左身旁（圖 8-9-92）。

棍頭置於下方時，滑向身體右側，繼續貼身立轉棍於右身旁，右轉身，繼續立轉棍頭朝上時，上左步成左前插步，倒把右手蓋過左手，右手上左手下交叉，棍貼身立轉於左身旁至棍尾朝下（圖 8-9-93）。繼續右轉身至面朝前（朝西方）；同時右手持棍，用棍尾

圖 8-9-92

我幼年時曾習「十三勢太極粘連棒」，因為愛好。

圖 8-9-93

圖 8-9-94

隨轉身繞身攔掃，以左虛步定式，棍與身形猶如定陽神針。（圖 8-9-94）

第五十三式　背棍跨虎

　　略開步成左弓馬勢；左手鬆棍伸向前方（西方），右手握棍背立於右臂後（圖 8-9-95）。跟右腳併步立身；右手將棍由下向上翻棍，右手上舉立棍，左手橫於胸前護棍（圖 8-9-96）。左手插於胸與棍間，變陽手托棍，右手下落，以右手為軸，棍沿身右側向後掄棍立轉一周，棍內裏立於右前方定位；同時震右腳，換出左步，站南面北，目視西

圖 8-9-95

我幼年時曾習「十三勢太極粘連棒」，因為愛好。

圖 8-9-96

圖 8-9-97

我幼年時曾習「十三勢太極粘連棒」，因為愛好。

北方，成四六右弓步定式；左手變拳，拳眼向內，虛立於左膝上方，雙臂弓圓，成太極對視之狀。（圖 8-9-97）

第五十四式　落棍收勢

　　跟右腳併步立身，落棍，兩腳併攏，自然而立，胸腹放鬆，肩臂鬆沉；右手持棍直立於右腳外側，左手貼於左腿外側如起勢，還原。（圖 8-9-98）

圖 8-9-98

第十節　太極粘連棍對練名稱表

	甲	乙		甲	乙
一	揚手起勢	揚手起勢	二十八	豬龍拱地	旱地撐舟
二	背棍跨虎	背棍跨虎	二十九	掃地金波	太公釣魚
三	勒馬回頭	勒馬回頭	三十	迎風撲面	烏龍擺尾
四	二龍搶珠	二龍搶珠	三十一	飛虹橫江	白虎左剪
五	兩馬分鬃	兩馬分鬃	三十二	風前擺柳	玉柱擎天
六	把走泥丸(一)	白蛇吐信	三十三	右倒捻肱	左推金山
七	把走泥丸(二)	獅子搖頭	三十四	左倒捻肱	右擋玉柱
八	金輪右轉	撤步崩帶	三十五	漁人撒網	獅子張口
九	把走泥丸	獅子搖頭	三十六	霸王卸甲(一)	金蟬股殼(一)
十	金輪左轉	撤步崩帶	三十七	霸王卸甲(二)	金蟬股殼(二)
十一	鐵帚掃地	馬後拋刀	三十八	霸王卸甲(三)	行孫入遁
十二	寸步貫耳	白虎右剪	三十九	泰山壓頂	棒搜三寸
十三	白蛇吐信	雲龍掉首	四十	架海金梁	白蛇吐信
十四	獅子搖頭	金輪右轉	四十一	敬德拖鞭	風前擺柳
十五	撤步崩帶	把走泥丸	四十二	玉柱擎天	右倒捻肱
十六	獅子搖頭	金輪左轉	四十三	左推金山	左倒捻肱
十七	撤步崩帶	鐵帚掃地	四十四	右擋玉柱	漁人撒網
十八	馬後拋刀	寸步貫耳	四十五	獅子張口	霸王卸甲(一)
十九	白虎右剪	白蛇吐信	四十六	金蟬脫殼(一)	霸王卸甲(二)
二十	雲龍掉首	鷂子翻身	四十七	金蟬脫殼(二)	霸王卸甲(三)
二十一	掄起千斤	豬龍拱地	四十八	行孫入遁	泰山壓頂
二十二	旱地撐舟	掃地金波	四十九	棒搜三寸	架海金樑
二十三	太公釣魚	迎風撲面	五十	白蛇吐信	敬德拖鞭
二十四	烏龍擺尾	飛虹橫江	五十一	勒馬回頭	勒馬回頭
二十五	白虎左剪	風前擺柳	五十二	左右旁花	左右旁花
二十六	雲龍掉首	倒捻股肱(橫)	五十三	背棍跨虎	背棍跨虎
二十七	鷂子翻身	掄起千鈞	五十四	落棍收勢	落棍收勢

注：甲方全部以單刀的順序進行對練。

乙方從第六式開始變招，首先進攻。

我幼年時曾習「十三勢太極粘連棒」，因為愛好。

第十一節　太極粘連棍對練
動作圖解

一、甲揚手起勢；乙揚手起勢

　　甲：立西面東，乙：立東面西，兩棍長距離相對而立。雙方均兩腳併攏，頭頸正直，下頦略收，胸腹放鬆，肩臂鬆沉；右手持棍直立於右腳外側；左手輕貼於左腿外側。（圖8-11-1）

　　甲乙同做起勢。右手將棍沿右側向上豎直舉起，左手置於胸前，護住棍尾；棍交左手，右手沿棍身下滑至棍尾，陽手接棍；同時向左後方撤左腿成右太極勢（高架虛步）；棍頭由上向前下落點地；左手由下循弧形，經左外側至左額上方，左手心向斜上方，目視前方。（圖8-11-2）

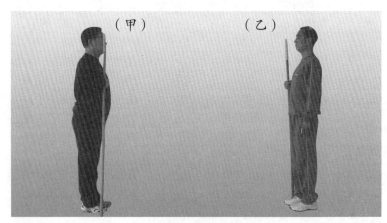

（甲）　　　　　（乙）

圖 8-11-1

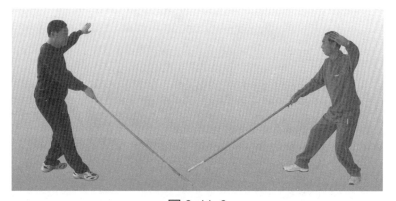

圖 8-11-2

二、甲背棍跨虎；乙背棍跨虎

雙方均以右手將點落在地的棍變把，棍尖沿下弧線收回向上，背棍於右臂後；同時，收回右腿，成左高架虛勢；並向前伸出左臂；目視前方，似太極拳之高探馬。（圖 8-11-3）

圖 8-11-3

因為愛好。　我幼年時曾習「十三勢太極粘連棒」，

圖 8-11-4

　　復上右腳併步直立，右手反握把將棍向前舉起，左手置於胸前，從前方護棍。（圖 8-11-4）

　　左手插於胸與棍間，變陽手托棍；右手下落，以右手為軸，棍沿身右側向前、向上、向後、向下，再向前、向上掄棍立轉一周半，棍內裏立於右前方定位；同時，震右腳，換出左步；目視前方，成四六右弓步；左手變拳，拳眼向內，虛置於左膝上方，雙臂弓圓，成太極對視之狀。（圖 8-11-5）

三、甲勒馬回頭；乙勒馬回頭

　　雙方均以持棍右手由上向下、向前掄棍立轉一周；同時，起右腿，朝前成雙手握棍獨立勢。（圖 8-11-6）

　　棍繼續下掄至棍尖指向前方地面，右手上抽棍頭，左手由掌心變為掌背外側支撐棍身；右腿向身後落下，成向

圖 8-11-5

圖 8-11-6

我幼年時曾習「十三勢太極粘連棒」，因為愛好。

圖 8-11-7

後右弓步；回頭互視，似勒回頭馬（圖 8-11-7）

四、甲二龍搶珠；乙二龍搶珠

雙方均左腿邁至右腿前方（圖 8-11-8）。右手向上抽提棍，同時向右轉身，轉至朝前（相對）時，提右膝成獨立勢（圖 8-11-9）。持棍右手由上向前下、向下、向後、

圖 8-11-8

因為愛好。

我幼年時曾習「十三勢太極粘連棒」，

圖 8-11-9　　　　　　　　圖 8-11-10

向上、向前由手臂帶動，在身右側向前掄棍立轉一周半，左手用虎口接搭棍，在右膝前上方，棍成前高後低，為前盤腿獨立勢（圖 8-11-10）。向右前方落步成右弓步；右手將棍尾抽至右胯，穿過棍尖，甲乙雙方互視對方。（圖 8-11-11）

我幼年時曾習「十三勢太極粘連棒」，因為愛好。

圖 8-11-11

五、甲兩馬分鬃；乙兩馬分鬃

雙方均以左腳走太極步至左前方（圖8-11-12）。隨後重心由右腿移至左腿，右腳同以太極步跟上至左腳右前方；同時，右手滑至棍頭，左手帶棍沿右腳外側畫過上挑，成右虛步（圖8-11-13）。完成第一個野馬分鬃。重複前組動作，右腳橫開步至右前方（圖8-11-14）。隨後重心由左腿

因為愛好。我幼年時曾習「十三勢太極粘連棒」，

圖8-11-12

圖8-11-13

圖8-11-14

圖 8-11-15

圖 8-11-16

移至右腿，左腿仍以太極步跟上至右腳左前方，同時，左手滑至棍頭，右手帶棍沿左腳外側畫過上挑成左虛步。完成第二個野馬分鬃，甲乙相對，虛步而立。（圖 8-11-15）

六、甲把走泥丸（一）；乙白蛇吐信

乙上左步成左弓步勢；右手上滑至棍頭，隨前弓步將棍頭向前甲方脛部點出（圖 8-11-16）。乙用「白蛇吐信」招

我幼年時曾習「十三勢太極粘連棒」，因為愛好。

圖 8–11–17

因為愛好。我幼年時曾習「十三勢太極粘連棒」，

數首先進攻。

甲在乙棍將至時，提左膝成左半獨立勢，躲開乙方點脛攻勢；同時，棍頭沿弧線下掃，藉以攔開乙方進攻的棍。（參見圖 8–11–16）

七、甲把走泥丸（二）；乙獅子搖頭

甲攔開乙方進攻的棍，隨後左腳向前落下；同時，右手向上抽棍，左手下滑至棍頭；緊隨右轉身帶右腿邁向前方；右手滑至棍腰立掄劈向乙方（圖 8–11–17）。用把走泥丸之一進行防守，緊接用把走泥丸之二進攻。

乙在甲棍將至時，右腳向後撤半步；同時，右手將棍回抽至腰間，左手握棍腰向左逆時針畫壓半弧；在撤步的同時，用棍壓纏防禦甲方的進攻。參見圖 8–11–17。

八、甲金輪右轉；乙撤步崩帶

甲右腳上步，帶身向前成右弓步；同時，將棍以右手

圖 8-11-18

為軸向前立轉倒把半周，即脫開甲棍的纏壓，又將棍砸向乙方。（圖 8-11-18）

　　乙見甲棍掄砸將至，左腿隨身體向後撤至右腿後側；同時，右手向右順時針向右崩帶甲棍；目視甲方；在後撤的同時，用棍逼開甲方的進攻。參見圖 8-11-18。

九、甲把走泥丸；乙獅子搖頭

　　甲見兩次進攻未果，左手向上抽棍，右手下滑至棍頭；隨後以身帶左腳邁向乙方，棍尾同時再次立掄劈向乙方，連續進攻。（圖 8-11-19）

　　乙見甲棍掄砸將至，左腳繼續帶動右

圖 8-11-19

因為愛好。　我幼年時曾習「十三勢太極粘連棒」，

圖 8-11-20

腿向後撤半步；同時，右手向左逆時針壓甲棍；在撤步的同時，復用棍壓纏甲方進攻的棍。參見圖 8-11-19。

十、甲金輪左轉；乙撤步崩帶

甲見乙躲開掄砸的棍，左腳上半步，帶動身體繼續向乙攻去；同時，將棍以左手為軸向前立轉倒把半周，砸向乙方。（圖 8-11-20）

乙見甲棍再次掄砸將至，左腳繼續向後撤半步；同時，右手握棍腰，向右崩帶半弧；目視甲方，用棍逼開甲方進攻的棍。參見圖 8-11-20。

十一、甲鐵帚掃地；乙馬後拋刀

甲見乙方連續躲開掄砸的棍，則開左腳，左手滑向棍頭，右手握住棍腰，左轉身體帶上右腿攻向乙方，用轉腰力將棍掃向乙方腿脛處，即下掃孤拐。（圖 8-11-21）

乙在甲棍將至時，右腿向後插至左腿前；同時，右手

圖 8-11-21

圖 8-11-22

我幼年時曾習「十三勢太極粘連棒」，因為愛好。

下壓棍頭，攔甲方掃脛之棍，回觀甲方。防守做到使進攻者難以進入。參見圖 8-11-21。

十二、甲寸步貫耳；乙白虎右剪

甲見乙攔開掃脛的棍，右腳繼續向乙攻半步跟上；同時，右手將棍向右上畫半弧，至乙耳部高度，用棍頭點擊乙方。（圖 8-11-22）

圖 8-11-23

乙見甲棍擊頭將至，以右手握棍腰為軸，下蹲成坐盤勢，避開甲的點擊；同時，左手將棍端下壓，棍頭向上擋住甲方掃向頭部的棍；目視甲方。參見圖 8-11-22。

十三、甲白蛇吐信；乙雲龍掉首

甲見乙坐為盤勢，隨即上左步成左半蹲併步勢；右手上滑至棍頭，隨著併步將棍向前乙方脛部點出，即用「白蛇吐信」招數繼續進攻。（圖 8-11-23）

乙見甲棍點脛，左轉身盤起，以右腿為軸，抬左腿反轉一周；同時，右手上滑至棍頭，左手握棍腰，隨轉身棍頭沿腿外側立掃一周，攔開甲點脛棍（參見圖 8-11-23）。隨即左腳外開，面向甲方在左前方落下（圖 8-11-24）。右腳隨身左轉向前落下成右弓步；同時左手上滑至棍頭，右手握棍腰立掄向甲砸下（圖 8-11-25）。用「雲龍掉首」（二）的動作由防守轉為進攻。

圖 8-11-24

圖 8-11-25

十四、甲獅子搖頭；乙金輪右轉

　　甲見乙棍掄至，右腳向後撤半步；同時，右手將棍回抽至腰間，左手握棍腰向左逆時針畫壓半弧，目視乙方；在撤步的同時，用棍壓纏防禦乙方進攻的棍。（圖 8-11-25）

我幼年時曾習「十三勢太極粘連棒」，因為愛好。

圖 8-11-26

乙見甲棍纏壓，右腳繼續上步帶身向前；同時，將棍以右手為軸向前立轉倒把半周，脫開甲棍的纏壓，將棍砸向甲方。參圖 8-11-25。

十五、甲撤步崩帶；乙把走泥丸

甲見乙棍掄砸將至，左腳帶動右腳向後撤半步；同時右手向右順時針崩帶乙棍半弧，目視乙方，用棍逼開乙方進攻的棍。（圖 8-11-26）

乙見兩次連續進攻未果，左手向上抽棍，右手下滑至棍頭；隨後以身帶左腳邁向甲方，棍尾同時立掄劈甲方，再次進攻。參見圖 8-11-26。

十六、甲獅子搖頭；乙金輪左轉

甲見乙棍掄砸將至，左腿隨左轉身向後撤至右腿後側；同時左手上滑至棍頭，右手向左逆時針纏壓乙棍，在後撤的同時，復用棍壓纏乙方進攻的棍。（圖 8-11-27）

圖 8-11-27

圖 8-11-28

乙見甲躲開掄砸的棍，左腳上半步帶身跟步繼續進攻，將棍以左手為軸向前立轉倒把半周，砸向甲方。參見圖 8-11-27。

十七、甲撤步崩帶；乙鐵帚掃地

甲見乙棍再次掄砸將至，左腳繼續向後撤半步；同時，右手握棍腰向右順時針崩帶乙棍，用棍逼開乙方進攻的棍。（圖 8-11-28）

乙見甲連續躲開掄砸的棍，則開左腳，左手滑向棍頭，右手握住棍腰，左轉身上右腿攻向甲方，借轉腰之力將棍掃向甲方脛部，即下掃孤 拐。（圖 8-11-29）

十八、甲馬後拋刀；乙寸步貫耳

甲在乙棍將至時右腿向後邁至左腿前；同時，右手下壓棍頭，攔乙方掃脛之棍，回觀乙方，防守做到進攻者難以進入。參見圖 8-11-29。

我幼年時曾習「十三勢太極粘連棒」，因為愛好。

圖 8-11-29

圖 8-11-30

　　乙見甲攔開掃脛的棍，右腳向甲進半步跟上；同時，右手將棍向右上畫半弧，畫至甲耳部高度，用棍頭點擊甲方頭部。（圖 8-11-30）

十九、甲白虎右剪；乙白蛇吐信

　　甲見乙棍貫耳將至，以右手握棍腰為軸，下蹲成坐盤

勢，避開乙點擊；同時左手將棍端下壓，棍頭向上擋住乙方掃向頭部的棍；目視乙方。參見圖 8-11-30。

圖 8-11-31

乙見甲為坐盤勢，隨即上左步成左半蹲併步勢，右手上滑至棍頭，隨著併步將棍向前乙方脛部點出（圖 8-11-31），即用「白蛇吐信」招數繼續進攻。

二十、甲雲龍掉首；乙鷂子翻身

甲見乙棍點脛，左轉盤起身，以右腿為軸，抬左腿轉一周；同時，右手上滑至棍頭，左手握棍腰，隨轉身棍頭沿腿外側立掃一周，攔開乙點脛棍。隨即左腳外開，在左前方落下，右腳隨左轉身向前上步成右弓步；同時左手上滑至棍頭，右手握棍腰立掄向乙砸下（圖 8-11-32）。用「雲龍掉首」(二)動作由防守轉為進攻。

乙見甲棍砸下，左手舉棍挑開甲棍，原地抬左腿，隨即踏左腳，劈棍於甲方（參見圖 8-11-32）。左腳落地後，隨即右轉身，成頭向後，右腳與棍平行指向甲，躲開甲的進攻（圖 8-11-33）。繼續抽掄棍，帶動身體翻轉躍起，面向甲，換右腳落地，舉棍（圖 8-11-34）；左腿落下，成右弓步，將高舉的棍劈下；目視甲方。（圖 8-11-35）

我幼年時曾習「十三勢太極粘連棒」，因為愛好。

圖 8-11-32

圖 8-11-33

圖 8-11-34

二十一、甲掄起千斤；乙豬龍拱地

甲見乙棍當空劈下，右轉身上左步，成併步勢；右手上滑至棍頭，將棍立掄起（參見圖 8-11-35）。隨著併步棍立掄將乙棍向右前方壓下。（圖 8-11-36）

圖 8-11-35

圖 8-11-36

　　乙見劈棍被甲撥壓向後抽帶棍，收右腿成虛式，脫開甲棍；復向前上步，成右弓步；左手滑向握棍頭的右手，共同持棍向甲下方撞去，用棍進攻甲方脛部。參見圖 8-11-36。

圖 8-11-37

二十二、甲旱地撐舟；乙掃地金波

甲見乙棍攻脛，向身後倒插右腳脫開乙方進攻；右手抽棍，右轉身，左腳插到右腳前，同時棍戳向前下方，攔擋乙方進攻腳部器械；回視乙方，猶如行船撐船之式。（圖 8-11-37）

乙見進攻無果，繼上左腿成坐盤勢；右手持棍頭為軸，左手握棍腰，向左、向後、向右、向前盤頭，盤繞至右手置於左腋下，左手展開棍止於正前方；用棍橫掃甲方小腿。（圖 8-11-38）

二十三、甲太公釣魚；乙迎風撲面

甲見乙橫棍掃腿將至，左腳退至右腳處抬起，換步成右半獨立勢，用以躲開掃拐之勢（參見圖 8-11-38）。同時，以右手為軸立轉棍倒把，橫舉棍齊耳視乙位或過頭高，點擊乙頭部。（圖 8-11-39）

圖 8-11-38

圖 8-11-39

　　乙見甲棍點擊頭部，立即左手握棍腰回收右耳旁，用棍攔開擊向頭部的甲棍（參見圖 8-11-39）；隨即盤起身，抬右腿，盤右腳成右獨立勢；右手舉棍頭向右下、向右上抽舉至頭右上；左手握棍腰立棍從右向左在左腳前撥擋，左手止於左胯部。面向甲向前落右腳成右弓步；左手

圖 8-11-40

我幼年時曾習「十三勢太極粘連棒」，

滑至棍下端，提回於左腰外側，右手持棍腰，從右肩部隨身落步下壓甲棍。（圖 8-11-40）

二十四、甲烏龍擺尾；乙飛虹橫江

甲見乙棍由撥擋轉為下壓進攻，左轉身，右腳落於身後左腳前方半步，棍護腿而下。以右腿為軸逆時針轉身面向乙；抬左腿成左獨立勢；同時，滑把為左手握棍腰，用棍膛掃乙棍。在膛擋乙棍後，用棍由下向上纏住乙棍，左腳後落成右弓步；目視乙方，即用棍纏壓乙棍。參見圖 8-11-40。

乙被甲棍纏壓後，左腳前跨成左弓步；同時，右手下滑至棍頭，同時鬆開持棍左手，右手就勢翻棍展開，加長棍身劈向甲，左手舉於左額前；目視甲方。（圖 8-11-41）

圖 8-11-41

二十五、甲白虎左剪；乙風前擺柳

　　甲在乙棍將劈至時，以右手握棍腰為軸，左腳邁至右腿前，下蹲成坐盤勢；同時，左手將棍端下壓，棍頭向上橫撥擋住擊向頭部的乙棍。參見圖 8-11-41。

　　乙見甲棍撥擋住進攻，回起右腿成獨立勢；同時，右手向下、向後、向上、向前在身右側立掄棍一周，收於右胯旁；落右腳跟左腳成半蹲併步；雙手合握棍，就勢從腰間戳向甲。（圖 8-11-42）

圖 8-11-42

我幼年時曾習「十三勢太極粘連棒」，因為愛好。

圖 8-11-43

二十六、甲雲龍掉首；乙倒撚股肱（橫）

甲見乙棍戳到，右轉身，以左腿為軸，抬右腿反轉；同時，左手上滑至棍頭，右手握棍腰，隨轉身棍頭沿腿外側立掃攔開點脛棍；右腳外撇，面向乙在前方落下（參見圖 8-11-42）。左腿隨身右轉向前上步成左弓步，同時右手上滑至棍頭，左手握棍腰立掄向乙砸下。（圖 8-11-43）

乙見甲棍砸下，撤左步成右弓步；滑棍倒把，左手握棍尾，右手握棍腰，右手以腰帶棍，順時針下畫小弧反纏壓向右橫帶甲棍。參見圖 8-11-43。

二十七、甲鷂子翻身；乙掄起千鈞

甲見砸壓棍被乙反纏，左手舉挑乙棍，原地抬踏左腳，隨落步棍劈向乙（圖 8-11-44），左腳落地後，隨即右翻轉身，右腳與棍平行指向乙，抽掄棍帶動身體翻轉躍

圖 8-11-44

圖 8-11-45

起面向乙，換右腳落地，舉棍；左腳落於右腳後方成右弓
步，高舉的棍就勢向乙劈下。（圖 8-11-45）

　　乙見甲棍將劈至，右轉身，上左步成併步勢；右手上
滑至棍頭，隨著併步將棍立掄向右前方甲棍壓下。（圖 8-
11-46）

因為愛好。　我幼年時曾習「十三勢太極粘連棒」，

圖 8-11-46

因為愛好。我幼年時曾習「十三勢太極粘連棒」，

圖 8-11-47

二十八、甲豬龍拱地；乙旱地撐舟

甲見乙棍將掄至，收右腿成右虛勢；同時左手滑向握棍頭的右手向後帶棍；繼向前上右步（參見圖 8-11-46），仍成右弓步；雙手共同持棍向左前下方乙踝、脛撞去。（圖 8-11-47）

圖 8-11-48

　　乙見甲棍將至，右手抽棍；右轉身略擺開右腳，成左倒插步勢，將棍插向左腳後下方，攔擋甲棍進攻足部；回視甲方，猶如行船撐船之勢。參見圖 8-11-47。

二十九、甲掃地金波（一）；乙太公釣魚

　　甲見乙棍擋住撞勢，上左腳倒插成坐盤勢；右手持棍頭為軸，左手握棍腰向左、向後逆時針平轉盤頭；繼續向前盤繞，右手置於左腋下，左手展開棍止於正前方，用棍橫掃乙方小腿處。（圖 8-11-48）

　　乙見甲棍將掃至，左腳退至右腳處，換步成左半獨立式，用以躲開掃拐之勢；同時，以右手為軸立轉棍倒把，橫舉棍齊耳高（或過頭高）點擊甲方頭部。（參見圖 8-11-48、圖 8-11-49）

三十、甲迎風撲面；乙烏龍擺尾

　　甲見乙棍點擊頭部，立即左手握棍腰回收右耳邊，用

我幼年時曾習「十三勢太極粘連棒」，因為愛好。

圖 8-11-49

圖 8-11-50

棍攔開擊向頭部的乙棍；隨即盤起身，抬右腿，盤右腳成右獨立勢；右手經右下、向右上抽舉棍頭至右肩上，左手握棍腰，立棍從右向左在左腳前撥擋乙棍，左手撥止於左胯部。面對乙向前落右腳成右弓步；左手握棍頭，提回於左腰外側，右手握棍腰，從右肩部隨身落步下壓乙棍。（圖 8-11-50、圖 8-11-51）

圖 8-11-51

　　乙見甲棍撥擋住進攻，左轉身，右腳落身後於左腳前方半步，棍護腿而下；以右腿為軸逆時針轉身至面向甲，抬左腿成右獨立勢；同時，滑把為左手握棍腰，用棍膛掃甲棍；在掃擋甲棍後，用棍由下向上纏住甲棍，左腿後落成右弓步；即用棍纏壓甲棍。（參見圖 8-11-50、圖 8-11-51）

三十一、甲飛虹橫江；乙白虎左剪

　　甲被乙棍纏壓後，左腿前跨成左弓步；右手下滑至棍頭，同時鬆開持棍左手，右手就勢翻棍展開，加長棍身劈向乙方，左手舉於左額前；目視乙方。（圖 8-11-52）

　　乙見甲棍將劈至，以右手握棍腰為軸，左腳插至右腿前，下蹲成坐盤勢；同時，右手將棍端下壓，棍頭向上橫撥擋住擊向頭部的甲棍。參見圖 8-11-52。

因為愛好。 我幼年時曾習「十三勢太極粘連棒」，

圖 8-11-52

圖 8-11-53

三十二、甲風前擺柳；乙玉柱擎天

　　甲見乙棍撥擋住進攻，回起右腿成獨立勢；同時，右手持棍向下、向後、向上、向前在身右側前立掄棍一周，收於右胯旁；上右腳跟左腳成半蹲併步；雙手合握棍，就勢從腰間戳向乙。（圖 8-11-53）

圖 8-11-54

　　乙見甲棍戳到，右轉身盤起面向後，外擺右腳，右手抽棍雙手分開上舉；繼續右轉身扣上左腳，舉棍倒把，棍橫向不變；繼續右轉身至面向甲，右腳前插在左腳外前側，疊步定勢；落下雙臂，隨身疊步下蹲，將棍橫於腰前撞壓甲棍。參見圖 8-11-53。

三十三、甲右倒捻肱；乙左推金山

　　甲見乙棍撞壓，撤左步成右弓步；滑棍倒把，左手握棍尾，右手握棍腰，右手以腰帶棍，由下向後、向左上、向右前順時針畫小弧壓乙棍。（圖 8-11-54）

　　乙見棍撞壓未果，上左步成左弓馬步，右手握棍尾，左高右低，隨跨步向前，用棍頭擊甲頭部。參見圖 8-11-54。

三十四、甲左倒捻肱；乙右擋玉柱

　　甲見一纏未解，撤右步成左弓馬勢；滑棍倒把，右手

圖 8-11-55

握棍尾，左手握棍腰，左手以腰帶棍，由下順時針畫小弧纏壓乙棍；目視乙方，再次向乙進行纏壓。（圖 8-11-55）

乙見甲再次纏壓，左轉腰，復上右腳；同時，右手滑把握棍腰，從右側向前點擊甲頭。參見圖 8-11-55。

三十五、甲漁人撒網；乙獅子張口

甲見二纏未解，以左腿為軸右反轉身半周，成左鬆襠弓勢；右手單手握棍，以身帶棍，隨轉腰橫掄，左手外翻，舉於左額前側，棍橫擊向乙腰部。（圖 8-11-56）

乙見甲擊腰將至，上左步成左弓步；左低右高立握棍，向前推出擋於右側身前。參見圖 8-11-56。

三十六、甲霸王卸甲（一）
　　　乙金蟬脫殼（一）

甲見乙擋住擊腰棍，撤左腿向乙方倒插，成左倒插

圖 8-11-56

圖 8-11-57

步；同時，平抽滑棍到左手握棍尾，右手握棍腰（圖 8-11-57）。左轉腰面向後，成右弓步，棍向下、向後立轉；繼續左轉身，擺左腳，重心坐向左腿成左弓步；右手沿棍向下滑動，右手握棍尾，棍經左手滑動向前立轉，從肩上向乙戳點。（圖 8-11-58）

乙見甲棍戳將至，退左腳成右側併步，同時左手握棍

我幼年時曾習「十三勢太極粘連棒」，因為愛好。

圖 8-11-58

圖 8-11-59

腰，順時針畫弧外壓，纏壓甲棍。參見圖 8-11-58。

三十七、甲霸王卸甲（二）
乙金蟬脫殼（二）

甲戳點未成，上右腿成右弓馬勢；左手滑向棍頭，右手滑至棍腰，翻蓋棍頭砸向乙。（圖 8-11-59）

圖 8-11-60

乙見甲棍砸壓，先撤右腳，復撤左腳仍成右側併步，重複「金蟬脫殼」（一）動作纏壓甲棍；目視甲方。參見圖 8-11-59。

三十八、甲霸王卸甲（三）；乙行孫入遁

甲見砸壓未果，抬左腿左翻身，落左步成左弓馬勢；左手抽棍頭，右手滑至棍下端，翻轉身後再次戳點乙。（圖 8-11-60）

乙連遭三次進攻，左腳撤於右腿後，成右盤蹲勢；左手握棍腰向左肩回帶，用以撥擋擊來甲棍頭。參見圖 8-11-60。

乙隨即起身上左腳，成左弓步，隨上步用腰勁將棍向甲戳出，參見圖 8-11-61，改防守為進攻。

三十九、甲泰山壓頂；乙捧搜三寸

甲連續三次戳點未成，上右腳成半蹲步勢；左手滑向

我幼年時曾習「十三勢太極粘連棒」，因為愛好。

圖 8-11-61

因為愛好。　我幼年時曾習「十三勢太極粘連棒」，

圖 8-11-62

棍頭，鬆開右手以左手為軸立翻轉棍，左前右後合手將棍向右前方蓋壓乙棍。（圖 8-11-62）

　　乙見甲蓋壓棍將至，重心往右腿回坐，同時回抽棍；復右腳後倒插，雙手舉棍，右手握棍尾，左手在頭頂右側，就身向前之力，持棍前點甲方喉部。（圖 8-11-63）

圖 8-11-63

四十、甲架海金梁；乙白蛇吐信

甲見乙棍點喉將至，後退一步，成併步，右手抽棍，與左手同時上舉，托架乙點喉之棍。（參見圖 8-11-63）

乙點喉不中，起左腿，左轉身，面向前成獨立勢，雙手落棍於腰間；落左腳成左弓馬步，右手握棍回抽目視甲方；上右腳併步跟上成半蹲併步勢，右手握棍尾，隨身進前繼而戳點甲脛。（圖 8-11-64）

四十一、甲敬德托鞭；乙風前擺柳

甲見乙再次進攻戳脛，右腳後退一步，左腿隨後仍成併步，左手滑至棍腰，雙手同順時針落下纏壓乙棍。（參見圖 8-11-64）

乙再次進攻被纏壓，回起右腿成獨立勢；同時，右手握棍端向下、向後、向上、向前立掄一周，收於右胯旁；上右腳跟左腳成半蹲併步，雙手合握棍，就勢從腰間戳

我幼年時曾習「十三勢太極粘連棒」，因為愛好。

圖 8-11-64

圖 8-11-65

出。（圖 8-11-65）

四十二、甲玉柱擎天；乙右倒捻肱

甲見乙再次進攻，擺右腳避開戳脛棍，棍上舉將乙棍托起；繼向後上左腳扣足右轉身，躲開乙的進攻；雙手上舉棍過頭倒把，棍不變方向。繼續右轉身擺右腳，右疊步

圖 8-11-66

圖 8-11-67

落腳至前方；落下雙臂；將棍橫於腰前，隨身下蹲用棍向乙棍撞壓。（圖 8-11-65、圖 8-11-66）

　　乙見甲棍撞壓將至，撤左步成右弓步，滑棍倒把，抽出被甲撞壓之棍，接著左手握棍尾，右手握棍腰，右手以腰帶棍，由下向上順時針畫小弧纏壓甲棍。（圖 8-11-67）

圖 8-11-68

四十三、甲左推金山；乙左倒捻肱

甲見乙棍將至，上左步成左弓馬步；右手握棍尾，左手握棍腰，左高右低，隨跨步向前，用棍頭擊乙頭部。參見圖 8-11-67。

乙見甲將棍撥撞而至，撤右步成左弓馬勢；滑棍倒把，右手握棍尾，左手握棍腰，左手以腰帶棍，由下逆時針畫小弧；再次纏壓甲棍。（圖 8-11-68、圖 8-11-69）

四十四、甲右擋玉柱；乙漁人撒網

甲見棍再次被纏壓，左轉腰，復上右腳；同時，右手滑把握棍腰隨上步用棍從右側擊向乙頭。參見圖 8-11-69。

乙見甲擊頭將至，以左腳為軸反轉身半周，成左鬆襠弓勢；右手單手握棍，以身帶棍，隨轉腰橫掄擊甲腰，左手外翻舉於左額前側。（圖 8-11-70）

圖 8-11-69

圖 8-11-70

我幼年時曾習「十三勢太極粘連棒」，因為愛好。

四十五、甲獅子張口；乙霸王卸甲（一）

甲見乙擊腰，上左步成左弓步（參見圖 8-11-70），左低右高立握棍，向前推出擋於身右前。（圖 8-11-71）

乙擊腰未果，撤左腳向甲方倒插，成左倒插步；同時，平抽滑棍到左手握棍尾，右手握棍腰（圖 8-11-

圖 8-11-71

圖 8-11-72

72）。左轉腰成右弓步，棍向下、向後立轉；繼續左轉身，擺左腳，重心坐向左腿，成左弓步；右手沿棍向下滑動，右手握棍尾，棍經左手滑動，從肩上戳向甲。（圖 8-11-73）

圖 8-11-73

圖 8-11-74

四十六、甲金蟬脫殼(一)
乙霸王卸甲(二)

　　甲見乙戳棍將至，退左腳成右側併步；同時，左手握棍腰，順時針畫弧外壓，纏壓乙棍。參見圖 8-11-73。

　　乙一戳未中，上右腿成右弓馬勢；左手滑向棍頭，右手滑至棍腰，翻蓋棍頭砸向甲。（圖 8-11-74）

我幼年時曾習「十三勢太極粘連棒」，因為愛好。

圖 8-11-75

四十七、甲金蟬脫殼（二） 乙霸王卸甲（三）

甲見乙棍砸壓，先撤右腳，復撤左腳仍成右側併步，重複「金蟬脫殼」（一）動作，纏壓乙棍。參見圖 8-11-73。

乙見砸壓未成，抬左腳，左翻身，落左步成左弓馬勢；左手抽棍頭，右手滑至棍腰，翻轉身後再次戳點甲。（圖 8-11-75）

四十八、甲行孫入遁；乙泰山壓頂

甲見乙棍第三次連續進攻，重複「金蟬脫殼（二）」動作纏壓乙棍（圖 8-11-76）。隨後左腳撤於右腿後，成右盤蹲勢；左手握棍腰向左肩回帶，用以撥擋乙方擊來之棍。（圖 8-11-77）

甲撥擋乙棍後，隨即起身上左腳，成左弓步，隨上步用腰勁將棍向乙戳出，參見圖 8-11-78，改防守轉為進

因為愛好。我幼年時曾習「十三勢太極粘連棒」，

圖 8-11-76

圖 8-11-77

我幼年時曾習「十三勢太極粘連棒」，因為愛好。

攻。

　　乙第三次戳點未成，上右腿成半蹲併步勢；左手滑向棍頭，右手滑動翻棍立掄，左前右後合手將棍向右前方蓋壓甲棍。（圖 8-11-79）

圖 8-11-78

圖 8-11-79

四十九、甲棒搜三寸；乙架海金梁

甲見乙棍蓋壓而下，上左腳起身，往右腿回坐，同時回抽棍，復右腳後倒插，雙手舉棍，右手握棍尾，左手在頭頂右側，右高左低，就身體向前之力，持棍點乙喉部。（圖 8-11-80）

圖 8-11-80

乙見甲棍戳喉將至，後退一步，仍成併步；右手抽棍，與左手同時上舉；目視甲方，托架起甲棍，避開戳喉。參見圖 8-11-80。

五十、甲白蛇吐信；乙敬德拖鞭

甲戳棍被架，起左腿，左轉身，面向乙成獨立勢，雙手落棍於腰間；落左腳成左弓馬步，右手握棍回抽，目視乙方；上右腳，併步跟上成半蹲併步勢，右手握棍尾，隨身進前戳點乙脛。（圖 8-11-81）

乙見甲棍點戳將至，繼續退一步仍成併步；左手滑至棍腰，雙手順時針落下纏壓甲棍。參見圖 8-11-81。

五十一、甲勒馬回頭；乙勒馬回頭

甲、乙同時向後落右腳成右弓勢；右手抽棍背於左肩前，左手支棍於左胯外；互相回視，如勒馬回頭之勢。（圖 8-11-82）

圖 8-11-81

圖 8-11-82

五十二、甲左右旁花；乙左右旁花

　　甲、乙均上左步向後扣腳；左手持棍滑向腰間（圖 8-11-83）。左手蓋過右手，左手上右手下交叉，棍貼身立轉於左身旁（圖 8-11-84）。棍頭置於下方時，滑向身體右側，繼續貼身立轉棍於右身旁，右轉身，繼續立轉棍頭朝

　　我幼年時曾習「十三勢太極粘連棒」，因為愛好。

圖 8-11-83

圖 8-11-84

圖 8-11-85

下時，上左步成左前插步，倒把右手蓋過左手，右手上左手下交叉，棍貼身立轉於左身旁，至棍尾朝下（圖 8-11-85）。繼續右轉身至甲乙相對，同時右手持棍，用棍尾隨轉身繞身攔掃，以左虛步定式，棍與身形猶如定陽神針。（圖 8-11-86）

圖 8-11-86

圖 8-11-87

五十三、甲背棍跨虎；乙背棍跨虎

甲、乙均略開步成左弓馬勢；左手鬆棍置於身前，右手握棍背立於右臂後（圖 8-11-87）。跟右腳併步立身；右手將棍由下向上翻棍，右手上舉立棍，左手橫於胸前護棍（圖 8-11-88）。左手插於胸、棍之間，變陽手托棍，

圖 8-11-88

圖 8-11-89

右手下落，以右手為軸，棍沿身右側向後掄棍立轉一周，棍內裹立於右前方定位；同時震右腳，換出左步，成四六右弓步定式；左手變拳，拳眼向內，虛立於左膝上方，雙臂弓圓，成太極對視之狀。（圖 8-11-89）

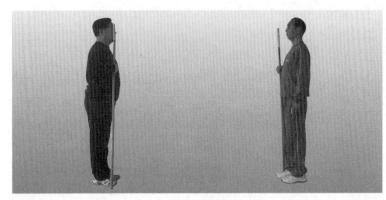

圖 8-11-90

五十四、落棍收勢

甲、乙均跟右腳，落棍，兩腳併攏，自然相對而立，胸腹放鬆，肩臂鬆沉；右手持棍直立於右腳外側，左手貼於左腿外側，如起勢還原。（圖 8-11-90）

　　注：因年事已久，當年所攝照片部分缺失，由蔣玉堃學生補拍。

第九章
楊式太極十三槍

第一節　作者簡言

　　一般習武者都認為，槍為百兵之王。槍為何人所創始，無從考證。槍非以其特長而謂之百兵之王，乃用其術之妙用也。如中平槍或持槍直前，上不怕劈砸，下不怕地蛇，左不怕邊攔，右不怕擒拿，中不怕封閉，總要直中它；中平槍，槍中王，高低遠近者不妨；高不找，低不拿，當中一點難遮架；去如箭，來如線，指人胸，紮人面，高低遠近都看見。非術之妙用能如是乎。

　　一般學槍者多推崇楊家槍、馬家槍、沙家竿子等等，而這些槍法是誰所傳流的，創自何代，發明人姓名等都未傳流。今閱《手臂錄》，亦云大抵精於槍者都識字不多，故不能考究。明代大將戚繼光所著《紀效新書》乃最早的武術專著之一，總結拳、槍、棍以及兵法等，近代學者多崇此書而習之。

　　太極十三槍名稱：青龍出水、古樹盤根、餓虎撲食、攔路虎（又名拗攔槍）、斜坡、橫掃眉，中心如隊（又名井纜倒掛）、俊鳥入林、面纏背抨、黃龍三攪水、面披斜

劈、白猿拖槍、懷中抱月（又名手抱琵琶）。

太極十三槍又可以演練為二十四槍。太極十三槍係由散槍四槍、粘連四槍、擲捧四槍以及纏槍一路所構成，每槍又變化若干式，共同構成二十四槍。

名稱如下：夜叉探海、中四平、上平槍（即指南針），下平槍（即十面埋伏），青龍獻爪、邊攔槍、黃龍點桿、裙攔槍（即跨劍勢），地蛇槍（即鋪地錦勢），朝天槍、鐵牛耕地、滴水槍、上騎龍、猿猴拖槍、抱琵琶、靈貓捉鼠、泰山壓卵、玉女紉針、蒼龍擺尾、刺闖鴻門、六封槍、護膝槍、鵓子撲鵪鶉、姜太公釣魚。

此二十四槍與戚繼光《紀效新書》所載楊家梨花槍二十四式雷同，由此太極二十四槍之法以梨花槍為宗。

第二節　楊式太極槍動作名稱

第 一 式	騎龍起勢			（下四平槍）
第 二 式	朝天一柱		第 七 式	穿梭斜劈
	（朝天槍）			（黃龍點槍）
第 三 式	餓虎撲食		第 八 式	拗攔槍
	（夜叉探海）			（裙攔槍）
第 四 式	捌捋槍		第 九 式	橫掃眉
	（中四平槍）		第 十 式	提顛
第 五 式	中心如對		第十一式	地蛇槍
	（上四平槍）		第十二式	攔路虎
第 六 式	俊鳥入林		第十三式	蒼龍掉尾

一般習武者都認為，槍為百兵之王。槍為何人所創始，無從考證。

第十四式　邪披（猿猴拖槍）　第 二十 式　二纏

第十五式　背抨　　　　　　　　　　（鷂子撲鵪鶉）

　　　　（鐵牛耕地）　第二十一式　三纏提顛

第十六式　左門（六封槍）　　　　　（鷂子撲鵪鶉）

第十七式　右門（六封槍）　第二十二式　青龍出水

第十八式　斜劈　　　　　　第二十三式　手抱琵琶

第十九式　一纏　　　　　　第二十四式　騎龍收勢

　　　　（鷂子撲鵪鶉）

第三節　楊式太極槍練法

1. 跨上龍背
2. 坐盤槍尖朝上
3. 弓勢下撲
4. 捯捋四平
5. 上四平槍
6. 下四平紮槍
7. 抱打穿梭往西北劈槍
8. 裙攔上兩步赶一槍
9. 西南橫掃
10. 崩一槍
11. 撲虎紮槍
12. 由西北向南抖槍向北攔路

13. 撤右足一步架住
14. 白猿拖槍
15. 轉身彈崩
16. 閃身左弓
17. 閃身右弓
18. 併步劈一槍
19. 鷂子撲鵪鶉（一）
20. 鷂子撲鵪鶉（二）
21. 鷂子撲鵪鶉（三）崩槍
22. 槍前三滴水
23. 手抱琵琶
24. 下騎龍收勢

　　　附：太極槍十三字訣

　　攔、拿、提、搠、撲、刺（紮）、抱（掃）、崩、纏、壓、劈、抨（架）、坡。

一般習武者都認為，槍為百兵之王。槍為何人所創始，無從考證。

第四節　楊式太極槍動作圖解

第一式　騎龍起勢

1. 面東，自然而立，兩腳併攏，頭頸正直，下頜內收，胸腹放鬆，肩臂鬆沉；右手持槍，直立於右腳之右前方一拳處；左手輕貼在左大腿外側。（圖9-4-1）

2. 隨身下蹲；右手順槍桿下滑至大腿中部；隨向上提槍，左手接握槍把，置槍於胸前，右手握槍中段（右手上，左手下）；槍尖由上向前落下點地，右手隨槍桿後滑貼左手。

3. 向右後方撤右腳成左太極勢（高架虛步）；左手扶槍把，右手由胸前向下、向右後、再向上循弧線形上揚，右手心斜向外置於右額上方；目隨右手環視前方。（圖9-4-2）

圖9-4-1

圖9-4-2

圖 9-4-3

圖 9-4-4

4. 左腳提起盤腿（如踢毽勢），換右手扶槍把，向左後方撤落左腳成左弓馬步；左手由胸前向下、向左後、再向上弧形上揚，左手心斜向外置於左額上方；同時身左扭，右手握槍把，向下逆旋至左胯旁，變右手小指向上；目視槍尖。（圖 9-4-3、圖 9-4-4）

圖 9-4-5

5. 身右扭轉回成右弓步；右手握槍把，順時針旋手心向上；同時，左手隨之下落，手心向下，兩拳相靠握槍把（右後、左前）。（圖 9-4-5）

第二式　朝天一柱（朝天槍）

接上式。左腳後撤在右膝後，身後坐成坐盤勢；同

一般習武者都認為，槍為百兵之王。槍為何人所創始，無從考證。

圖 9-4-6

圖 9-4-7

時，左手順槍桿上滑，使槍尖向上崩挑，直立於左胸前；目視前方。（崩勢，圖 9-4-6）

第三式　餓虎撲食（夜叉探海）

起身，進左腿成左弓馬步；雙手握槍向前下劈。（撲勢，圖 9-4-7）

第四式　捯捋槍（中四平槍）

1. 身後坐成左鬆襠馬步，右手抽槍把，左手順槍桿前滑，擰腕，槍逆時針向左外橫抖。（攔勢，圖 9-4-8）

2. 捯右腳前上步，身向東成右蓋步，雙手順時針擰腕，向右裏扣捋。（拿勢，圖 9-4-9）

3. 跟上左腳邁出成左弓步，右手握槍把，先將槍把抽回右腰間，隨出步右手握把轉腰推出，左手握槍桿滑步向前，出槍直刺。（紮勢，圖 9-4-10）

圖 9-4-8

圖 9-4-9

圖 9-4-10

圖 9-4-11

第五式　中心如對（上四平槍）

1. 右擰身右腳上前，向左腳後倒插，右手抽槍把於右肩上，左手順槍桿前滑於身左前方，擰腕，槍逆時針向左外斜上架。（提勢，圖 9-4-11）

圖 9-4-12　　　　　　圖 9-4-13

2. 隨即上左步成左弓步，雙手握槍擰腕順時針回至腰間，槍向內扣下壓捋。（拿勢，圖 9-4-12）

3. 並隨前左弓步直刺。（紮勢，圖 9-4-13）。此為提、拿、紮勢。

第六式　俊鳥入林（下四平槍）

1. 右腳提起前盤，成右盤獨立勢；右手握槍把，手心向外，槍後把高過頭；左手握槍中段，手心向上，槍尖向左前下；槍迅速外捯，於胸前斜搪。此為提、抨勢。（圖 9-4-14）

2. 右腳前落震腳，左腳迅速提起前盤，成左盤獨立勢；槍裏扣下壓仍於胸前斜搪。此為抨勢。（圖 9-4-15）

3. 左腳前落成左弓步，隨左弓步出槍前直刺（圖 9-4-16）。此為紮勢。

圖 9-4-14

圖 9-4-15

圖 9-4-16

圖 9-4-17

第七式　穿梭斜劈（黃龍點槍）

1. 右手握把抽槍，左手順槍桿滑至槍前端；隨轉左腰上右腳成右弓馬步；身向北面向東，右手握槍滑把向東前方蓋下（圖 9-4-17）。此為壓勢。

圖 9-4-18

圖 9-4-19

一般習武者都認為，槍為百兵之王。槍為何人所創始，無從考證。

2. 繼續左轉腰至面向西，跟右腳屈腿併步，雙手合把向西上平刺，曰「上平槍」（圖 9-4-18）。此為縶勢。

3. 左轉身，插右腳於左腳前（向西）；右手握槍把循弧線上提至右側頭上，左手滑握至槍中段，槍尖向下於胸前斜搪橫擋（圖 9-14-

圖 9-4-20

19）。此為提、抨勢。左扭身坐北朝南成馬步，面向西，左手不變，手心向上，右臂握槍把落於左胯前外側，右手心向裏，兩前臂胸前交叉，槍尖橫向西（圖 9-4-20）。此為纏勢。

4. 右回扭身，撤震右腳於左腳內側，稍抬左腳換步，左腳跟提起，小趾著地成左虛步；雙手握槍向北蓋打，平

圖 9-4-21

圖 9-4-21 附圖

置胸前（圖 9-14-21、圖 9-14-21 附圖）。此為攔、拿勢。同時右腳落地，搬攔換上左步，弓左步向西直刺（圖 9-4-22、圖 9-4-23）。

第八式　拗攔槍（裙攔槍）

1. 右轉腰，上左腳蓋步於右腳前，同時，右手逆時針

圖 9-4-22

圖 9-4-22 附圖

圖 9-4-23

圖 9-4-23 附圖

沿弧線提槍把至右側額頭，槍尖由上經左向下逆抖，前撩敵膝（圖 9-4-24）。此為提、纏勢。

2. 左腳落實，向右前方上右腳，右手擰槍回扣於右腰間，右腳前弓成右弓步，面向西北；槍同時向西北角直刺（圖 9-4-25、圖 9-4-26）。此為跨劍勢。

圖 9-4-24

圖 9-4-25

圖 9-4-26

第九式 橫掃眉

1. 向左轉腰，帶動雙手握槍平向左橫掃（從西北橫掃至面南），至左（西南）方後成側馬步（圖 9-4-27）。此為掃勢。

圖 9-4-27

圖 9-4-28

何人所創始，無從考證。

一般習武者都認為，槍為百兵之王。槍為

2. 腰向右回轉，槍向右平掃（掃勢），回至正前方（正西）時雙手擰腕槍尖逆抖一小圈（攔勢），右手停於右肩前上，左手持槍伸於胸前；同時左腳前上（向西），小趾著地，右腿微蹲成高架虛勢。（圖 9-4-28、圖 9-4-29、圖 9-4-29 附圖）

圖 9-4-29

圖 9-4-29 附圖

第十式　提　顛

1. 槍尖順轉抖一小圈，於胸前左手順槍把回收，雙手合把握槍尾將槍提至嘴前，槍尖向下（圖 9-4-30、圖 9-4-30 附圖）。此為提勢。

圖 9-4-30

圖 9-4-30 附圖

2. 隨即身下蹲成坐盤勢，同時合把（若力量有限，可雙手略分開），雙手下壓抖腕（變左手上、右手下）上崩槍，使槍尖朝天（圖 9-4-31、圖 9-4-31 附圖）。此為崩勢。

圖 9-4-31

圖 9-4-31 附圖

第十一式　地蛇槍

1. 起身，右腳從左腳後倒插步向左後（西）方，右腳尖點地；右手抽拉槍把，循弧線形上抽，槍尖由上向左、向右下撥，雙手握槍，右手握槍把，手心斜向外至高於頭頂，左手握槍腰，手心向上，槍桿斜護左胸（圖 9-4-32、

圖 9-4-32

圖 9-4-32 附圖

圖 9-4-33

圖 9-4-34

何人所創始，無從考證。槍為百兵之王。槍為一般習武者都認為，

圖 9-4-32 附圖）。此為抨勢。

2. 身下降，向右前方（西北）上左腳成左仆步（雀地龍勢）；雙手在右側腰間，槍尖由下向左、上、右、下繞一小圈，做拿勢。（圖 9-4-33）

3. 右腳跟半步（功夫到者應捲襠向前）成左弓步；向前弓步的同時，槍從腰間送出，向斜前方（西北）直刺（功

圖 9-4-35

圖 9-4-36

夫到者槍尖擦地而行），曰「低平槍」（圖 9-4-34）。此
為撲地錦勢。

4. 身回坐於右腿（功夫到者應勉襠而回），右手握槍
把，平抽槍回至腰間（功夫到者槍尖擦地而回）（圖 9-4-
35）。此為提勢。

第十二式　攔路虎

右轉身，以右腳為軸，上左腳向右（東北）橫上步，
身向東面向北；同時，槍右橫掃裏扣，起身，槍尖向北逆
時針轉上裏，再右腳跟上半步併步震落，與左腳南北平
行，身向東，槍尖指向北，平握槍（順時針轉槍）蹲身下
壓；目視槍尖（圖 9-4-35、圖 9-4-36）。此為攔壓勢。

第十三式　蒼龍掉尾

1. 起身，向身後（西）撤右腳，右轉身，身向南面向
東；隨轉身槍尖向東，由下向右、上、左、下逆時針轉一圈

一般習武者都認為，槍為百兵之王。槍為何人所創始，無從考證。

圖 9-4-37

圖 9-4-38

一般習武者都認為，槍為百兵之王。槍為何人所創始，無從考證。

圖 9-4-38 附圖

圖 9-4-39

（圖 9-4-37、圖 9-4-38、圖 9-4-38 附圖）。此為攔勢。

2. 左腳向右腳東面併攏，身體朝南目視東直立；立身同時兩手握槍槍尖向東在頭上斜搠擋，右手把高於頭頂，槍尖向下搠，槍身斜護胸前方斜搪（圖 9-4-39）。此為提、抨勢。

圖 9-4-40

圖 9-4-40 附圖

第十四式　邪披（猿猴拖槍）

1. 向身後（西）撤右腳，馬弓步右手握把拉槍，槍尖向東，斜擋槍不變（圖 9-4-40、圖 9-4-40 附圖）。此為提、抨勢。

2. 撤左腳，併向右腳，身朝南目視東屈腿沉身；雙手

一般習武者都認為，槍為百兵之王。槍為何人所創始，無從考證。

圖 9-4-41

圖 9-4-41 附圖

圖 9-4-42

圖 9-4-42 附圖

一般習武者都認為，槍為百兵之王。槍為何人所創始，無從考證。

握槍，槍尖向東，由上順時針向下壓劈（圖 9-4-41、圖 9-4-41 附圖）。此為劈、壓勢。

第十五式　背抨（鐵牛耕地）

1. 右腳向右前（西略偏南）上步，腳跟著地，腳尖外撇（向西）並翹起；面向南雙手分開舉槍尖向東，槍向上平架（圖 9-4-42、圖 9-4-42 附圖）。此為抨勢。

圖 9-4-43

圖 9-4-43 附圖

圖 9-4-44

一般習武者都認為，槍為百兵之王。槍為何人所創始，無從考證。

2. 以右腳跟為軸，右轉身，上扣左腳，轉身至身向北；右手滑靠左手，左手撒把，右手舉槍方向東西不變，槍平過頭頂下落，左手握槍後把，槍平橫懷前，屈膝下坐，面向東而視。（圖 9-4-43、圖 9-4-43 附圖、圖 9-4-44）。此為纏、壓勢。

圖 9-4-45

圖 9-4-45 附圖

何人所創始，無從考證。槍為百兵之王。槍為一般習武者都認為，

第十六式　左門（六封槍）

接上式。起身，右腳向左腳前（正北）上半步，左腳向右前方上步成左弓步；槍由下向左外、向上、再順時針向裏兜，目隨槍尖視東南，身體與槍桿成90°（圖9-4-45、圖9-4-45附圖）。此為纏、攔勢。

圖 9-4-46

圖 9-4-46 附圖

第十七式　右門（六封槍）

1. 左腳向右後腳（西南）插步；左手把前送攔槍，靠近右手時撒手。（圖 9-4-46、圖 9-4-46 附圖、圖 9-4-47）。此為過門。

圖 9-4-47

何人所創始，無從考證。

一般習武者都認為，槍為百兵之王。槍為

圖 9-4-48

2. 右腳向右前方（向南略偏西），又轉身上步為上弓步；左手向右手拉握槍，槍向下、向右、向上逆時針裏兜；目隨槍尖視東北；身體與槍桿成90°（圖9-4-48、圖9-4-48附圖）。此為纏、攔勢。

圖 9-4-48 附圖

圖 9-4-49

第十八式　斜　劈

　　抬左腳，下震落於右腳旁，同時仍向東南隨落震腳蹲身；左手順槍桿滑動，在身前左側，槍尖由裏向外下、向左外、向前上順時針大繞環，從上向前劈下。（圖 9-4-49）。

一般習武者都認為，槍為百兵之王。槍為何人所創始，無從考證。

圖 9-4-50

圖 9-4-51

第十九式　一纏（鷂子撲鵪鶉）

1. 向身後（西南）撤右腳於左腳後；槍由前向左後下、左外平掃（圖9-4-50）。此為纏勢。

2. 向身後（西南）撤左腳於右腳後成右弓步勢；槍由後沿身左側向上、向前，隨落步向下劈槍（圖9-4-51）。

圖 9-4-52

圖 9-4-53

此為劈勢。

第二十式　二纏（鵪子撲鵪鶉）

動作同一纏（圖 9-4-52、圖 9-4-53）。此為纏、劈勢。

圖 9-4-54　　　　　　　　圖 9-4-55

第二十一式　三纏提顛（鷂子撲鵪鶉）

1. 纏的動作與一纏第一動同，但不撤左腳（圖 9-4-54）。此為纏勢。

2. 身略左轉，左腳向正前（東方）上步，身後坐，左腳小趾虛點地，成左虛勢；槍尖由右向上、向左、向前、向下順時針撥（圖 9-4-55）。此為掃勢。

3. 槍尖由下向左、向上、向下點的同時，左手後滑到右手，提把至嘴前；向下屈膝蹲身成坐盤勢；同時雙手合把（若力量有限，可雙手略分開），下壓抖腕（變左手上，右手下）顛槍尖向上（圖 9-4-56）。此

圖 9-4-56

為崩勢。

第二十二式　青龍出水

1.起身，右腳從左腳後向前倒插成右後倒插步；雙手握槍，將槍尖由上向左、向下、向右逆時針轉掃前攔，右手握槍把舉在頭右上，左手持槍桿於肩前（圖9-4-57）。此為掃勢。

2.上左腳，面向前成右獨立勢；雙手握槍順時針旋轉，槍尖由下向左、向上、向前拿壓至腰間（圖9-4-58、圖9-4-59）。此為拿壓勢。

圖 9-4-57

圖 9-4-58

圖 9-4-59

一般習武者都認為，槍為百兵之王。槍為何人所創始，無從考證。

圖 9-4-60　　　　　　　圖 9-4-61

3. 落左腳或左弓步，同時隨身向前順腰勁右手握把前推，左手順槍桿滑動，槍向前斜上刺（圖 9-4-60）。此為紮勢。

第二十三式　手抱琵琶

身後坐，左腳向左側略撤成左虛步（圖 9-4-61），此為過渡勢；雙手逆時針轉槍尖由上向左、向下、向右、向上畫一大圈，右手握槍把向右腰胯抽槍，左手順槍桿上滑回展至左肩外上，槍尖向北，左手高右手低斜抱槍於胸前，成手抱琵琶勢。（圖 9-4-62）

第二十四式　騎龍收勢

1. 左腳從右腳後倒插點地，抬右腳，起跳向右南橫跨，右腳落地，左腳前盤；右手滑把靠左手。（圖 9-4-63、圖 9-4-64）

圖 9-4-62

圖 9-4-63

圖 9-4-64

2. 左腳橫向左前方落成弓步；左右手上下分工，左手撒把，由下向左額上方畫弧；右手持槍下斜橫於身前右側，面向東，槍尖略高於把。（圖 9-4-65）

3. 起身，收左腳，與右腳並立；右手持槍上滑把，略低於肩，直立於右腳前方一拳處；左手自然下垂至左胯旁，如起勢還原。（圖 9-4-66）

圖 9–4–65

圖 9–4–66

第五節　太極粘連槍歌訣

　　頭一槍進步刺胸，第二槍斜一步刺腋，第三槍進一步刺膀，第四槍進一步刺咽喉。（此方進步彼方退步）

　　退一步採槍，進一步捌槍，退一步捋槍，上一步攔一槍。（此四槍，在前四槍之內也）

　　第五槍進者變退，退者變進，由此循環練習。

　　這就是太極槍十三勢練臂力的對紮，此乃吾師山樵（黃元秀）所親傳。

第十章
太極拳械十二論

第一節　論法則及其重要性

太極拳（械）法則歌

頂頭懸使身中正，尾閭收時即中定。

含胸擴背扇兩腋，沉肩垂肘臂膀鬆。

周身關節齊轉動，虛虛實實把襠撐。

拳（刀、槍、劍、棍）法用意不用力，

腹助呼吸勁分清。

　　自明清兩代以來，許多太極拳愛好者著書立論，都說太極拳不但在技擊上有顯著的實用效果，而且對健康也有重要的幫助，能祛病延年。練習方法簡便，著重在自我控制，用意識帶動身體內外的活動。那麼，應當怎樣去理解舊的以陰陽五行立說的神秘論點呢？

　　事實上這些論點是屬於樸素的哲學範疇，至今我們還不可能加以更明確的科學解釋。現在我們應該用眾所周知的、人體內在活動和外來因素的感覺，諸如口、眼、鼻、耳、身觸覺的「信號回授」，來對太極拳（械）加以現代的科學的理解。什麼叫做「信號回授」？

立論。自明清兩代以來，許多太極拳愛好者著書

　　比如手腳的投高投低，這次手投高了一點，自己覺得輕飄無力，沒有準繩；或投腳的方位偏了些，上下不能協調，那麼下次注意手投低一點，腳投正一些，就能覺得出手沉綿有力，對勁了。或者還差一點，再在下次鞏固或進行改正。這即是拳譜所說的，「差之毫釐，謬以千里」。就是這一點，不是親身經歷過的人是看不出的，也就無法提出辦法來糾正。這種微細而重要的偏向，只有「信號回授」這位自我老師能啟發我，告訴我糾正的方法。我國有句格言「前事不忘，後事之師」，可作為「信號回授」的寫照。

　　又比如，在人們失腳跌倒的剎那間，本能地、下意識地用手支撐地面，用腳交錯平衡，這種須臾的本能保護，就是意識信號像電波給予自身的回授，迅即糾正失誤。因此說，一切精神活動、技擊動作、鍛鍊治療，是與身心內在的機構息息相關的。所以用意識控制自身的機能，用以醫療疾病，防衛身體，自然是合乎邏輯而可以做得到的事情，條件是全身放鬆。

　　我們練習太極拳（械），其主要目的即在於加強身體內外的「信號回授」，以達到體格強壯、舉止輕捷的目的。

　　拳論所說「由著熟而漸悟懂勁，由懂勁而階及神明」（注），這樣一個由表及裏的學習過程，在初學階段就必須注意。太極拳（械）特定六個法則，即頂頭懸、尾閭收、含胸、擴背、沉肩、垂肘。由軀幹的運動，來調節內臟的活動。如果練拳（械）中不明白法則的重要性，不加以熟習運用，就不能收到練習拳（械）的效果。此外還有

練習拳（械）時的三個準則，即不出現動作的斷續，不出現姿勢的凹凸，不出現法則方面的缺陷。

以下將分別論述各法則和準則對生理衛生的關係，對基本功，對呼吸，對精神，對發勁，對虛實，對風格的各種關係及武術常識。為了敘述清楚一些，這裏附帶講一下人體的基本輪廓。

從人體外形看，分頭部、頸部、軀幹、四肢四個部分。從外往裏看，表面是皮膚，下面是脂肪層，再下面是肌肉，肌肉附在全身 206 塊骨頭上，骨頭連結在一起，構成了保護和支援人體的結構。

從內部由上往下看有三個腔：顱腔、胸腔和腹腔。顱腔內有大腦和小腦，腦幹通脊椎的椎管。頭部包括五官組織，頸部聯繫軀幹，軀幹包括胸腹和小腹，胸部和胸腔裏有心肺，腹部的腹腔裏有胃、腸、肝、腎等機件。上胸與下腹之間，好像兩層樓，有橫膈膜分開。四肢包括一對上肢和一對下肢。

許多器官以一定的次序結合起來，共同完成一種連續性的生理活動，叫做系統。

人體可分為運動、消化、循環、呼吸、神經等系統。這些系統是在神經系統的直接或間接的調節下，彼此相互依存、相互制約、相互作用完成各自的生理機能的一種動力。上面所說的神經系統，對太極拳（械）的意識引導動作是非常重要的。

這項屬於柔和的特種傳統體育項目，中、老年人在練習後，可以減少心肺功能的早衰現象，有益於心肺循環及各組織系統的新陳代謝作用，恢復健康，可以避免老化的

立論。自明清兩代以來，許多太極拳愛好者著書

機件容易疲勞的情況，而且不易感冒，增強了對環境氣候的適應力，能任重，能耐勞，能涉遠，能攀登高峰。青少年練習後，可以輔助發育強壯身體。太極拳（械）有許多課題足資探討，因而能夠自動去鍛鍊，成為日常生活中的一部分。

【注解】

神明——不可知之為神。明是明察，即明白不可知的事物，不可知而知之稱為神明。另一種解釋，神明作精神講，即到達有精神的階段。兩種都講得通。

一、頂頭懸

《十三勢歌訣》說：「滿身輕利頂頭懸。」這是說要有沉著堂堂正正的氣概，要使周身輕鬆俐落，做到「岳鎮而安，川浮而動」的地步。練習者必須掌握「頂頭懸」。「頂頭懸」這個法則關係到輕鬆俐落還是笨重澀滯的問題。俗話說：「上不正，下牽錯。」上頭還擺不正，下面自然出現偏倚俯仰，東倒西歪，這樣發勁施招很難乾淨俐落，因為自己身體的均勢還保不住，哪能夠在出擊時施展有效的手法呢？要施展有效的手法，必須先行穩固自身，「頂頭懸」就是穩固自身方法中的一種。

「頂頭懸」應當如何掌握呢？這要從「懸」字著眼，從「頂」字著手。「懸」的意思是虛領，屬於柔，「頂」是頸直肌輕度收，屬於剛。

具體做法，在發勁施招一眨眼之間，頭像「牛頭拱」似地使身體成為一個整體衝撞出去，隨即變為懸虛領，就是說在不發勁施招的時候是懸領的。領會運轉而產生的慣

性力和體內牽動的規律，這就是現代科學家們所研究的，稱之為「最新的治療方法」「生物回授」。

其實，我國早在兩千年以前的秦漢時期就有「心音回授」的養身延年的學說了。

古人詠太極有首詩說：「一片靈機寫太和（虛實會合），全憑方寸（心意）變來多。有心運到無心處，秋水澄清出太阿（寶劍名）。」用現在的話來講是：由虛實的交替，憑意識引導肢體，有意無意地動作，變來了剛柔相濟。這首詩含有「信號回授」的意思。

二、尾閭收

《十三勢歌訣》說：「尾閭中正神貫頂。」《十三勢行功心解》說：「立身須中正安舒。」這兩句話所指的也就是《太極拳經》上所說十三勢勁法之一的「中定」。

這個「中定」的姿勢，現在很少人注意，各種書刊也未提及。人們對這個《拳經》上所提出的戰術並不是不懂，而是有所忽略。

中定的具體做法即「屈膝沉襠」，也就是「尾閭收」，即經常所說的「頂頭懸使精神爽，尾閭收時即中定」。開襠、圓襠、鬆襠、小腹前合，不要撅臀，都是做好「尾閭收」的必要動作，而其中含有「中定」的意思。尚有撐襠，多少含有分開雙腿、加大底面積之意，沉襠除身體重心下降之外，主要是指「中定」。

太極拳是武術，每一式有每一式作用，是依據人體解剖和生理的規律而組成的解數〔注〕，人們只有根據規律去做，才能達到增強體質的功效，合理地發揮技術作用，

並不是畫道道兒就可以達到預期的效果的。所以在每式變換之時，意欲發勁施招之前，必須屈膝沉襠（即中定）。這等於人們所常見的在用大力之前兩腳踏穩、腰肌放鬆的姿態是一個道理。

這樣做身體的重心放低，不易被人推倒，利於用腹肌的弛張為神氣鼓蕩提供條件，不致氣喘身搖而有耐久的戰鬥力，這是「尾閭收」法則的目的。

另外，尾閭收時襠胯總是保持平正，可以避免動作出現凹凸。初學者宜注意研究，不可疏忽。

《練習太極拳十要》是近代解釋古拳譜比較全面的一篇文章，可惜未把「尾閭收」這條非常重要的法則收入論文。其他將形意拳種的法則用到太極拳上的，有的豐富了太極拳的內容。例如「彌之六合」，即內三合和外三合。〔注〕也有移植不恰當的，不合太極拳輕鬆圓活，柔和自然特點。例如把「尾閭收」說成是忍糞狀態，穀道上提（提肛），把圓襠說成要尖襠，把沉襠說成吊襠，把鬆襠說成裏襠。如果按照「說成」的做法，不但形象難看，而且動作僵硬。記此數則，提供學者參考。

【注】

解數：武術專用詞，一進攻，一解脫的招法。

「彌之六合」：內三合，心與意合，意與氣合，氣與力合。功能使精神抖擻。外三合，手與足合，肘與膝合，肩與胯合。功能使動作整齊。

三、含 胸

「含胸」這條法則與其他運動項目的挺胸正好相反，

這是太極拳（械）的特點，也是優點。含胸的優點是能擴大肺活量和腰胯轉動的幅度，有助於發勁和化勁。掌握「含胸」幅度，因人的體格不同而不能強同，一般標準以淺含為宜。

具體做法在舒沉雙肩的條件下，兩肩頭微向前合，不是強行扣胸。要使胸肌下垂，以不妨礙腹部肌的牽動弛張，不損壞姿勢的形象為合度。

含胸的深淺程度，單人盤架子〔注〕與雙人推手不同，發勁與不發勁也有所不同。盤架子只是單人模擬性的戰鬥動作，一般動作皆不發勁，只要淺度內含，配合能擴大腰胯部轉折的範圍即可。

雙人推手有時取得主動，有時趨於被動，若遇強攻，為了發勁的深度、化勁的廣度和避免擊中心臟腹地，有利於保持均勢，必須加深含胸。加深的時候一般在發勁和化的剎那之間，隨即又歸於自然淺含。如此在平時盤架子時，切不可做成駝背的樣子就可以了。

【注】

盤架子係武技成語，即打拳之謂。

四、擴　背

這條法則原叫做「拔背」。經研究，拔背是用背方斜肌上提，必然帶動頸直肌的鼓起，連鎖反應地引起腹直肌僵硬，形態像猴子一樣，拱圓了背，縮起了脖子，老是這樣就失去了輕鬆虛領的特點。

「拔背」只是用於極個別的動作中，如楊式太極拳的斜飛勢，「斜飛勢用肩，肩中還有背」。如陳式太極拳的

閃通背，像摔跤的大背胯，低頭轉身背，其他配合雙按，與頂頭同一方向將背肌上捲。所以《拳譜》有「力由脊發」之說。但是「拔背」在整套太極拳當中僅占百分之十，其餘百分之九十的動作都是「擴背」。

擴背的具體做法：在兩肩下沉的條件下，背肌群向左右兩側延伸舒張，這樣做與「含胸」法則一致，與腹肌的自由伸縮沒有矛盾，形象也比較整齊，與發勁也沒有抵觸。

拳譜中有「氣貼於背」之說。實際上背脊處沒有儲存氣的結構，只是背肌群牽動往來而產生的熱力。因為背脊佈滿了中樞神經幹線，和面部的印堂一樣是十分敏感的，所以最容易出汗。

「拔背」和「氣貼於背」，是前人限於當時科學條件下所認識到的。而「擴背」是從現代科學的旁通下提出的。例如許多著作中說的「能含胸即是拔背」，是一回事還是兩回事呢？

根據科學所得的回答，不是一回事。本來神經指揮要「含胸」，胸部的隨意肌立即回應而起功能，神經指揮是「拔背」，背肌群馬上起反應，這就是拳譜中所說的「發勁沉著鬆淨導注一方」。就常識來判斷，前人列為「含胸」和「拔背」兩條法則，顯然不是一回事，如果混同「含胸」與「拔背」的分別，會給教學上帶來含糊不清的概念，那就不妥當了。

五、沉　肩

為什麼要「沉肩」？沉肩與技擊的關係又是怎樣？太極拳任何一個細小的動作，都是由一系列對立統一的因素

組成的，這些因素包括方向、路線、幅度、距離、力量、速率、節奏、風格等。「沉肩」這個法則，是處理對立統一因素的手段之一，也是獲得動作正確的保證。

沉肩的具體做法，見「法則與生理衛生的關係」。這裏講「沉肩」對技擊的關係：

1. 有助於「頂頭懸」的虛領動作，使精神得以煥發。因為「沉肩」使頭顱上頂，達到思想集中，引出神采奕奕。

2. 有助於心跳的頻率不致過速，不致意煩，不因動作的難度高幅度大而引起呼吸促迫的現象，利於持久運動。因為肺葉因沉肩得到舒展，所以不致氣喘。

3. 有助於下盤〔注〕的紮實，單腳獨立不致顫抖搖擺。因為「沉肩」像古代建築殿宇，雖然是單擺浮擱，卻是以大屋頂壓住下腳的力學原理是一樣的。

4. 有助於出手的快速，如放箭一樣射出，不致彎彎曲曲，出手無力。因為「沉肩」能使手臂直線擊出。

5. 有助於周身的掤開，因為沉肩本身就是掤勁，從而產生粘、連、黏、隨的「不丟頂」勁〔注〕。

6. 有助於防身護體，起到手足兩扇門的作用。因為「沉肩」使胳膊撐開，起到身體屏障的作用。

7. 有助於神經傳導的敏銳，立即能做到拳譜中所要求的「一羽不能加，蠅蟲不能落」「人不知我，我獨知人」的境界。因為「沉肩」胳膊支撐，使腋下最靈敏的笑感神經不受外壓，從而能掂出極輕的分量和勁路的趨向。

8. 有助於放鬆周身的肌肉，使動作沉綿。因為「沉肩」帶來了彈簧力，胳膊的一頭，像繪圖的圓規被固定了畫圓，所以，動作總是循弧形軌跡而運轉的。這就是強調

立論。自明清兩代以來，許多太極拳愛好者著書立論。

必須掌握法則的道理，如果不按照法則，就不合太極拳（械）的門徑，也練不好太極拳（械）。

【注解】

下盤：即下肢。

不丟頂：即推手時搭住對方，既不丟開，也不硬頂的意思。

六、垂 肘

人體的運動系統，由骨骼、骨關節、骨骼肌三者所組成。骨骼是槓桿，骨關節是活動的支點，骨骼肌在神經系統的控制下進行伸屈，牽動骨骼，運用法則去完成太極拳所要求的各種動作。

肘關節這個起重支點，在拳術中特別重要。拳譜中說「過猶不及」是說做得太過了，反而不符合要求。例如肘尖翹起朝天，勢必牽涉腳跟上浮，容易被人推倒。那麼怎麼掌握呢？「垂肘」要在放鬆肌筋的條件下，兩肘尖像時鐘的指標一樣，自3點至9點，都是正確的，超過9點至3點，都是不正確的，這是垂肘的標準。至於對技擊的關係，有三點：

1. 有助於增加力量和關節韌帶的彈力，可以緩衝和減弱來勢。符合拳譜所要求的「屈中求直」的準則，因為胳膊具有彈性，這種提高了的關係和韌帶的彈力性能，可以到老不衰。

2. 有助於保護胸腔和腹腔，即肘關節輾轉衛戍於兩肋之間，還有利於三尖相照，攻守兩宜。

3. 有助於捲放的遲速，必要時可以將對方兩臂夾住以

立論。自明清兩代以來，許多太極拳愛好者著書

自身為支柱，借對方的進攻的力量，使出巧撥千斤的起重力，將對方摔出去。

第二節　論法則與生理衛生的關係

打太極拳（械）可以使人精神充足，因為每日吸入足夠的氧氣，這非菸酒提神於一時可比。它能祛病延年，動作輕快，無病無痛，各種器官功能正常，消除了老年人的通病如厭動、怠惰，暮氣沉沉，遲鈍健忘。打拳等於學少年人的跳跳蹦蹦，給心靈上帶來無限的快感。

1. 從生理衛生看第一個法則「頂頭懸」

其形態是下頜微向裏收，頸椎輕輕豎起，百會上頂。這樣做的作用，是給顱腔以舒張壓，促使大腦功能迅速趨於安靜，接受因運動而產生的「回授」。因為心神和意氣的運用，精神「專注一方」，必然使大腦皮層內的興奮點集中於一個區。

根據生理學中的「負誘導現象」，就是大腦某一區域興奮的加強，其他區域的興奮必然減弱，起到抑制的作用。根據這個科學道理，鍛鍊太極拳可以抑制某些慢性疾病的病灶興奮，起到積極的恢復健康和醫療作用。工作之餘打打太極拳（械）可以轉移興奮點，消除因工作而引起的精神疲勞狀態，所以它是合乎生理衛生的。（圖 10-2-1）

立論。自明清兩代以來，許多太極拳愛好者著書

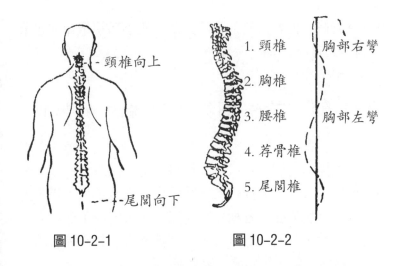

圖 10-2-1　　　　　　　　圖 10-2-2

1. 頸椎　　　胸部右彎
2. 胸椎
3. 腰椎　　　胸部左彎
4. 荐骨椎
5. 尾閭椎

頸椎向上

尾閭向下

2.從生理衛生看第二個法則「尾閭收」

它自腰脊椎至薦骨椎延伸到尾閭椎，動作像尺蠖一樣地行動，一屈一伸，也是胃部至腹部延伸到膀胱的運動，而使腹直肌的帶動收縮和舒張。這樣做的作用，是給腹腔以壓力，率動橫膈膜的起落，協助了肺的呼吸運動，對於腹腔內的結構進行有節奏的磨擦，排除淤血，促進新陳代謝作用。對於消化系統、排泄系統的某些疾病起到積極的理療作月。對十二指腸潰瘍、胃下垂、消化不良、肥胖症，以及肝、膽、腸、膀胱初期的病徵，又能起到良好的體療效果，尤其是協助醫療的效果。

從生理看，占人體45%長度的脊柱骨，天然形成兩個S形的生理曲線，由於經常做「頂頭懸」和「尾閭收」這兩個法則所規定的動作，可以防止未老先衰的徵象，如低頭彎腰，脊柱萎縮，腰酸背痛等疾病。（圖10-2-2）

3. 從生理衛生看第三、四個法則「含胸」和「擴背」

含胸是使兩肩下沉，兩肩頭微微前合，不是扣胸或束胸，而是生理自然狀態，如同人們深思入神的姿態，從而使肌肉放鬆，保護轉動腰胯的靈活性，而軀幹則是依然中正的。這樣做的作用，是給胃腔以壓力，迫使橫膈膜下降，而使肺葉展長可達 10 公分之多，於是可吸入比平常多得多的新鮮空氣，增加肺活量，得到耐力。（圖 10-2-3、圖 10-2-4）

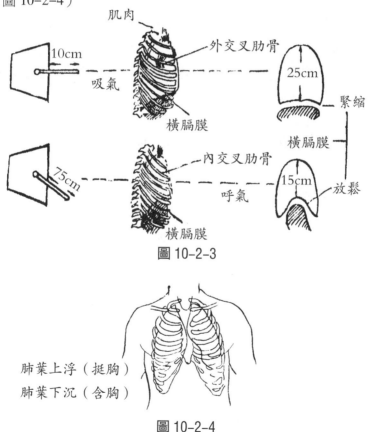

圖 10-2-3

圖 10-2-4

立論。自明清兩代以來，許多太極拳愛好者著書

「擴背」的做法是在肩下沉的條件下，使背肌群向左右兩側擴張。這樣做有助於中樞神經的傳導作用，使周身感覺靈敏；同時背肌群得到鍛鍊，增強活力不至於疲勞。因為背肌群支持人體的站立，每分鐘都在緊張用勁，使人們覺得疲勞，首先反映出腰痛背酸，需要坐或臥，借此放鬆背肌群，打哈欠伸懶腰都是背肌群緊張的信號。所以說背肌群的弛和張的運動是合乎生理衛生科學的。

4. 從生理衛生看第五、六個法則「沉肩」和「垂肘」

沉肩是鬆開肩頭，又稱鬆肩，使肩甲三頭肌出現一個低窪，能穩妥地安放一個雞蛋，這個標準經過一段鍛鍊時間是能達到的。那時手臂的伸屈纏繞可以做到「柔如柳絮，堅比金石」，同時也增加了伸臂的長度。

這樣做的作用，第一，能平衡身體的均勢，運動時不致氣息短促，身體搖擺。其次，有助於頭顱的上頂。第三，幫助肺葉舒張。第四，使身體中正。第五，人的外表氣宇軒昂。

「垂肘」是肱二頭肌的輕度收縮，尺骨與橈骨進行絞剪運動，擴張靜脈和毛細血管，促使靜脈血更快地向心臟回流，從而加速血液循環，疏通了體內千千萬萬條管道，溫暖手足，發汗排廢，對某些心臟傳導阻滯、動脈硬化、關節炎、改善循環系統，起到極有價值的理療作用。（圖10-2-5）

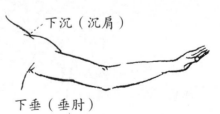

下沉（沉肩）

下垂（垂肘）

圖 10-2-5

第三節　論法則與技擊的關係

　　從比較著名的《太極拳論》《太極拳經》《十三勢行功心解》《十三勢歌訣》《打手歌》等著作中的敘述看來，各書所規定的法則均是技擊上的要求所導致的。「頂頭懸」是為了配合暴發勁的得力和姿態威武。「尾閭收」是為了身體不失重心，使重心下降保持均勢。「含胸」是為了閃躲靈活，不致氣息促迫。「擴背」是為了使全身最大和最敏感的肌肉群發揮攻守的力量。「沉肩」是為了加長出擊的長度和發力的「勁整」〔注〕。「垂肘」是為了可以迅速出擊和保護自己的「軟檔」〔注〕要害部位。所以，學習太極拳（械）必須清楚瞭解法則對生理和技擊的關係，明白了法則的用意所在，自動去掌握它，從而在短期內就能夠收到鍛鍊的效果。

　　知其然而不知其所以然的練習，在鍛鍊上是難以持久和鞏固的。如果我們完全不知道練太極拳（械）主要就是練法則，那就成了畫道道兒。一般練習的人存在這樣的情況，而且人數還不少，其責任在於教者沒有向從學者說清楚。應當生動地從生理衛生的觀點、技擊上的用法上，用科學的語言而不是用神秘不可捉摸的語言，現身說法地向學者交待，以使學者有正確的道路可循。

　　說明掌握法則，用來解決矛盾，要重視科學研究的事實，鑽進去探討，逐步認識太極拳（械）運動的規律，比較自由地運用這些法規，處理太極拳（械）運動中所出現的各式各樣的矛盾，完成健身自衛的功能，使弱轉為強，

立論。自明清兩代以來，許多太極拳愛好者著書

由強能夠自衛。

【注解】

勁整：武術成語，即：接觸到及物點上的力，使勁使準了稱「勁整」，使勁使偏了稱「拳鄙」。

軟襠：沒有骨架保護的肝、胃、胰等要害部位稱「軟襠」。

第四節　論基本功

單練拳架是個人鍛鍊基本功，雙人推手和散手對打是實現勁法和進攻的方法。兩者的基本功，通常是指手、眼、身、法、步五大項的功夫而說的。

手的靈活，眼睛的顧盼有神，身段的翻式過人〔注〕，施招的法子正確，步法紮實有力。武術成語上說：「手到腳不到，自去尋煩惱。低頭與彎腰，傳授定不高。」這其中就包括了五大項基本功的提示。又說：「行如風，站如釘，升如猿，降如鷹，拳賽流星眼如電，腰如蛇行腳賽鑽。」這又是拳術上的要求，也確實是步為根基，快速在步，穩固在步，著與不著在步，巧與不巧也在步。

所以，武術上又有話說：「下場不蹓腿，到老冒失鬼。」因此，練功夫的人，無論初學老練，下場時總是先要壓壓腿撐長韌帶，彎彎腰活絡關節，蹓蹓腿以輔助腿功，達到直、起、風、波的要求。直可以貫徹功夫；起就是踢得高，能踢得高，施腿的招法可以如意運轉；風是快速；波是有勁。

不要以為太極拳總是慢吞吞的，它是能快能慢的。拳譜中說：「動急則急應，動緩則緩隨，雖變化萬端，而理為一貫。」不僅太極拳的腿法是這樣，各式各門的基本要領莫不如是。所說的「八式」有四種：

一是基本樁型八式，樁型是亮開一個式子的定式。

二是上式接下式，雙腿往返轉折的中間動作。八種步是連環、鴛鴦、插、龍行、貓邁、倒輦、扣、四平。

三是八種踢腿方法，叫做翅，蹬，起，擺，接，套，襯，踹。「翅」即是分腳，「蹬」是用腳跟，「起」是二起腳，「擺」是橫掃的擺面腿，「接」是用腳掌接住來腿，「套」是繞過來腿由上而下踹，「襯」是順著對方雙腿的內側而撩踢之，「踹」是橫斜而踹。

四是手法上的八種勁法，即掤、捋、擠、按、採、挒、肘、靠。

以上五大項基本功，「法」這一項最容易疏忽，一般只曉得身法、手法、眼法、步法四大項，各種武術書籍也是按四大項寫的，而丟卻了最要緊的。我們所練習的解數方法即用法，這個「法」中之法如何去做？如何去領會？實際很簡便，不過沒有注意罷了。

例如太極拳的各種名色，形意拳，八卦拳的拳式名稱，少林拳、查、華、炮、紅、翻子、戳腳、短拳、八極、猴拳、通臂諸拳種的定名，南拳有龍、虎、豹、蛇、鶴，和五禽戲，各拳各路，各套各法不勝贅述。要者，其定名立式，就是用法，在名稱裏已經包含著用法的指導。這是我國的文化傳統，真是「雖曰習武，文在其中」。

例如太極刀有一式，名稱叫「旱地行舟」，歌訣是：

「旱地行舟鞭作篙。」按名稱的要求，動作做來像撐船一樣。刀乃短兵器，使用得法，短兵器可以當長兵器用，像撐船的長篙那樣，含意是教學者撩得遠一些。又如「墨燕點水」一式，教你仿效燕子的特點，刀頭向下點，而不是劈與砍。再如「下取」一式，叫你往下砍小腿，不是砍頭部或其他部位。

這種文武結合的名色，足夠豐富多彩的。其中雖也摻雜了糟粕的東西，是糟粕應當改掉，但是對於有意義的名稱，要鄭重地刪改，以免喪失它的實用價值。

凡研究的人們都知道，練太極拳可以強身，掌握武功則不是一朝一夕的事，有基本功的限制。俗語說的「英雄出少年」是很有道理的。有年齡的限制，師資的限制，安全設備的限制，武功必須由雙人對打的實踐，和游泳一樣，光看看沒有用，要會游泳一定要跳下水去實踐，方始有成。但是人們已經花了不少時間，想明白一下拳式的用法也是必然的。一切從鬥爭中產生。如古代的戰爭，武術水準高低是起主要作用的，武術也是從階級鬥爭、生產鬥爭中長期發展成長而來的，它有一定的來龍去脈。我們明白了這些套路招式名稱的用意所在，進而可以提高鍛鍊的品質，並有助於教學的效果，如此教完一套八十一式〔注〕太極拳最少可以縮短四分之一的時間。

推手為大眾所喜愛樂見的運動，富有娛樂和健康的性質。兩人相互幫助向對方推拿按摩，運動全身，像平衡木運動員一樣，鍛鍊觸覺的反應力，這種反應力能起到感覺抵禦外來疾病的侵襲，對年老體弱者非常適宜。我們應該進一步研究出適合這項運動的安全法。可以根據各自範

圍，根據練法上的特點，制定各自的規則，從而匯總起來成為一項競賽的項目。我們必須集思廣益，厘定有關推手的規則，這也是一件武術發展史上的大事。

【注解】

翩式，即身段輕、漂亮的意思，係武術行語。

現在所流行的六種傳統太極拳，前人都是按九的自乘數即九九八十一滿數的道理而彙編成套的，所謂八十八式，一百二十二式，八十四式，那其中都有分解動作，不全是基本姿勢。

第五節　論呼吸

練習太極拳（械）時如何進行呼吸，是愛好太極拳（械）的人們所共同關心和想進一步掌握其技巧的問題。綜合研究歷代所留傳的五篇「拳論」，其中有關「氣」的論述共有十四條，如「氣沉丹田」「運氣如百煉鋼，無堅不摧」「氣宜鼓蕩，神宜內斂」「以心行氣，務令沉著，乃能收斂入骨」「以氣運身，務令順遂，乃能便利從心」「腹鬆氣斂入骨」「氣若車輪」「腹內鬆靜氣騰然」「行氣如九曲珠，無往不利」「氣以直養而無害」「氣為旗」「牽動往來氣貼背」「意氣君來骨肉臣」「全身在意在精神不在氣；在氣則滯，有氣者無力，無氣者純剛」。

還可以舉出一些。但後來的論文和詩詞歌訣多半都是解釋這五篇「拳論」的，主要的就是上述這十四條。這十四條用現代的話來說，可以概括為三點：一，使橫膈膜下降；二，擴大肺活量；三，不要發生氣喘。

立論。自明清兩代以來，許多太極拳愛好者著書

立論。自明清兩代以來，許多太極拳愛好者著書

　　前人在生理解剖尚未發達之時，用自己的切身體驗寫出這樣簡潔清楚的總結，確實是難得的。但是另一方面，由於對生理解剖知識不足，對太極拳（械）的呼吸問題的論述，往往帶有神秘觀念和迷信的色彩，散佈範圍極為廣泛。怎樣澄清這個為大家所關心的、有益於人民健康生活的呼吸問題？向人們講明白關於三個丹田之說。

　　根據人體解剖，根本就沒有這三個機件。但這三個部位，是人的神經密集之處，感覺比身體的其他部分格外敏感罷了。各式呼吸，同樣都是肺氣和外界空氣的交換，方法不同，呼吸則一，說不上有什麼特殊的分別，看不出何者的價值高，何者能練得出功夫。以動作配合呼吸，根據實踐只能以個別動作調整呼吸，使之深長，但是不可能在全套式子中式式調整。

　　所謂開呼合吸也不可能完全配合動作。打拳和音樂一樣，旋律有高低，節奏有快慢，呼吸也是一樣，不能動作快就使呼吸人為地加速，動作慢就使之綿長。所謂氣息轉大九天、小九天是神經的微波作用，身體內部沒有通大、小九天的氣管通道。還有的說：是意守丹田，用意識精神專一。據這種說法，那就不是呼吸的問題了。

　　現在對掌握呼吸，有的說不必注意呼吸，這種說法又對又不對，對的是不承認那些繁瑣的東西；不對之處應當講呼吸是應該控制的。

　　如掌握法則使之深長，肌肉放鬆以免氣喘，運動量不夠就把架子放低些，運動量太足了，架子就放高些，以期達到本身適合的運動量。這種控制是必要的，而且也是做得到的。動作的緩，勻、正、展是輔助呼吸細、勻、深、

長和擴大肺活量的保證。

現代科學對呼吸的解釋是：根據吸扁呼鼓的生理現象，空氣中的氧吸入肺泡，從肺泡進入血液，再從血液進入組織細胞。二氧化碳從組織和細胞進入血液，從血液到達肺泡，再從肺泡排出。這種新陳代謝的呼吸過程，無論任何人都是這樣的。

肺泡中的氣體和外界空氣的交換，靠呼與吸兩種動作，主要靠胸部的擴張和收縮。吸氣時，肋間肉和劍骨軟骨上升（發生氣喘時，鎖骨也參加活動），使肺廓前後左右徑擴大，使膈肌下降（膈肌的中心向胸內凸上的），胸廓上下徑也延長，藉以交換更多的空氣。

具體到打太極拳與生活中的動作大不相同，有平常很少遇到的動作，因此引起肌肉緊張，心跳氣喘，需要腹壁肌、胸廓肌、背肌一起參加呼吸運動，擴大肺活量。肺活量的大小是體力強弱的標誌，肺活量大小與性別年齡身材高低及鍛鍊程度有關。成年男性的正常肺活量為 3500～4000 毫升，同樣體重的女性肺活量要小 1/5。人們平時操作生活都達不到這個飽和點。例如在睡覺的時候只有 700～1000 毫升。

打太極拳時，因為掌握六個法則，很容易使肺活量達到飽和點（指柔和運動而言）。這用儀器可以測量。交換新鮮空氣，一可以澄清血液，二可以擴大肺活量，三可以清醒頭腦。因為腦的需氧量比身體其他各部多得多。

據近代科學材料說，經實驗證明，腦的重量占體重的 1/50，而腦消耗吸入的氧約占 1/4。腦細胞在一般情況下的耗氧量，為其他細胞平均耗氧量的 12.5 倍。例如：人們

處在空氣污濁缺氧的房間裏會感到頭昏腦脹，在空氣新鮮的環境中則覺得神清氣爽，這即是腦子需氧的證明。因此，我們在打太極拳（械）的時候，加大一些運動量，多交換些空氣是很重要的。

研究呼吸的結論是：新鮮空氣對身體有益，污濁的空氣對健康有害。呼吸不適時可以「哼哈」二氣作為調整。這「哼哈」二氣可以助長發勁的勢道。打太極拳吸入的氧，要比靜坐時多 8～12 倍，因此站著練氣功，遠遠不及打太極拳（械）。而且打拳時內外各部都得到鍛鍊，體內的廢質得以從汗水中排出，擴張靜脈給心臟循環以必要的刺激，使身體內部的新陳代謝作用增強。同樣年齡和體質的人，打太極拳（械）的人比一般不運動的人，看起來年輕很多歲。

第六節　論發勁

中國武術的動作，都是拳打腳踢，從實際格鬥中提煉而來的。它的形式顯然和自由體操不同，除套路考究、動作優美略有相同之處外，武術動作著重實用價值，方法巧妙，套路安排必須有攻防、虛實、戰術、勁法、拿捽等以及手、眼、身、法、步五大項技擊上的要求。這種技巧在對打套路中，就表現得比較直觀，如太極散手對打，太極對刀等。

「發勁」須先練會推手功夫。推手功夫又分五步，最好都懂。其他還有腳絆的方法，能大幅度地轉動腰胯，身

體的保持均勢，肌肉的弛張，樣樣都須明白，才能發勁發到好處，而不是亂發亂推。

推手又名搭手、擖手。推手的方法是雙方以手搭靠，練習掤捋擠按四種勁法。搭手交叉處是一個重心，各人有一個身體重心，三個重心二人相互爭奪，得重心者勝，失重心者敗，這是自然的道理。初學發勁，先學合掌發勁和補手發勁，然後學習用腰胯運化，以增加轉動的幅度，用腳跟蹬地推動發勁。

一般說來，發勁要直，化勁要圓。發勁手像乒乓球的抽殺，腳像足球的射門，貴在直而有勁。「化勁」則化之不盡，發之不遠。初學化勁宜斜，向身旁兩側化去，如功夫有進步，可以向自身化去，即拳譜上所說的「引進落空」。俗語說的「以其人之道，還治其人之身」，即借助發勁兒，以制勝對方。

推手功夫可分為五步：

1. 原地推挽，練習運用腰胯的轉動。

2. 上三步退三步的活步推手，練習兩腿的活絡運用。

3. 大捋，練習四斜角亦步亦趨、不丟不頂的方法，實驗採挒肘靠諸種勁法。

4. 太極散手對打，即將全套太極拳的動作分解說明攻化之法，以及腿上使絆的功夫。「絆」分插、逼、扣、封四法。「插」，用腿插入對方的兩腿之間，蹲身上撬用槓桿起重的原理，撬使對方凌空；「逼」，用膝蓋或胯部向裏逼對方的下肢，使對方沒有後退的餘地，這就是「野馬分鬃」和「斜飛勢」等式的用法；「扣」，是用我腳的內側扣住對方腳的外側，雙手向前推去，就能使對方應手而

撲，如「攬雀尾」的「擠」勢、上步左靠等；「封」，用我的腳在對方的趨向裝一門檻，雙手撥弄使對方自絆而傾跌，如太極散手的「採手」和「橫捌手」等。插、逼、扣、封是明代抗倭名將戚繼光所著的《拳經》上說的「封腳套子」（圖10-6-1～圖10-6-4）。

5. 進一步，雙方都不使用定式，開始攻擊，各聽自由，或圓形——甲在中心，乙遊擊四周；或縱形——直來直往，出圈者、跌倒者為輸。這是最後一步功夫，教者須親受對方的擊撲，這是由於過去防護設備不全，不得不這樣做。所以能會此步功夫者較少，武術上稱為「餵拳」。學拳是這樣，學器械也是這樣。

太極拳（械）的發勁，不是只指雙臂的功夫，眼神的觀察動向，也是重要的一環，手臂要力求柔順，借兩膀的鬆淨，體會粘連黏隨、不丟不頂的功夫和聽、化、拿、發的觸覺力。等到熟練之後，對攻守引化有可能達到拳譜上所說的「人不知我，我獨知人」的境界。

「步」，腳的前進後退要有如履薄冰的感覺，單練或雙打如不能做到這樣，就練不出腿功。只有步似臨淵，才能分清虛實，下肢有根。腰胯是平衡身體重心的樞紐，閃展騰挪全靠用腰，平時鍛鍊要注意以腕帶腰或以腰帶手，步隨身換，「發於腿」「主宰於腰」「由腳而腿而腰，總須完整一氣」，把這些拳譜上的話，貫徹到身上來。

人們常說的所謂內功、內勁，實際上是正確掌握了恰如其分地運用肌肉群的發力，也不是什麼氣功，倒是有發聲協助發勁。發勁必須有關肌肉群的緊張收縮，無關肌肉群的充分放鬆，也就是說，肌肉纖維的收縮越多，則力量

懶扎衣出門架子，變單鞭霎步下勢。對敵若無膽向先，空自眼明手便。

圖 10-6-1　懶扎衣

懸腳虛餌彼輕進，二換腿決不饒輕。趕上一掌滿天星，誰敢再來比拼。

圖 10-6-2　懸腳虛

擒拿勢封腳套好，左右壓一如四平。直來拳逢我活捉，憑快腿不得通融。

圖 10-6-3　雀地龍

擒拿勢封腳套子，左右壓一如四平。直來拳逢我活捉，憑快腿不得通融。

圖 10-6-4　順步推手

立論。自明清兩代以來，許多太極拳愛好者著書

越強，收縮時間短促，則靈活巧妙。這樣就能把全身的力量集中在一點發出，從而衝擊對方。人體的肌肉群是對立統一的矛盾，在骨關節周圍有可以引向不同方向運動的肌肉，所以如果把有關無關肌肉群一起用力，就會產生矛盾，相互抵消了部分力量，所發的勁就不能乾淨俐落，發得不巧反而破壞了自己的均勢。

發勁的功夫可以在單練套路的時候注意臂掤滿，虛擬使招，然後抖擻發勁，使動作斷而復連，三尖相照，一心專意，用這一方法來增強反應力與暴發力的訓練。

體重＋力量＋速度＝暴發力。速度越快，衝擊力越大，疾然發勁，完全像舉重的暴發力，所不同的只是舉重的方向向上，而發勁是向四面八方，為擊中對方的身體重心所在。人體重心從立正姿勢來說，在1～5骶骨之間。降低身體重心是抵消對方來勁衝擊的一個方法。為了降低身體重心，雙腳步子放寬，但是反應比較遲緩；步子小，支撐面也小，雖然不穩固，而靈活性強，動作快，各有利弊。重心高利於攻，重心低利於守。但這並不是絕對的，防守為了發勁進攻，降低重心的過程，就是蓄勢發勁的過程。

一般感應力強的人，一搭手就能感到對方身體的重心傾向和勁勢的意圖，而一個水準較差的新手，體感遲鈍，雖然力大，不經過訓練和實踐，決不能勝過力小而有鍛鍊的人。當然，力氣大的人一經鍛鍊，那就不易戰勝了。拳譜上說「察四兩撥千斤」，顯然不是指力勝，是指借對方的勁力來取勝。看來這是有道理的。

第七節 論虛實

虛實問題須從三個方面來闡明實質。

一、拳譜中說到有關虛實的問題一共有七條：

1. 虛實宜分清楚，一處有一處虛實，處處有一虛一實。
2. 不偏不倚，忽隱忽現。
3. 左重則左虛，右重則右杳。
4. 偏重則隨，雙重則滯。
5. 意氣能換得靈，乃有圓活之趣，所謂變換虛實也。
6. 變換虛實須留意。
7. 每見數年純功而不能運化者，率皆為人制，雙重之病未悟耳。欲避此病，須知陰陽，方為懂勁，懂勁後，愈練愈精，默識揣摩，漸至從心所欲。

根據以上七條，把它連綴起來，換成日常語言，就能夠明白為什麼要懂得虛實的道理。這裏的解釋並不複雜繁瑣，說破了簡單清晰得很。

這七條即是說，為了掌握技擊上的靈活性和主動性，虛實一定要分清楚，運用虛則實、實則虛的聲東而擊西的一種戰術，使對方捉摸不到我身體的重心所在。虛實的主要要求是肌肉不要僵硬，僵硬了容易被人所制。老是一個方法也太呆板了，同樣也容易暴露弱點，被人所乘，要運用智慧，才能招法圓活。所以變換虛實能夠引出使自身輕鬆靈活的方法。

立論。自明清兩代以來，許多太極拳愛好者著書

常常看到有些人練了數十年的功夫，還那樣笨拙，被人擊敗，原因在於太呆板了，太僵硬了，不懂虛實的作用。要避免這個通病，必須懂得虛實道理，從而能夠運用虛實的方法以取勝，也愈練愈精，進一步研究，能產生飛躍，做到從心所欲。這便是為什麼要掌握虛實的解釋。

二、實踐旁通的解釋

初學騎自行車的人，一上車神情緊張，身體僵硬，不會用肢體的虛實平衡體重，一遇到偏倚，格外僵硬，自己與自己為難，把自己摔倒了。等到會騎了，神情就不緊張，肢體也不僵硬，兩腳蹬來一虛一實，也自然了，不用手把舵，也可以拐彎，只要將腰一扭，車就按自己的意志行動，這就是掌握虛實的重要性。

三、從生理上看虛實的作用

以肌肉的伸縮、弛張、負荷為手段，練習體力，耐力，速度，靈巧等素質。肌肉緊張是實，肌肉放鬆是虛，虛實的交換，是消除肌體僵硬的方法，使內部器官活動加強，從而使內臟和肌肉的活動協調起來，可減少失重和體感不靈的現象，這就是虛實的原因。

四點結論：

1. 掌握虛實是消除肢體僵硬的辦法。

2. 能夠增加腿力，利於保持均勢。

3. 利用虛虛實實聲東擊西。

4. 虛和實的定義，在太極拳（械）中，有特殊的含義。「實」作澀滯講，「虛」作靈活講；但用於發勁的時候，

「實」又作強勁有力講，「虛」作軟弱無力講，虛是為了充實，為了靈敏。所以在練習太極拳（械）的過程中，虛實作為矛盾的對立統一，虛是絕對的，實是相對的。

第八節　論精神

依據流傳的五篇拳譜，其中有關「精神」方面的論述還有：1. 神宜內斂；2. 精神能提得起，則無滯重之虞，所謂頂頭懸也；3. 耄耋能禦眾之形，快何能為；4. 形如撲兔之鷹，神如捕鼠之貓；5. 神靜體舒；6. 內固精神，外示安逸；7. 全身在意在精神；8. 尾閭中正神貫頂，一共八條。

精神是包括五種素質的總稱，這五種素質是：1. 氣力；2. 勇敢；3. 耐力；4. 機敏；5. 堅強。這五種素質積蓄在身體各部，素質的多與少，表示了精神狀態的差別，又表現於日常工作上的效果。

素質與人的精神表現極為密切。比方有人說「打了太極拳之後精神好得多了」，實際在說素質改善了，有所改變了，因此必須鍛鍊。

太極拳（械）鍛鍊的方法內外兼顧，注重在精神意氣，它既有體療的價值，又有技擊的效果。從體育的觀點來看，一切人體運動是促使隨意肌的收放，不隨意肌的蠕動，以及血管壁的舒縮動作，間接影響不隨意肌的運動而增加它的力量，藉以改善組織和促進發育完善。

過去所謂有「內家拳」〔注〕即太極拳之說。這是舊社會殘留下來的宗派門戶之見的說法，實際上許多拳種都

立論。自明清兩代以來，許多太極拳愛好者著書

是要求剛柔相濟的，不同的只是形式上採用的鍛鍊方法，最終還是殊途同歸的。

太極拳（械）的方法是由掌握六個法則，以鍛鍊精、氣、神，五官是表現精神的機件，除注意定式的挺拔之外，頭部要保持端正，面容要保持自然，不要緊張，不要嬉皮笑臉，更不可做出多種表情，如緊鎖眉頭，瞪眼怒目，這都不合乎要求。

眼：專心一意，焦距集中。古人說眼為心苗，一切行動意圖，都是先流露於眼神。練習眼神有兩種方法：一是眼看在東，出手在西，稱為虛佯誘哄之法；二是眼神要不怒而自威，以眼神倍增懾服對方，這就是拳譜中說的「毫耄能禦眾之形」。所以平日鍛鍊不要眼皮下掛，切不可「半開半閉，呆視一隅，目光咫尺，毫無神色」。運用目光原屬技擊需要，但是單練也可採用，能夠起眼睛保健操的作用，能練得目光銳利而奕奕有神。

口：「唇宜輕閉，齒宜輕扣，不宜閒談，舌宜上舐。」不閒談以免精神渙散，舌上舐能生唾液，以免呼吸加快而引起喉頭的乾燥。如感呼吸不適，可以吐氣調節。

耳：耳的鍛鍊方法也有兩種，一是凝神靜息地耳聽八方，辨別微音，識別方向。二是專注一方，聽其聲不辨其音。兩者交替鍛鍊，久之聽覺自然靈敏。

鼻：打拳（械）的時候，必須保持用鼻子呼與吸，不要一上場就緊張地打起拳（械）來，這樣難免使鼻子來不及喘氣，出現面紅耳赤、血脈賁張的現象。必須先行柔和肌筋，轉動關節，等到身體滑潤，然後認真練習。主觀上要做到呼吸平靜，切不可憋氣。

立論。自明清兩代以來，許多太極拳愛好者著書

每日晨起，打打太極拳（械），久而能養成習慣。如此每日交換大量的新鮮空氣，促使新陳代謝的功能，自然神清氣足。每日有充沛的精力是做好各項工作的保證，自覺遊刃有餘。俗云「精誠所至，金石為開」，一點兒不錯。為什麼打太極拳（械）不覺得累，反而精神棄足呢？由於法則「頂頭懸」的提綱挈領，促使分佈全身的通訊網中樞神經，因綱舉而目張，引起其他系統興奮，所以不覺疲勞。相反某些晚睡晏起者，沒有朝氣蓬勃的精神，久則反應遲鈍，目無神色，動輒就氣喘身搖，這就是衰退和容易生病的徵兆。

當今世界流行的一句話「生命在於運動」，是很有道理的。其實，我國前人諸如「流水不腐，戶樞不蠹」這樣的論述，要早好幾個世紀。

太極拳的傳統套路，是由簡到繁的教育程式，根據各自不同的年齡和健康狀況，適當掌握運動量，循序漸進，逐步增加運動量，全面鍛鍊，利於改善體質，練出氣力、勇敢、耐力。在 60 歲上下者心跳不要超過 120 次，測驗的方法很簡單，即超過了要喘大氣，脖子上鼓青筋，頭腦發蒙等現象。相反，如心不跳氣不喘即是沒有超過 120 次，如此可以逐漸加大些運動量。

現代世界醫學界從生理科學的實驗中得出結論說，心跳 180 次減年齡為合度的運動量，這個實驗的標準是符合一般規律的。合理地從事太極拳（械）的鍛鍊，不但精神矍爍，而且延緩衰老過程，預防年老性肌肉萎縮或脂肪過剩而引起有關的疾病。

立論。自明清兩代以來，許多太極拳愛好者著書

立論。自明清兩代以來，許多太極拳愛好者著書

【注解】

內家和外家之說，不見於正史，僅見野史。清康熙年間蒲松齡的《聊齋志異》第四卷中有「武技」一文，與蒲同時代的進士王漁洋，增加批語說：「拳勇技擊，少林為外家，武當張三豐為內家。三豐之後有關中人王宗，宗傳溫州陳州同，州同明嘉靖間人，故今兩家之傳，盛於浙東。順治中，王來咸家征南，其最著者鄞人也。雨窗無事，讀李超事始末，因識於後，漁洋書。」

傳統拳譜中沒有提到內家與外家，只是提到與別種拳術練法上的不同。《十三勢行功心解》中「行功心解」四字的含義，即行動在外，心解在內，有內外同時鍛鍊的意思。

解放前的書刊介紹和一般人的傳說，都說太極拳、八卦掌、形意拳這三種是內家拳，其餘北方長拳、短拳、象形拳及南方的南拳等都是外家拳。還說內家練精、氣、神，外家練筋、骨、皮，所謂「內練一口氣，外是翻筋斗」。由此而產生的武俠小說加油添醋，更說得頭頭是道，神乎其神。這些都是我們學習各種拳（械）前進道路上的絆腳石，應當把它搬掉。

按照運動學的解釋，沒有內外之分，內動外也動，外動內也動，這是生理上必然的連鎖反應。事實上所謂內外，只是練習的方法有所不同，有柔和、劇烈、機巧、持久等項目之分。如果我們在練習運動時，只注意外形肌肉的鍛鍊，忽略了呼吸的延綿。或只注意內部的蠕動，忽略了肌肉的弛張，這都不是完善的體育項目。

第九節　論風格

打太極拳（械）好比寫文章，用起、承、轉、合的方法去表達意念；又好比音樂，抑揚頓挫，旋律分明。練太極拳（械）一樣有閃展騰挪，轉換變法，手的勁別、步的樁型，要隨手而出。要做到這步功夫，在學習程式上，不能操之過急，每日要有一定時間作深刻的研究和鍛鍊，時間長短可隨個人條件而定，但須持之有恆。如僅作為健身之術，兩三個月的學習，可見其成。

要練出特點和風格，須懂攻避方法，練勁之術，每招每式，要一一弄清弄懂，按法則一絲不苟，精益求精。意在動作之先務必正確，審度整體，順勢滑動，力求剛柔相濟，貴乎沉著，而漸至從心所欲。風格是多種多樣的，現見於社會流行的太極拳名稱也不盡相同，動作姿勢特點和風格也各有所長，但各流派所遵循的原理法則八勁五勢則是大體一致的。

楊式太極拳的特點和風格是動作舒展，架勢大方，體態中正莊重。

吳式太極拳的特點和風格是動作瀟灑，形象優美，內大外小，節奏清楚。

陳式太極拳的特點和風格是動作快慢相間，纏絲發勁，明顯的剛柔相濟。

李式（李亦畬）太極拳的特點和風格是動作明快，纏繞抖擻，活步多姿。

立論。自明清兩代以來，許多太極拳愛好者著書

武式太極拳的特點和風格是活動左右手各管半個身子，不相逾越，出手不過腳尖，姿態平穩，動作較小。

孫式太極拳的特點和風格是動作簡捷，活步隨手，合形意拳、八卦掌而為一體。

這六個流派，人們為了鑒別並能夠達意所指，稱他們某派某式是有原因的，並不是宗派的記號。因為這些特點風格的創造者，生前沒有說自己是某派的創始人，是後人分別加以命名的。

風格的瀟灑活潑，肅穆莊重，有賴於平日的研究和實踐，套路的造型美，動作的難度高，都能夠輕鬆地完成得很好，自己也感到身心愉快，對旁觀者而言起到行人駐足，心潮隨我的動作而起伏，一時寂靜無聲，一時嘖嘖稱道，這便是功夫的感染力。比如唐朝的顏正卿書法好，學他字體的代有傳人，錢南圓、何紹基、翁方綱、唐駝等，皆各有幾格，但人們依然說他們寫的是顏體字，因為他們納古法於新意，用古法於新體。

所以，練習太極拳（械），須根據自己體格的特點，取消宗派門戶和自滿狹隘之見，博取眾長，不拘泥於老框框，打出自己的風格來，一定能夠青出於藍而勝於藍。

第十節　論「用意不用力」

「用意不用力」（即不用拙力或不浪費不必要的氣力。但維持一定的架勢和動作時還是要筋肌收縮的）這句話，是古代勞動人民對練習太極拳（械）的深刻而簡要的

描述，是各種形式太極拳（械）的精髓、共同要領。離了這個要領，就不成為太極拳（械）。

　　新中國成立後，從科學的觀點來解釋這句話，就是「用意識帶領動作」，也就是說，練太極拳（械）應該以意識為主導。這就把太極拳動作的特點更加突出了，從而使人們更容易理解和接受。

　　但是，對初學的人來說，可能對「用意識帶領動作」這句話和柔和與用力的關係還會產生疑問。因為這句話所講的「意識」，缺少它表現的實體感，沒有形質可見，往往認為是不可能的，做不到的。

　　實際上要認識這個問題並不困難。太極拳（械）的鍛鍊方法，與其他以剛為主的拳種有所不同，太極拳（械）是以意識指揮動作而達到「柔和」與「剛發」的。主要在於「柔和」是持久的，「剛發」是暫短的，甚至示意即可。意識表現的指揮作用，好比下棋一樣，一著走去，要顧到全局的形勢，要意識到對方的必然反應和各種變化。這不是用意識指揮行動嗎？又比如彈奏各種樂器，發出抑揚頓挫、悅耳動聽、引人入勝的曲調，不是心靈（意識）手巧所完成的嗎？當然不是只由手腳活動可以完成的，而是由於意識的佈局，意識的帶領。

　　另外歷史上留下來的一些太極拳論文，也可以找到關於運用意識方面的經驗體會（這些論文，因為歷史背景的關係，都側重於技擊方面）。

　　例如：《太極拳論》說：「……凡此皆在意，不在外面。」「凡此」指的是向對方施招發勁和保持自己的均勢，不被他人所乘。

拳論說：「其根在腳，發於腿，主宰於腰，形於手指，由腳由腿而腰，總須完整一氣。」這就是說：發於腿形於手指的發勁，只要「形」到即可，也就是說示意即可，不要有強勁流露於外表，劍拔弩張地用力，只是用意識輕輕地送到就可以了。這裏不難看出「用意不用力」的目的，就是要動作趨於「柔和」。

拳論又說「如意欲向下，即寓上意，若將物掀起，加以挫之之意。」這句話按力學的原理解釋，就是加大衝擊力。例如打鐵，向下砸時想砸得有力，則先向上一掄，再往下砸，這一掄就是加大衝擊量。又如要跳得遠，須先向後退幾步，道理也是一樣的。

明白這些蓄勢待發規律之後，明白每招每式技擊的用法之後，明白手法上的勁別之後，就能夠明白用意識去帶領動作，很好地達到預期的目的。

《十三勢行功心解》中也說到：「全身在意在精神，不在氣，在氣則滯，有氣者無力〔注〕，無氣者純剛〔注〕。」這裏是闡述意與氣，氣與力的辯證關係。所謂意、氣、力的內三合問題，首先要求呼吸自然，不要因為過分用力而屏住氣息，致使呼吸局促，肌肉緊張，失掉均勢，進而導致思維的不敏，反應不靈，什麼都辨別不清楚，只顧喘大氣，要保持平衡也就沒有氣力了。

文中又提到「意氣能換得靈，乃有圓活之趣」。所謂「變換虛實」，用物理學的話來說就是，「行多少功得多少能」，問題在於虛實交換的靈活，意和氣的配合就能夠得心應手。也就能夠做到「意之所至，即氣勢之到」，自然趣味無窮。從生理學來解釋「變換虛實」，就是促使周

身運動肌的輕度「弛」和「張」。同時各骨關節的大幅度轉動和負荷，是增加體力，消除肌肉僵硬、萎縮，關節不靈活，精神遲鈍，骨架因肌肉鬆弛變形等等缺陷的良好體療方法。

　　此外，《周身大用論》中說：「一要周身與意靜，自然無處不輕靈。」《十三勢歌訣》說「命意源頭在腰隙」，「勢勢揆心須用意，得來不覺費功夫」，「意氣君來骨肉臣」（比喻主次）。《五字訣》說：「此全在用意，不是用勁。」以及清代太極拳詩歌中說的「意上寓下後天還」等等，都是重複《太極拳論》《拳經》及《十三勢行功心解》的說明，都沒有脫出以上三篇論文的範疇，或有新的見解和內容。

　　由於太極拳（械）的特點嚴格限制在法則要領的範圍，即使進行緊張的活動，腦子也不會疲勞，特別是後來提出的「用意識帶領動作」，它能夠訓練思維的靈活，反應的敏銳，確實在理論上邁進了一大步，使太極拳運動也更加臻於完善。

　　【注】

　　有氣者無力——指呼吸因動作的強硬引起壅塞胃際，面紅筋浮，急於喘氣需氧，這是有形可見的，稱「無力」。

　　無氣者純剛——指呼吸因動作的柔順而不動聲色，沒有形質可見的，稱有力。

立論。自明清兩代以來，許多太極拳愛好者著書

第十一節　論太極拳內外合一（上）

　　學習太極拳，在姿勢正確、動作熟練之後，必須進而注意由表及裏、從外至內默認內動規律，以求達到內外合一。要能掌握太極拳運動達到如此境界，必須從以下幾個方面下工夫，茲寫此文作為參考。

一、凝神靜心，補形候氣

　　在盤架子時，思想要高度集中，主觀上做到心靜神凝，聽而不辨其音，視而不見其色。環境雖噪，而自身須趨於安靜狀態，全神貫注於每個細緻的動作之中，認真做到完全符合拳理的要求。

　　首先要用意識引導動作，連綿不斷，一似行雲流水，行止無端，勢若波興，隨風而轉，決不可浮躁、緊張、強勁；要補形候氣，擺開架勢，順勢而行。其目的是使動作與意識密切結合，達到意動身隨、得心應手的境界。其方法主要做到「頂頭懸」，否則，即精神不振，目無神色。因頂頭懸能使意識集中，使大腦清除一切雜念，聚精會神，結合有節奏有規律的內外器官的活動，這樣，有助於大腦皮質即最高神經中樞的功能調整，起到體療疾病的作用。這是太極拳的特點。

　　我們常見堅持練太極拳的人，身體外表一似平常，但工作勞動精力充沛，原因在於大腦皮質能保持平衡，內外各器官平均發展，各器官又互相協調。所有這些，只要認

真堅持鍛鍊，就能達到。當然，也不是完全依靠太極拳，還要有其他的條件，如生活的調理、精神上的愉快等等，但作為綜合治療疾病來說，太極拳是一項有效的體療措施，這是已有事實可資證明的。

二、外示安逸，內實精神

在盤架子時，要注意風度，莊重謹嚴或輕鬆飄逸。莊重而不遲鈍，謹嚴而不拘束，輕鬆而不懈怠，飄逸而不輕浮。必須神態自若，動作勻緩。練拳之先，一定要做好思想準備，盡我所能，要求打出風格。練拳前，可以先做準備活動，如抖鬆肌肉、滑潤關節、撐長韌帶等。

盤架子時注意軀幹和四肢不要相互壓抑，雙手要掤滿，不能出現折線；雙腳虛實交換清楚，要用意識帶領動作。這樣，氣勢自然鼓蕩，有圓活之趣，如珠走玉盤，魚游於水，婉轉生姿。

任何動作都不要有棱角，不要用拙力，即使在出擊時，該用力的地方，也只是肌筋前伸於剎那之間。轉換變化，要分清掤、捋、擠、按，採、挒、肘、靠和搬、擋、踢、蹬等勁路，須輕微使勁之外，其他一招一式的運行及全部過渡動作，都要求做到全身放鬆。

切忌生硬造作、橫眉怒目、傴僂屈背、直膝尖襠、俯首看地、寒肩揚肘、挪根蹩腿、凸臀花指等弊病，否則，牽一發而累及全身。只要犯以上一病，就會出現其他，而且給人以緊張、彆扭的感覺，必須注意。

不管肢體還是內部器官的活動，都是在全身放鬆的狀態下，隨著手、眼、身、法、步有節奏地一張一弛，與生

立論。自明清兩代以來，許多太極拳愛好者著書

理自然搏動速度協調地活動，這樣的一張一弛就能協助心臟調節血液循環，促進新陳代謝，有利於保健強身。這種內外合一是太極拳運動的主要優點。

三、形神結合，目光炯發

人的思維源生於大腦，意識反應於眼神，而眼神又表現於形態，這是生理上的自然規律。練太極拳本來練的就是「精、氣、神」，要求做到精力集中，氣宇軒昂，神采奕奕，目光炯炯。假如動作低頭彎腰，目無定向，那就形神俱失，當然更談不上精、氣、神了。

精、氣、神是我國醫學的理論，在歷代武術名家的論文裏也多有論述。為了練好太極拳，需要對它有所理解。

據我國古代醫學《內經》及現代中醫學說的解釋：

精，包括血、精、津、液，精是稟受於先天胚胎，而由後天所吸收的水穀精氣不斷補給滋養而成的，是人體活動的主要物質基礎。

氣，包括原氣、宗氣、營氣、衛氣。原氣是指「臍下、腎間動氣」，它是由腎臟中所貯藏的「精氣」轉化而成，是推動人體生命活動的根本動力；宗氣是指「積於胸中，出於喉嚨，以貫心脈而行呼吸」，即統指心肺的活動功能；營氣「行於經隧之中，是清氣」，是一種具有營養作用的物質；衛氣「行於五臟，不循經絡，是濁氣」，是一種具有衛外作用的物質，它能夠抵抗病邪的侵害，有調節體溫、管理汗液分泌、充實皮膚和營養肌肉等作用。

神，是人腦（心）活動的表現（所謂「心藏神」）。神是以形為基礎的，所謂「形具而神生」，它是指人體各

立論。自明清兩代以來，許多太極拳愛好者著書

種生命活動的現象，凡是知覺、感覺等對外界的反應都出於神的表現。

長期以來，我國醫學界對精、氣、神的解說不斷有所論述，雖說法並不完全一致，還須作進一步的科學探討，但在實踐中，這個理論對醫療、保健事業是有它的價值的。

精、氣、神是在形（物質）的基礎上而產生的各種生命活動的現象，所以形與神是密切結合、不可分離的，同時三者之間，有著相互資生、聯繫的關係，所謂精充、氣足、神足，就表現著外形的身體健康；而精虧、氣虛、神耗、萎靡不振，是百病叢生和衰老的徵象。由此可以理解，鍛鍊精、氣、神，是祛病延年、增強體質的良好方法，即所謂「精神內守，病焉從出」。

至於「眼神」的光芒，在任何時候都是表露內在精神活動的火花。從練習拳術而言，它對姿勢動作的風度和發勁出擊的正確性，都起著很大的作用。所以在太極拳書中每個式子的動作說明，都提到眼的動向，還在個別需要表現的地方，特別給以獨特的名式，如遠眺、正視、一瞬、瞭望、凝視、環視、射向、高瞻等等，為的是重視這個鍛鍊的環節。

怎樣才能正確地表達「眼神」呢？雖然名式很多，但歸納起來共同的要領就是：將顏面肌揚起，收縮眼皮，使瞳孔縮小，焦距集中，目光炯炯，自然奪人，精力隨之充沛，氣概隨之昂揚，精神隨之凝重或飄逸。但也要注意含蓄，神宜內斂，不可鎖眉瞪眼，避免劍拔弩張；注意凝重而不呆滯，飄逸而不浮躁。

單練太極拳時，一般是勁勢使到哪裏，目光射到哪

立論。自明清兩代以來，許多太極拳愛好者著書

裏。也有個別的式子，如白鶴亮翅、高探馬和上步七星是屬於「聲東擊西」的眼法，眼睛看上面，使招在下面。雙人練太極拳對打，只要眼睛看眼睛就能夠知道動向。這種看法，在小功架的單練式中也是有的，如單引掌、雙引掌、交叉掌、雙分掌、左顧、右盼、回頭望、窺視等等。大功架太極拳的「撤身亮相」、回身蹬腳等等都是模擬性的眼睛看眼睛。

初學太極拳者，往往顧不到「形神結合與目光炯發」，這是自然的情況，但學完整套式子，功夫稍有進步之後，就必須注意提到練習的日程上。因為習慣成自然，如果做起來仍是抬頭看手，低頭看腳，再改正就不容易了。

四、虎卑其勢，狸縮其身

「虎卑其勢，將有擊也」（意含先柔後剛），「狸縮其身，有所取也」（意含先收後放），這是人們長期觀察走獸搏鬥時狀態的總結。具體到太極拳技擊，一式接一式都是搏擊手法，如必須「屈膝沉襠」，或「掤抱（蓄勢）待發」，這兩者是一切動作的前奏。拳譜中所說「往返折疊，進退轉換，恬靜如貓，展翅如鷹」「隨屈隨伸，蓄而後發」，都是由此兩者推演而出的。這是一條規律，我們必須研究體會。

第十二節 論太極拳內外合一（下）

一、動如江河，靜似山嶽

這是太極拳中動與靜的對立統一，如專注意靜，單練內臟氣功，其弊在無力，動作遲鈍，步如鵝行；若專注意動，單練外形刻畫而忽略內裏，那也是捨本逐末。因此要表裏結合，剛柔相濟，柔中寓剛，動靜有常。猶如錐之藏於袋中，其深藏若露，隨時可以脫穎而出。這就是所謂「寸勁」。動即是實，靜即是虛，動作要講究虛實變化，否則，就達不到剛柔相濟，虛實分明，更達不到運勁如抽絲，螺旋力前進（即纏絲勁）的標準。太極拳的一動一靜，一虛一實，一張一弛，一化一發，都要把這一動作的技術含義用意識去想像，才能夠使意識更為集中，有助於單練，有助於推手。

太極拳以靜禦動和雖動猶靜，所謂「靜中觸動動猶靜」，使自己意識集中在靜的一點上，去影響一招一式的動作。但究其本質上還是以動為主的，這樣自然使自己的身心處在特殊的運動狀態中，得到更完善的鍛鍊效果。

二、動作要勻，情緒要穩

勻（陳式老太極拳，快慢相間，捲而脫放，與楊、李、武、孫、吳諸式掌握勻緩略有不同外，本文可作參考）。穩是完成動作的基礎。虛靈頂勁，含胸擴背，鬆

腰，分虛實，沉肩墜肘，用意不用力，上下相隨，內外相合，相連不斷，動中求靜，此楊式十要是練好太極拳的要領。勻而且穩，能使身體各部從頭到腳而腰完整一氣，尤須以腰為中心，頭部、軀幹、四肢成為一個活動的整體。

不是直手直腳，刻板機械，而是團得緊，展得開，用動作的完整性來促使腹助呼吸的內部鼓蕩，做到所謂「行氣如九曲珠，無微不至；運勁如百煉鋼，無堅不摧」，從而得到內外的鍛鍊。

三、八種步法，接骨斗榫

打好太極拳，正確掌握八種樁型大小的規格之外，還要注意八種步法的方向。例如：1. 搬攔捶的步法，術名叫做「連環步」，用的是連環形上步；2. 轉身蹬腳是「玉環步」，像巧連環那樣玲瓏；3. 提手上勢的上步是「插步」，插到對方的身後；4. 野馬分鬃用的是「龍行步」，鋸齒形前進；5. 摟膝拗步是「貓行步」，要像貓兒邁腿那樣輕輕落步；6. 倒攆猴用「車輪步」，要貼近地面畫弧後退；7. 手揮琵琶是「借步」，後腳跟上，前腳向前，為了易於接近對方；8. 雲手是「四平步」，要眼平、身平、手平、腿平，四方平穩。

這八種步法統稱為大小「連枝步」，意思是像樹杈那樣自然地向左右前後延伸及遠；所謂「連環、玉環、插、龍行、貓行、車輪、借、四平，任伊力猛硬來攻，怎當我連枝步動。」這首歌訣說明步法靈活的重要。還有腳尖好比「開路先鋒」，動作的裏扣、外撇、轉腳尖還是轉腳跟，由什麼樁型過渡到某種樁型為定式，及下式的預定方

向，都要一一弄清楚。

　　大腿的有勁與否，又是完成動作的關鍵。腿勁是從負荷中鍛鍊而來的，下肢的負荷有力，才能得心應手，否則顧此失彼，一遇難度動作即起僵勁，一起僵勁，內部鼓蕩必然突然中斷，呼吸也因用勁而不能勻緩細長，中樞神經系統因僵勁而波動紊亂。所以，全身放鬆是抵消僵勁的唯一法門。

　　在上下式接頭處，即接骨斗榫時，應注意含胸能使橫膈膜和腹肌得到良好的鍛鍊。含胸可以增加呼吸的深度，擴大肺活量。由於掌握腹式呼吸，使橫膈膜運動範圍增大，氣也就容易鼓蕩了。所謂「運氣如九曲珠」也就不難做到了。含胸運用於接骨斗榫（即轉換變式）中，又是一條規律，也是掌握這一法則的具體方法。我們在練習時必須細心琢磨。

四、百體堅強，手足便捷

　　百體堅強，手足便捷，是真實的功夫，堅強便捷是從放鬆中鍛鍊而來的。做不到放鬆即僵硬澀滯。放鬆須注意動作的自然開合，一張一弛，都要相互交替、有節奏地進行。所謂「左重則左虛，右重則右杳」，即虛實變化的靈活性，是導致放鬆的鑰匙。放鬆練習不但不易疲勞，而且趣味盎然，舒適安詳。

　　練習太極拳，大致分為三個步驟：第一步著熟；第二步由著熟而漸悟懂勁；第三步由懂勁而內外合一。學者在完成上述第一、第二步驟之基礎上，再作進一步的探討，進行第三步驟的鍛鍊。如果學者堅持不懈，循序漸進，刻

立論。自明清兩代以來，許多太極拳愛好者著書

苦鍛鍊，日積月累，必然有成。

　　總起來說，這篇內外合一論，就是要求把上述八條完整地結合起來，進行內外合一的鍛鍊。以意識引導動作，使動作與呼吸密切配合，做到意識活動與呼吸過程完全融合於動作之中。這樣，必然又促使動作和姿勢達到優美完滿的境界，打出了獨特的風格。是可謂太極拳已登堂入室矣。

立論。自明清兩代以來，許多太極拳愛好者著書

第十一章
關於中國武術一些問題的研究

第一節 論為強體而練拳

練拳的目的，就是為了增強體質，提高健康水準，有利於為社會主義革命和社會主義建設服務。既不是單純「為練拳而練拳」，更不能有其他不正確的認識和想法。

對於初學者，怎樣練好太極拳，也存在一個方法問題，這裏略談幾點個人的意見。

一、首先要把它當做一件事認真地去做

要把它列入日程，對於工作、學習、練拳和有關活動（如家務事情等），要根據個人的實際情況，做好全面安排，才不至於相互矛盾，顧此失彼。安排好了，就能互相促進，各得其所，才能保證堅持練拳。

二、怎樣學會太極拳？

可以跟教者每天學習一兩式，最好不要間斷。學的式子當天要復習牢記，再繼續學習新的式子。這樣一個月左右，就可以把整套式子全部做下來。再用一兩個月時間復

習和糾正姿勢，講求細節，注意運用理法，就可以打得比較準確和熟練了。再加兩三個月，進一步勤學和觀摩研究就可以奠定良好的基礎。至此，即使離開教員也不至於打得走樣了，可說「練會了」。如果只是一兩個月粗知大略，還不能算學會，因為本不熟悉，稍有間斷，就可能會忘記，姿勢和動作就不免走樣了。

練會以後，不要間斷，仍須日常練習和研究，就能日漸純熟，增進功夫。研究著並不斷地練習、提高，才能逐漸形成自己的風格，如不加研究地練習，不過是不忘而已。

三、怎樣練好太極拳？

練習楊式 43 式大功架太極拳全套，時間以 15～20 分鐘為好。練習時要求式式須連續周到，要「從緩」「從勻」「從正」「從圓」，無一式可以隨意；四肢百骸要「從綿」「從輕」「從柔」，綿而不可怠，輕而不可忽，柔而不可弱，切不可起僵勁。

每式有每式的勁法，各式各勁都要分清，須知懂得拳理著法，方能「手中有物」，有所提高，而不是畫個道道、走過場所能求得進展的。等到各式動作姿勢求得正確且熟練之後，若肯下工夫，刻苦研究，進一步地探討，那就必須注意由表及裏，從外至內，默識內動規律與外形協調、完整一致，這樣太極拳的技藝才能日趨於縝密，對身體健康收到良好的效果。

每次練習太極拳，既須認真地把每個姿勢練得正確，同時還須注意在兩式交接之處，意氣要換得靈活，四肢要

康水平。練拳的目的，就是為了增強體質，提高健

弛而張，剛而柔，使得全身處於弛張相續、剛柔相濟的對立統一的運動之中，連綿不斷地魚貫前進。

四、怎樣練功夫？

這一部分是對有條件、有必要，且有興趣多練、願求深造的同志來說的。因此，佔用的時間和花費的精力要多些，要求也高些。但它的精神，廣大愛好者也可以作參考。

練功夫首先要下一點苦功，要求寒暑不易，刻意鍛鍊。根據人體組織的盛衰進退，在伏、臘二季轉換最大。故在嚴寒盛暑季節更要堅持鍛鍊，才能增強體質（有病或年老的人不在此列），增進功夫，因為此時所長的功夫，不易退轉。所謂練功夫，每次練習，必至出汗，否則膚淺寡效。可以在每日黎明練習半小時至一小時，在晚上復習時間可以根據各人的情況而伸縮自定。練習時應著意揣摩研究，積之日久，自然收效。

要練好功夫，第一要「虛心」。踏踏實實，虛心研究，注意吸收他人的長處和特點，不恥求教，不可先入為主，故步自封，自以為是，總須以合乎拳理為準。

第二要堅持、有恒心。凡學問和各種藝術技能，決不是輕易僥倖得來的，必須要專心致志，勤學苦練，持之以恆，日積月累，必能有成。如果急躁畏難、怕苦、怕累、半途而廢，是不能練好的。

第三要有巧心。不能光是悶頭打拳，要多看、多聽、多思、多練，邊練邊琢磨思考，善於發現問題，解決問題。要探求架子的正確，手法的熟練，動作的合乎規格，姿勢的合乎理法；按式察理，隨機變化，舉一反三，觸類

練拳的目的，就是為了增強體質，提高健康水平。

旁通。有所謂「一竅通，百竅通」之說，就是形容認識過程的從量變產生質變、飛躍。

在太極拳裏所要處理的「矛盾」是很多的，而且矛盾存在於一切事物的發展過程中，誰能善於把各種矛盾處理好、解決好，他的拳也就練得更好。

第四要有決心。具有攻克各種難關、勇於攀登藝術高峰的雄心壯志，要把沖天的幹勁與科學精神結合起來，下決心去探討深究。在這個領域裏，是可望「有所發現，有所發明，有所創造，有所前進」的。

第二節　論運勁如抽絲及裁判

清代嘉慶年間，河北永年人武禹襄寫的《十三勢行功心解》中說，打太極拳要「邁步似貓行，運勁如抽絲」。這句名言，在打太極拳的範圍內稱為拳譜。誰都知道，「邁步似貓行」這句話容易理解，顧名思義，是舉步輕靈，落步無聲，最好練到五趾能夠抓地，落步能夠生根。這個標準，是為了攻防技術的需要，只有自身穩固，才能攻擊別人。透過邁步似貓行的鍛鍊方法，能使下肢穩健、靈敏，從而能夠提高鍛鍊效果，得到反應力。

那麼「運勁如抽絲」這句話的本意是指什麼呢？具體怎樣反映到身手上來呢？這個問題是北京一位從事太極拳工作的朋友向我提出來的。確實，這個問題非經過實踐的積累，是難以解答得清楚的。後來也有許多朋友問及這個問題，問的人多了，就成為帶有普遍性的問題，因此頗有

康水平。

練拳的目的，就是為了增強體質，提高健

介紹的必要。

「運勁如抽絲」原本是民間流傳的一句成語。例如曹雪芹在他的《紅樓夢》中，平兒對晴雯說：「病來如山倒，病去如抽絲。」意思是不能性急。但是「抽絲」這個詞用在打太極拳上，它的意義就要廣闊得多了。

據《天工開物》中說：抽絲的操作程式是鍋注溫水，燃以文火，投入蠶繭，竹筋攪拌，理出頭緒（按：緒即絲頭，俗話說千頭萬緒即指此），引絲穿繰到籆，手搖籆以纏之。由這樣的操作我們可以知道，抽絲手法上的用力要恰如其分，剛亦不吐，柔亦不茹，既不太用力，亦不能不用力。如果用力過大，鍋裏的繭子就引出水面；如果懈怠停頓，鍋裏的繭子就會糾纏到一起。

拿抽絲比喻打太極拳，明顯表現於身手上的，一是全神貫注，動作從容，不丟不頂；二是一弛一張，不輕飄，不滯重，因勢而利導；三是不生硬強作，不斷斷續續，用力恰到好處。由筋肌的弛張，達到肌肉能夠隨意地迅速收縮和立即放鬆，這就是技擊上的發勁和化勁，同樣也是為攻防而規定的條件。

運勁如抽絲，決不是像一般人所解釋的「手裏好像有一塊膠布，粘住一件東西，慢慢地抽拉出來」。這樣穿鑿的解釋，不是正確的治學精神，古來也有好多犯穿鑿的毛病，把許多說不通的道理硬要說通，因而隨意穿鑿，牽強附會，其結果是謬種流傳。正確的治學精神是四個大字「實事求是」。只有實事求是，不僅是武術，在其他領域內也是一樣，才有成功的可能。

另外，有許多武術愛好者向我再三談到武術裁判的博

練拳的目的，就是為了增強體質，提高健康水平。

學與專學的問題。武術的門類繁多，有長拳、短打、太極、形意、八卦、象形拳、長短兵器、拳術對打、器械對打，等等。武術不比自由體操，它可以看動作的難度、動作落點的穩定性以及意境和風格等去評定應得分數。武術則不全然，武術還要講求攻防技擊性方法、動作的正確性及發力的大小。在發掘傳統套路的階段，還須鑒別是否真正合乎這些標準。所以武術裁判員除要有一定的素養外，更要有一定武術水準。為了擴大武術的知識領域，專門培養一批武術裁判是很有必要的。

目前武術裁判的人數不夠，水準還須不斷提高，這是要首先解決的。有了合乎標準的裁判，才能對武術發展起到促進作用。武術也和球類、田徑、游泳以及各項重競技一樣要有專門的裁判，不能讓它付諸闕如。

沒有無所不知的博學之士，武術界也沒有既知自己這一門，而又懂得其他門類的專家。至於裁判水準，並不要求樣樣精通。漢代王充說得好：「博通眾流，百家之言。」我看「博通眾流」倒不必，「百家之言」則是不可少的。裁判的水準高低和公正與否，將直接影響武術的發展，也影響到廣大群眾對武術的識別。武術是我國特有的文化遺產，是對外文體交流活動中的重要項目之一，武術裁判的培植，我認為不能等閒視之。

第三節　論發勁如放矢

我們徒手練拳或器械單打，為的是練好身體，進而做

到發勁大，招法準。發勁動作的實質，是如何使有限的力量加速和準時集中，使用在刀刃上。所以，合理地使用發勁，是武術上一個重要環節，也是各種運動項目的關鍵問題。

　　我不敢說對武術和體育運動有多少研究，但是，我認為體育運動的基本原理都是相通的。近來有許多拳友從各地來信，提出了兩個問題，一是發勁的原理；二是如何掌握發勁。這兩個問題，確實是眾所關心的問題，有必要把它講清楚。雖然我在《太極拳研究》和《太極拳十講》中曾寫過這個問題，但還寫得不夠透徹，這裏我將進一步補充說明。

　　發勁，首先我們必須理解王宗岳《太極拳論》對發勁的解剖，他說：「其根在腳，發於腿，主宰於腰，形於手指，由腳而腿而腰，必須完整一氣。」這就講得非常具體，指出發勁環節的程式。清代武禹襄作的《十三勢行功心解》中說：「蓄勁如張弓，發勁似放矢。」矢即箭，這是指出必須注意使招的角度和力量。後人為了精煉詞句，想說明這個發勁的原理，說是抖擻勁、鑽翻勁、崩炸勁、驚彈勁、螺旋勁、擰裹勁和暴發力等等，但都只停留在名詞上而沒有作詳細解釋，更沒有闡述具體做法，使人仍然無法理解和接受。

　　我說這個勁好比軟鞭子的抽打勁，你見過北方的車把式嗎？見過馬戲團馴服獅虎的鞭打絕招嗎？掌鞭的人一抖手腕，就發出「啪」一聲響，這個聲響能使烈性的獅、虎、騾、馬等俯首貼耳地聽從指揮。這個鞭打動作，也就是我們所要知道的發勁動作的寫照。你見過足球的射門、

排球的攔網扣殺、「三鐵」的投擲、摔角、拳擊、擊劍的搶攻，甚至打乒乓球的起板抽提、打落袋彈的發槍和打高爾夫的一棍等等，莫不是採用這個巧勁。

這個巧勁的應用，需要遠端環節發出原動力，傳遞給近端環節，如果起點的角度合理，肌肉鬆淨而運動速度快，則必然發勁的效果好，反之則差。所謂遠、近環節，一般地來說，用腳則腳為近端環節，手為遠端環節；用手則手為近端環節，腳為遠端環節。

我們進行發勁，從開始到終了，由於掌握時間、強度和角度的不同，都會使出「招」的速度和方向發生變化。正確掌握強度和方向，必須從遠端環節起，迅速放鬆肌肉，以避免在運動的傳遞過程中因為肌肉緊張而抵消部分動量，致使發勁拖泥帶水，不能乾淨俐落。選擇力的起點，好比田徑運動的助跑，欲前先後，欲左先右，能夠加大衝擊的強度。真要達到指哪兒發勁到哪兒，並不是馬上就容易做到的，需要下一番苦工夫。同時既要摸透和善於控制自己動作的規律，還要熟悉對方必然的反應，要知己知彼，才能做到發勁大，出招準，先發制人。

發勁又好比鞭子抽打。抽打時若先讓鞭根快速運轉，然後迅速制止擺動，這時鞭根的動量像波浪似地傳向鞭梢，鞭梢便獲得和鞭根同等的動量。力學上為了說明運動量的大小，用動量的概念來表示，即：

動量＝品質×速度

當物體品質大（例如人的體量重）、速度快時，即具備了較大的動量。

鞭梢獲得鞭根動量，即近端環節獲得遠端環節傳遞的

動量，鞭梢發生空氣振動的哨聲，和打拳踢腿的帶風聲同是一個原理。動量達到鞭梢，它的動量已不可能再往下傳遞，所以極大的動量表現在末梢，這就是發勁的全過程。它的公式為：

加速——制動——傳遞

物體由這三個階段構成的加速運動，即是「發勁」。明白發勁的這三個階段，對於出招的強度和角度，還需要經常鍛鍊。俗語說：「拳不離手，曲不離口。」一旦間歇，就難以得心應手了。

第四節 論推手

最初練習推手，如何能連續向對方發勁，應用粘、黏、掤、按等手法，將對方發倒，若要化去對方還擊，必先明白五點要領以及戰略戰術，才能有恃無恐。

1. 發勁要迅速。發出的勁，務使對方惶恐失措，無暇還擊。

2. 出手要乾淨俐落，見機到來，毫不遲疑。

3. 自己身體要保持均勢，斷然不能動搖，使對方無機可乘。要隨時準備使招，意志不可稍餒。

4. 自身各部要活動自如，方能制勝。要有進有退。進而不退，退而不進，鮮有不失敗者。

5. 遇身長力大者，不可多取攻勢，必須等待時機，方可突然給以連續之發勁。遇手法綿軟而沉重者、精神飽滿者，或腰腿靈活、反應極快者，都不可輕易襲取。

勿恃蠻力，勿存鬥力之心，勿炫新弄奇。因推手係一門以柔克剛的技術，應該循序而漸進，不可躐等而妄求。

由單練太極拳進而學習推手，由推手學習大捋，再學太極對拳（即太極散手），由太極對拳進而再行推手。以此為練功之程式，即由淺入深，漸次掌握太極的用法。

（一）化（即守勢）

如何能夠保持自身的穩固，不為對方發出，須要化得得法，亦即守得穩固，化勢與攻勢同樣重要，學者不可忽略。

化勢分兩種：

1. **堵截法**。即不讓來勢觸及自己的身軀。其關鍵在含胸擴背，手肘掤開，與自己身軀保持一定距離。有時胯部下沉、降低重心拋開對方的來勢轉向，尤見效果。

2. **引勁落空法**。即向左右轉腰，避免做正面的衝擊，使來勢落空。此時必須注意，對方在使勁落空時，常出現疏漏之處，可以踏暇乘隙，轉取攻勢。

無論堵截法或引勁落空法，自己雙手切勿敞開，身體切勿起立，否則自身失掉保護，極形危險。

（二）發（即攻勢）

如何用前推掀倒對方；用捋挫倒對方；用挒別倒對方等，這是推手所爭奪的焦點，皆靠熟練的方法與發勁的強大正確。這步功夫決無幸成之事，全賴平日所下的辛苦。其法有二：

1. 一手或雙手執住對方的腕或肘，向後、往下採沉，

挫折對方倒地。此種手法大都配以連續撤步，使其惶恐失措，一時失卻控制，歸於失敗。

2. 雙手前推，或一手附己前臂向前以鞭打勁突擠，以動搖對方的均勢，加以連續進攻，使其仰翻。此法大都配以上步。

（三）進一步五點說明

1. 當使第一個動作時，後面還藏著一種巨大的攻勢（即發勁）。但必須注意：一經立定主意，要立即連續進招，務使心手相應，不能有絲毫猶疑，否則機會失去，不復再來。

2. 做第一動作，以亂其心意，使對方在我擬定的方法內歸於失敗。此種手法，足以震驚對方神經系統，牽動其身體均勢。

3. 抽冷使招，使對方感到極大的威脅。其在受我第一動作的震驚，至少在半秒鐘內不能有相應的反擊，我緊接第二動作的發勁，其勢必然不支。

4. 至於第一動作、第二動作，其方法及變化，可按太極對拳的方法熟練，而選擇比較熟練擅長的即可使用。

5. 對方受一、二動作的震盪，可能暫時喪失控制，要做到這點，在於用迅雷不及掩耳的發勁（見論發勁）。此種手法一似雷震電擊，甚至對方不知何由而倒地。

（四）假動作的作用

利用假動作聲東擊西，以動搖對方守勢，是推手應有的計謀，其在推手技巧中的地位，極其重要，不可忽視。

練拳的目的，就是為了增強體質，提高健康水平。

分述如下：

1. 行使假動作無甚秘訣。例如：要想前擠誘使對方抽回其手，我即以敏捷之身法隨上，順勢前掀，自無不勝。拳譜說：「意欲向下，即寓上意，若將物掀起，加以挫之之意，使其根自斷，乃壞之速而無疑。」即指這樣的假動作。

2. 假動作除擾亂對方意志外，可迫使對方常取守勢，不得攻我，於是我常處主動地位。

3. 假動作又可引誘對方來攻，其受假動作的驅使，必然有部分身軀失卻掩護，或者失重，而我暗藏的方法得以乘機使用。

4. 假動作的使用或在發勁之前，必須審度來勢，正式交鋒，非比尋常，必須行一兩次假動作，以探對方能力如何？其長度如何？其優點何在？用何種手法能引起其狐疑？其守勢何處最懈？其所擅長何種手法？凡此種種，須作冷靜試探觀察，然後部署戰術對付，方有佔優勢的可能。

5. 正式推手，是一項爭奪勝負的運動。除要有熟練的技巧外，還要有冷靜的戰略。有些人認為，與人交手，只要強力攻抗，雙臂揮舞與群蜂搏鬥一樣，即為得計，其實大謬。推手需要勇氣固然重要，但更重要的是戰略戰術，否則只憑蠻力，不足為奇。拳譜說得好，「察四兩撥千斤之句顯非力勝」，是說明推手貴乎技巧。惜此項大眾愛好的推手運動，尚無規則加以保護，因此停滯在定步推手上。我推他會動；他推我我也會動。如果要作為正式的競賽項目，尚須厘訂科學的規則。

蔣玉堃楊式太極拳述真（下卷）

460

康水平。練拳的目的，就是為了增強體質，提高健

第五節　論太極拳各藝的流傳

今年以來，我接到各地的許多來信，從信中我知道，傳統的太極拳各藝像蒲公英那樣，到處撒子，遍地開花了。但也普遍反映出學習材料的供應不足，大家的來信都提到這一點。恕我在此作總的論述吧，如有不當之處，還請給予斧正。

第六節　論「八極拳」

八極拳是一套優秀的傳統套路，國內外流傳甚廣，很負盛名。河北、山東、安徽、江蘇、浙江至今還頗為風行。此拳創自何人，始自何朝，我曾請教過許多行家裏手，所答各以為是，有些也不足憑信。

考「八極」二字命名的意義，據《辭源》記載：「八極言八方極遠之地也，〔注〕淮南子曰，九州之外有八寅，八寅之外有八雄，八雄之外有八極。」含義是方向極遠，例如日本的八雄旗，英國的八方旗，氣勢磅礡的意思。另據日本出版的《中國武術史略》說八極拳是一門拳種。又據我國出版的《十萬個為什麼？》第 15 冊，也提到八極拳是研究八極拳的技能和運動的價值，以及對生理的作用。再者，解放前書刊上也有介紹八極拳的，但是都略而不詳，是難以作為教材參考的。

我練此拳已有 50 多年，它的起源，我曾想過不少辦法，但無從查考。按拳路的結構來判斷，它的形狀是少林、南拳的打法，馬步特多；北方形意拳的法則，須頂頭懸，尾閭前合，含胸擴背，沉肩垂肘。它既不屬於以柔為主的太極拳、八卦掌，也不屬於站著身行步打的竄蹦跳躍的查、華、炮、洪、長拳拳種，更不是猴拳、螳螂、醉拳、鷹爪等象形拳種。它好似翻子、戳腳、地趟、六合，屬於短打拳種。短打是與長拳相對而言的。因此，八極拳獨具一格，自成一家。它像八卦掌採取形意拳、太極拳特點而自成一門的道理一樣。

八極拳的攻防方法，採取摔角、擒拿、散手基本功夫。練法上要求有暴發力，打拳不過直，踢腿不過膝，動作要乾淨俐落，勁兒要剛柔相濟。鑒別這套拳的功夫，一是手法上要符合攻防對打，馬、襠、弓步要站得紮實，不能鬆鬆垮垮；二是發勁強大，乾脆有力，一點不能拖泥帶水，出拳帶風聲，震足之聲隆隆，不可嗒嗒，身體一般不能出現高低起伏。

1934～1938 年，新中國成立後任全國人大代表的張之江先生，曾幾次率領武術旅行團到過星洲、菲律賓、吉隆玻、金保、怡保、檳榔嶼、蘇門答臘、爪哇、泗水、巴達維亞、西貢等地宣揚武術。我適逢其會，當時在精武體育會創刊人盧煒昌家宴上，談及八極拳已在國外開花之事。這說明拳路的動作本身好，所以深受廣大群眾和國際拳友們的愛好。近六年來，我往返南北三次，每見練此拳的人，我必請教。但是可惜得很，絕大部分人不知道此拳是可以對打的。這也像練太極拳的人，多數不知道太極拳也

練拳的目的，就是為了增強體質，提高健康水平。

可以對打的情況一樣。究其原因，是局限於小圈子的學習範圍所致。連八極拳的拳式名稱都弄不清楚，對打又從何談起？這是值得深思研究的問題。

　　為了發掘武術傳統套路，特寫本文，以期「古為今用」，能更好地為人民體育事業服務，盡一點微薄之力。如有不當之處，希讀者指正。

第七節　論「擒拿」

　　擒拿術是我國武術中的一項專門技術。這套擒拿術「串」，又是擒拿術中的代表作，它的手法完備，是學習擒拿法的良好教材。

　　這套擒拿「串」是攻防對練項目。姿勢動作十分精練，其中，拿、打、摔、跌頗顯功夫。如果雙方熟能生巧，不按照編定的順序打下去，而是突攻突防，將更是扣人心弦，精彩之極。

　　精通武術應能攻善守，攻則勝，防則固，這是練武的重要作用。說得通俗點兒，這也就是習武不同於其他項目的特長。攻即是防，防即是攻，攻防是辯證統一、相輔相成缺一不可的。拿、打、摔、跌的攻防動作，完成得好必須具備三個條件：速度、發勁、方法。這三者有機地聯繫在一起，即組成了各種「套活」。武術套路就是攻和防的矛盾統一、變化和發展的過程。

　　擒拿術攻防技術的掌握，練會容易，練精難。俗話說「拳打不識」。對方用什麼方法進攻，從什麼角度進攻，

康水平。練拳的目的，就是為了增強體質，提高健

這一招之後還有什麼招法，這些都要冷靜地當機立斷，並想出相應的對策，這才是武藝高超的表現。

景陽崗「武松打虎」，「不是武松打死老虎，要麼老虎吃掉武松」。武松開始時是防中反攻，避去了老虎的爪撲尾剪，並以極快的速度完成閃展騰挪之後，就勢抓住虎的頭部，一頓拳打腳踢，終於打死了老虎。因此，我們說武松的武術是高超的。至於楊家槍術的簷前三滴水，關羽的拖刀計，敬德的鋼鞭施法，同是歷史上已出名的攻防上的巧妙運用。

當然，武術運動像劈刺、拳擊、摔跤都是實攻實防的專案，都有自己獨特的要求和功夫。而其他國家武技的發展，終不及我國悠久的發展史。精通武術者可以一人攻多人的例子，歷史上比比皆是，古今皆有，不勝枚舉。所以，武術運動主要以攻防術為主是其特點，以攻防為其套路，為其教材。

研究攻防術為搏鬥項目之首，完全是必要的，否則，武術就不姓「武」，成了嘴上講講、手上畫畫而已，真的改姓「舞」或姓「巫」了。

請看看東瀛日本採用我國武術，有深刻的研究和應用。他們變通損益，由博而約，如擒拿道、劈刺道、柔道（摔角）、空手道（即散手），結合國防教學，很收實效。世界上許多國家欲聘這方面的教師，都向日本延聘。日本甚至將我國冷落的少林長拳短打以及太極、形意、八卦等拳種各家各派的特長，都出版有詳細的精緻的專書，對我國的好東西，可謂點滴不漏。

後起者美國也出了許多武術書籍。法國也不例外，最

近一個大學作為研究項目，出版了《太極拳長壽的技術》，其內容甚至插圖也都是我國流傳過去的。考日本功力果然湛深，但其方法，根據現在所見，尚不及我國十之一也。為了保存武術上優秀的傳統套路，避免失傳起見，我以為下一番工夫，研究這套擒拿術，是必要並具有深遠意義的。

第八節　論姿勢與教授法

姿勢的正確與否，不僅關係到武術的作用問題，而且直接牽涉到人體身軀及四肢的鍛鍊效果問題。因此，只能按照攻防手法，並依據人體生理結構的特點進行運動，才能達到強身致用的目的。

姿勢正確與否，收效不同。姿勢不正確，架型不規矩，是不嚴格要求，沒有按規律練習所致，其結果必然收效甚少。例如，打小功架太極拳攬雀尾掤式的右轉體及按式的左轉體，這兩個動作練習的主要目的，是加強腰腹肌肉的運動幅度，擴大腰椎與髖骨的活動範圍，達到常人所達不到的功能，即人們常說的「腰腿功夫」。倘若掤式不動腰，按式不動胯，直來直往，身體像木頭一般，不但得不到肌肉的弛張（肌筋的弛張動作在力學上說，是改變物體方位的力量），而且失卻動作的意義。所以只能按照姿勢的要求，嚴格地加強鍛鍊，才能達到預期的目的。

須知，武術動作是一系列對立統一的因素所組成的，這些因素包括剛柔、快慢、虛實、攻防等。欲要動作正

確，姿勢好，則必須綜合地處理好這些因素。

為此習武時一切不要馬虎從事，手眼身法步，一招一勢必須認真對待。姿勢要正確，說來容易做來難，這和俗話「看詩容易作詩難」同是一個道理。有少數人認為，姿勢好歹，與內在精氣神無關。這種說法，或許是他為自己做不好姿勢所作的掩飾和辯解。

我們認為，「形」和「意」是關聯的，相互作用又相互影響。姿勢外形恰恰是內在精氣神的自然體現。可以說，姿勢不好，就缺乏精氣神。但是，瞪目豎眉，矯揉造作，不能替代精氣神。按照武術套路的特點，姿勢應出乎自然，高低有度，俯仰有致，架子要圓整、舒展大方，動作要輕鬆，威而不怒。不但打拳如此，即使工作與學習，也離不開精氣神，拿不出精氣神來工作學習，效率就肯定提不高。

其他運動項目，如跑步、投擲、游泳、器械和體操等，也都要求姿勢正確。隨隨便便地動作，非但運動水準提不高，並且身體得不到良好的鍛鍊效果。不過，功夫不到時，也不能操之過急、過偏。否則，練不好甚至會傷筋挫骨，適得其反。

關於教授法問題，教授得法與不得法，是提高與提不高武術品質（水準）的問題；是提高得快，提高得慢的問題。這個問題雖是老生常談，但是為了儘快普及武術運動與提高武術水準，我認為還是有必要談談自己多年教授的體驗。總而言之，我認為要教好學，務必注意以下幾點要求。

1. 因人制宜，因材施教，充分備好課，並且課目要有

練拳的目的，就是為了增強體質，提高健

提綱。

2. 由淺入深，由近及遠，由簡單到複雜，採取循序漸進的教學法。

3. 注重啟發性教學，抓住特點（典型）舉一反三，讓學者能夠觸類旁通。

4. 理論聯繫實際，善於示範表演，能現身說法，說到做到。

5. 語言要簡練通俗，拳法要說出所以然，提高練拳者的興趣。

6. 講授拳術時，要層次分明，邏輯性強。

7.「溫故而知新」，每次講課前復習上次的內容，直到大多數能夠掌握要領，再教新課。

8. 做好組織工作，人數多要分組活動，按小組輔導，以提高教學效果。

第九節　論八卦轉掌的起源

眾所周知，中國武術是中華民族幾千年來最主要的體育活動方式。參加這項運動的人數，比其他任何體育項目的要多得多。數千年的史實可以證明，這種體育鍛鍊方式，在民族健康上、民族自衛上，以及民族體療上，都具有很大的作用和效果。這是誰都不可否認的。

八卦轉掌是我國許許多多拳種當中之一門。它融合了太極拳的理論、形意拳的技擊手法。據我看，八卦掌是從形意拳演繹改進而來的。由於其動作難度大、法度嚴，近

乎陽春白雪，所以流行不廣，僅在北京地區相互傳遞而已。八卦掌的特點是走圈運動，用地較小，隨處都可練習。走圓形線路符合散手對打遊擊周圍的技擊方法。走圓圈可以調理呼吸，養精蓄銳，從新掌握法度，再次發動進攻。走圓形的勁勢比較流暢，從生理上講，呼吸與肌肉不致強行做作而疲勞。

八卦轉掌左右動作對稱，對神經系統和四肢能夠起到全面的良好的鍛鍊。八卦轉掌的動作，如轉腰旋脊、轉踝旋膝、轉腕旋膀、轉肩旋胯，可以全面轉動各個骨關節，它的幅度比較其他拳種轉動範圍要大，因此，如果得法並且經久運動，也就容易練出功夫。由上述種種可以看出八卦掌確實是武術的優秀拳種之一。

八卦掌雖然留傳至今，但可惜的是其套路手法大都丟失不全，動作左右不對稱，缺少腿法，甚至許多練者也不知八卦轉掌尚可以對打。這也和許多練太極拳的人不知道能夠對練一樣。不知對打，不明動作的應用法，究其原因是傳授者少，會練者也不多。倘若不趕緊發掘，整理資料，編寫教材，推而廣之，更有失傳的危險！

八卦轉掌傳自河北文安縣朱家塢村的董海川氏。他中年在北京四爺府即咸來府邸工作，後應差肅親王府，漸漸傳出八卦掌之技藝，學者甚多。董海川生前已名聞四方，卒於光緒六年十二月，享壽84歲，葬於北京東直門外洪橋之南。據吳竣山老師寫的《八卦轉掌流源史》中說：「董海川生前從未說八卦轉掌之由來。」但後來的人尊稱他為八卦轉掌的創始人。

以後傳此技者，著名的有尹福、程廷華、宋長榮、張

康水平。練拳的目的，就是為了增強體質，提高健

占魁，稍後有孫祿堂、孫錫堃、吳竣山、姚馥春、姜容樵、黃柏年，再後有陳秉鈞、陳秉義昆仲等人。

第十節　論八卦轉掌的要領

六月間我在北京寫了一篇《八卦轉掌的起源》，隨後許多拳友要我談談怎樣才能練好八卦掌的技術問題？這次我來雲南又和昆明的朋友們研究了八卦轉掌，談到技術問題，朋友們也囑我寫出來，以作參考。

從董海川之後就產生了各家流派，練習要求各不相同，但各流派都是遵循「八卦掌十要」的法則。

八卦掌十要：1. 順項貫頂；2. 兩膀鬆沉；3. 步走泥丸；4. 含胸擴背；5. 腰如車軸；6. 上下一致；7. 鷹翻虎坐；8. 滾鑽爭裹；9. 剛柔相濟；10. 氣行百孔。

初練階段，注意架子定準，要規規矩矩，一步一痕地按照上面十項要求去做，不可求快。古人說：欲速則不達。常人智慧用一個月時間可以學會八小掌一套，再用一個月時間改正，大致可以掌握。經常練習足以強身致用。進一步架子要活，在練好定型的基礎上，注意步子靈活，穿來度往，好像柳岸鴛梭，上下翻騰，要像鳳舞龍翔，起落扣擺，能夠圓轉如意。

再進一步就可以用變換架子的方法來練習了，也就是動作可以隨意變化。比如，把第三掌當第六掌練；把第二掌當第五掌練，陰陽變換，盤根錯節，作假想的撲鬥，得勢發勁，定式如猛虎，動作如猿猴，百般變化，越練越

精，漸入化境，興味無窮。

八卦掌有八種掌型，也就是八種勁法，它是橫掌、仰掌、俯掌、抱掌、劈掌、挑掌、戳掌、義掌。歌訣說：

> 推託壓扣須認真，劈挑戳叉用法精。
> 見手莫慌隨機應，迎風接進不留情。

姿勢必須定準，下頜微收，虛靈頂勁，兩膀鬆開，尾閭前合，虎口圓掙，食指齊眉，眼看對方，後手附肘，意識集中，行圈平穩。跨步先以腳跟落地，或腳底平面前趨都可以，徐徐而行，要意氣沉著，神態瀟灑。它的起勢歌訣：

> 兩臂互托如抱嬰，含胸擴背如捆繩。
> 抽身手長千斤墜，宛若猿猴摘果形。
> 由靜而動周身運，氣導血隨龍虎奔。
> 腰乃坐纛心為令，扣膝坐步不八丁。

上述八法之外，還有五行，合成十三勢。五行比喻五形，摹仿五種動物的天賦本領，用於攻防搏鬥，它是龍、虎、猴、鷹、鶯。身法要像龍一般蜿蜒，定式要如猛虎一般威武，動作效法猿猴一般敏捷，眼神猶如撲小雞的老鷹，翮翻一似黃鶯兒穿柳。

還有滾、鑽、爭、裹的要求，「滾」就是手心向下滾翻以大拇指帶領，手心向上滾翻用小指帶領，五指直插向上或向前後左右。螺旋出掌謂之「鑽」。「爭」是向外撐

開，「裏」是向裏環抱。這四種勁兒，能使肌肉產生彈力，增加力量，利於發勁。

八卦掌這樣的安排，能使渾身圓形，好像水上葫蘆，使人捉摸不定。滾鑽是螺旋力動作，裏是收縮，爭是擴張，這種矛盾的統一，也就是古代所說的陰陽變化，奇正相剋，實際是由矛盾而產生動力，促使身體強壯，由強壯而能夠進攻防禦，這是自然的道理。

再有，要掌握「意動慧生，氣行百孔」。意動慧生是指練習八卦掌的動作，「意」好比軍中的大旗，迎風招展，又好比夜晚的吊燈，即意識帶領一切。「氣行百孔」是指動作要放得鬆淨，促使氣血因動作的增進運送到身體的每個角落而暢通無阻的意思。所謂意念一動百妍生，氣行百孔身透明。以上所舉手、眼、身、法、步鍛鍊上的概況，掛一漏萬，在所難免，請懂得此技的拳友們、老師們給予增補和修正。

第十一節　論雜技不是武術

內容豐富的雜技表演，如釘山打石、頭撞石碑、鐵板橋、油錘貫頂、刀槍不入、鋼筋纏身等硬功夫，有人稱它為氣功的驚人表演，確實是夠精彩的，扣人心弦。

例如釘山打石，表演者先演一番肌肉控制，然後躺在一塊滿是釘子尖朝上的板上，背胛下和臀部下各墊一塊用毛巾包裹的鐵板，拱起腰部，由十多個人抬一塊大石板（起碼 500 公斤左右）壓在身上，另一人雙手掄起十八磅

大鐵錘向石板中央猛打，一陣叮噹之聲，四周觀眾肅靜無聲，石板打斷了，十多個人又七手八腳地把石塊從身上搬下來，主演者一躍而起，揚手示意，以表明若無其事。由是周圍觀眾掌聲大作，讚揚演出的成功。但有許多人不懂其中的道理。

其實這個道理很簡單，表演者並不是依靠力與氣的作用來完成的。原來我們平常所說的力氣，是指屏住一口氣使肌肉收縮，用以搬動物體的方位，或把物體維持在一定的位置上。肌肉收縮所產生的力，每平方公分（橫斷面）僅僅只有 4～17 公斤。表演者的身上承壓有 700～800 公斤，單靠屏氣肌肉收縮所產生的力，那是無論如何承擔不了的。它是靠骨骼的支撐。據測驗，成人的小腿脛骨（直立）在膝頭上可以承壓 1650 公斤。如人躺臥，骨骼的承壓那就更多了。我們仔細觀察一下他們表演的過程，就會發現表演者只不過起到一個「凹」字形的軟墊子作用，受壓點是胸廓部和大腿四頭肌部。胸廓係橋形結構，大腿骨有肥厚的肌肉，胸廓高於大腿部，傾斜約 15°。捶打胸股之間，顯然胸股受力是極輕微的，這是力矩越遠受力越小的緣故，同時也是容易打斷石頭的道理。

根據運動力學的概念來表示以上所舉一系列實質相同、形式各異的雜技專案，都可以用如下公式說明問題。即：P＝M×V。讓我們來做個實驗：在一塊傾斜 45°圓形表面的中央，繫上兩根同等長的繩子，繩子兩端各繫一個重量體積相等的鐵球，自然垂直在 6 字上，看第一個實驗：將一個鐵球提到 3 字上，打擊停在 6 字的鐵球，看兩球相擊的結果如何？結果 6 字的鐵球沖上到 9 字。3 字的鐵球

停在6字上，實驗表明「勢均力敵」。

再看第二個實驗：

6字上的鐵球輕，3字上的鐵球重，以重球打擊輕球，看兩球相擊的結果如何？兩個鐵球一起向9字方向運動了，結果表明「勢不可當」。

再看第三個實驗：

6字上的鐵球重，3字上的鐵球輕，以輕球打擊重球，看兩球相擊的結果如何？6字上的鐵球安然不動，3字上的鐵球被彈回來了，結果表明「勢大莫敵」。

這幾個實驗就是釘山打石的寫照，18磅一個榔頭只能是被千餘斤的石塊彈回來，「人墊子」只是覺得震動而已。至於「頭撞石碑」這個節目，好比撅斷一根柴棍，柴棍的一頭擱得高一些，一頭用腳踏住固定成45°坡度，即使用極鈍的刀向柴火當中下劈，也能把柴棍撅斷。頭撞石碑就是運用撅斷柴棍的方法。

我們再仔細觀察他們表演的過程，碾子的一頭墊得高一點，為的是突出碾子的邊緣代替刀口，碾子下方的磨盤好比用腳踩住放在夾縫中的石碑的一端的作用，使下端只有後退餘地3公分，石碑放在碾磨的中心點，靠在磨的一邊，使其能碰擊碾子的邊緣。石碑頭撞處，用布包上一塊海綿，石碑下墊兩塊小石子使其起到滑鍵上抬的作用，然後用頭頂心向前一撞，其結果是石碑因兩頭受力而當中又給它一刀，豈不是像劈柴一樣地撅斷了嗎？

「鐵板橋」的原理與「鐵山打石」相同。「油錘貫頂」，磚的一頭擱在頭頂中央，一頭用手托住、打錘人往當中輕輕一捶，五塊磚頭能打成十多塊。這項雜技原理和

康水平。練拳的目的，就是為了增強體質，提高健

「釘山打石」一樣，不過是節目上變變花樣。「刀槍不入」是因為打擊器輕，回彈力強。「鋼條纏脖子」，鋼條本身具有回彈力，根本纏不緊，十幾個小夥子攥著鋼條的一頭，一方面便於圍繞，一方面以助壯觀而已。

所以說這一些大同小異的雜技節目，應該說是智慧的集中和物理上的運用，它不是武術上的攻防技術。今年六月間《解放軍報》刊登一則關於「釘山打石」「頭撞石碑」的論述，全文結論是問練成這些節目有什麼用？同時也有人問我，什麼是氣功？什麼是硬功夫呢？依我看，氣功是道教、佛教中有一些人因為缺少勞動而創造的一套調和氣血、祛病延年的養身法。氣功不是有威力的東西，因為人體氣息的容量最大者只有四千多毫升，充其量還吹不倒一隻玻璃杯。至於硬功夫，就是過硬的本領，為常人所難能做得到的，那就舉不勝舉了。

遠代的如春秋養由基的百步穿楊；秦末的霸王舉鼎；三國時關公的拖刀；唐代羅成的回馬槍；程咬金的三斧頭；宋代岳飛的簪前三滴水槍法；近代有各種體育項目世界紀錄的創造者，以及我國乒乓球運動員的快攻扣殺等等。以上所述，識者以為然否？人們常說，由於各人的條件不同，從事專業不同，實踐的經驗不同，認識、分析自然會有差別，看法結論也不一樣。只有讓各種意見充分發表出來，才能鑒別，武術才能健康地發展。

康水平。練拳的目的，就是為了增強體質，提高健

第十二節　論挽救武術

過去民間武術不受人重視，有的人把社會上練拳的人都當下流卑賤之輩，以致有些武技和絕技不能登大雅之堂，因此逐漸被埋沒了，甚至於失傳。由於上述原因，精通武術的老師們越來越少，他們的經驗有的沒有好好地傳授下來，以致後繼乏人。

新中國成立後，由於黨對體育工作的重視和關懷，武術這項寶貴遺產才廣為發掘，被列入全運會比賽項目之一。我作為老年武術工作者，為了挽救、繼承和發揚中國的優秀傳統武藝，義不容辭地寫下了這本《中國武術論談》，以供武術愛好者作為參考材料之用。

我總覺得，文學家、畫家和書法家可以有作品留傳；戲劇家、音樂家也可以有錄音的留傳，以供後世參考、借鑒和欣賞。但是，歷史上的武術家們又留下什麼呢？沒有，或者有也極少。例如為數極微的武術書籍，多半是紙上談兵，講解不清。我想如果能將老一輩武術家們活動的傳統套路和絕技拍下電影記錄片，作為文化遺產傳留下來，那將是有益於後世的大事。鑒於此，我寫下許多傳統套路，詳細記錄編排成冊，其中非文字所能表達的地方，盡可能攝成照片，加以補充說明。

許多拳友認為，這樣整理很好。我所以能這樣做，也是同過去老師們、同學們以及許多拳術愛好者，尤其是武術界的幫助和鼓勵分不開的。我認為一般業餘愛好者，能

夠畫個有樣子的拳路，已經是不容易了。至於對身體內部運動的規律，例如呼吸的調理，筋肌的收放，就更不容易弄清楚了。這種現象普遍存在著，應該糾正，努力克服，萬事只要認真，沒有克服不了的困難。

當然，功夫是著急不得的，「功夫」兩字即具有時間含義，花一些時間，作一些必要的研究，鍛鍊得法，必然有成。那麼，怎樣著手來研究呢？一般地說來，每個人練拳，總得知道一些拳法的常識術語，從動作到姿勢（指定式），某式某勁，某勁某式，大略都要懂得。同時還要多學習一些拳種，那是消除偏見和宗派門戶觀念，擴大眼界，充實自己的最好辦法。

另外多看、多聞、多練也是必要的。雖然拳法上還存在著不同的見解，值得商討，但是武術以攻防為準則，這是傳統武術不移的實質，否則就稱不上武術。

練拳講究勁力，發勁的大和小，手法的乾淨俐落與否，又是測驗功夫深淺的標準。這裏我不想談見解問題，只著重說明一件最要緊的事，那就是要徹底肅清消除幫派體系，破除迷信，解放思想，打破墨守成規。要承認科學，在科學的基礎上，接受傳統的武術；在繼承的前提下，大膽創新。

另外，再談一談基礎問題。所謂基礎，在武術上稱基本功。練武術首先要掌握基本功，所謂武術創新，不應該胡打亂造。我認為應該掌握基本功，著重招法的實用，打出自己的風格來。人畢竟有他自己的身段和內在的特點，不能夠也不可能大家都打成一個樣子。只有「百花齊放，百家爭鳴」，才能挽救和推動武術運動的發展。

康水平。練拳的目的，就是為了增強體質，提高健

最後談談怎樣練和怎樣教？打拳是練習手腳上的方法。畫畫寫字同樣講究手勁腰力。大家知道宋代名拳師周侗，他是抗金元帥岳飛的老師。周侗對岳飛說：「槍法本無定法，要在個人機智，不計較別人品評譏談，勤學苦練，必有所成。」宋代一位大作家晁補在他的《雞肋案》中也說：「學書在法，其妙在人，法可以人人而傳，妙乃胸中之獨得。」我看這種見解、這種經驗是值得效法的。固步自封，自以為是，都不是人民大眾所歡迎的。

說得透徹些，打拳必須按基本法度，在精通之後，可根據自己身體條件和愛好，發揮自己的特點，練出高水準。所謂法度，在太極拳中乃是沉肩垂肘頂頭懸，含胸擴背尾閭收。各種拳師有各自的準則，不可強求一律。基礎理論在教學上是重要環節，教人要結合經驗體會，言詞要生動活潑，說到要能做到，能使學者較快地掌握。

練拳的目的，就是為了增強體質，提高健康水平。

後　記

　　我的父親蔣玉堃，熱愛祖國、熱愛中國的武術事業。畢其一生投入到武術的研究、弘揚及傳播中。他有幸一生得多位名師查瑞龍、龔妙根、楊澄甫、黃元秀、劉百川、曹宴海、吳峻山、黃柏年、龔潤田等親傳。他精通中國傳統武術各拳種，尤其對楊式太極拳械情有獨鍾，並得真傳。1929 年被首選進入「浙江省國術館」，拜楊澄甫為師，專心研究太極拳械。1930 年獲無護甲的打擂臺比賽全國冠軍，1933 年在全國運動會獲得拳術羽量級第二名。同年，進入中央國術館繼續深造。1948 年已經 37 歲的他，還獲得了全國輕甲級摔跤冠軍，在武術方面取得過很多優異的成績。

　　他一生刻苦鑽研武術的真諦，為弘揚、傳播武術傾畢生的精力。生前遺作十餘部，大多數為教學所著。內容通俗易懂，深入淺出、細緻入微，根據幾十年教學經驗，由太極拳械的法則、特點，結合人的生理特徵，分析動作，闡述要領，並配以幫學篇、助記歌等。為了適應現代人的需要，把傳統套路加以改革、創新。大架子 88 式簡化為 43 式，小架子 81 式簡化為 46 式，並創編了太極對刀等等。初學者看書就可以學會整個套路，因而深受廣大學生們所歡迎。但其中大部分內容因處於「文革」時期，未能

發表或未及公開發表，成終生遺憾！但在學生和朋友們的支持下，使之從手抄本、曬圖本、油印本到鉛印本，在其學生和廣大武術愛好者中間廣為流傳至今。

為完成父親生前之遺願，弘揚我國傳統武術，秉承廣大弟子的要求，特在其逝世 20 周年之際將其生前遺作編輯成書，以慰生前之願。

在此，我及我的家人由衷的感謝當年曾經幫助我父親，遠在北京、南京、浙江、雲南等地從先父學拳的學生和朋友們——幫助校對的章少雲、范玉寶（武當對劍演練者）、魯榮章等；幫助攝影的曾維琪、潘賀、朱強、郭秀春、楊澄雲等；幫助繪圖的王寅、王琰等；幫助謄抄的趙曉農、楊秀文（太極對拳配打者）等；感謝南京楊式太極拳研究組、浙麻太極拳研究組、浙江大學、昆明中國武術論壇編輯組等印成教材。深深的感謝周荔裳老師和王曉超的幫助，更感謝人民體育出版社對本書編輯出版的大力支持。

蔣玉堃之七子蔣昱　於北京

我的父親蔣玉堃，熱愛中國、熱愛中國的武術事業。

國家圖書館出版品預行編目資料

蔣玉堃楊式太極拳述真（下卷）／蔣玉堃　著
——初版，——臺北市，大展，2009〔民 98.10〕
面；21 公分 ——（武術特輯；113～114）
ISBN 978-957-468-709-1（上卷：平裝）
ISBN 978-957-468-710-7（下卷：平裝）
1. 太極拳　2. 器械武術
528.972　　　　　　　　　　　　　　98014223

蔣玉堃楊式太極拳述眞（下卷）

著　　者／蔣玉堃
責任編輯／張建林
發 行 人／蔡森明
出 版 者／大展出版社有限公司
社　　址／台北市北投區（石牌）致遠一路 2 段 12 巷 1 號
電　　話／（02）28236031・28236033・28233123
傳　　眞／（02）28272069
郵政劃撥／01669551
網　　址／www.dah-jaan.com.tw
E - mail／service@dah-jaan.com.tw
登 記 證／局版臺業字第 2171 號
承 印 者／傳興印刷有限公司
裝　　訂／建鑫裝訂有限公司
排 版 者／弘益電腦排版有限公司
授 權 者／北京人民體育出版社
初版 1 刷／2009 年（民 98 年）10 月

定　價／400 元

大展好書　好書大展
品嘗好書　冠群可期

大展好書　好書大展
品嘗好書　冠群可期